50歳から、何歳になっても役立つ、体験と実践に基づいた

退職前後から高齢期までの
生活に役立つ大切なこと

この1冊で

生き甲斐ある老後生活の

すべてがわかるヒント集

蛭川 憲男

はじめに

　わたしは退職間近になってきたときに、いろいろと多忙なことが重なってきて、しかも、退職前のことや、退職後のことなどはまったく考えずに、ただ不安のままで、退職時期のことだけに振り回されていたことを、ついこの間のことのようにして思い出すのです。現在はそれから10年が過ぎようとしています。60歳が定年退職でしたので、今年は丁度区切りのよい古稀70歳になりました。古稀といえば、古来稀なりといわれる言葉を思い出しますが、現在では稀ではなく、平均寿命も男性で81歳くらい、女性で87歳くらいとなり、長寿時代となっています。そして、今後はさらに90歳になっても珍しいことではなくなり、ちなみに、2014年時点で男性の5人に1人が90歳、女性の5人に1人が95歳まで生存しているといわれます。また、100歳を迎えられている人も6万人以上となっていて、日本は世界一の長寿の国となってきているのです。

　さて、わたしの過ごして来たこの10年間の退職後の生活の中で、わたしが実際に工夫したり努力したり、考えて取り組んだり、参考本などから学んだこと、生活や交友経験の中から学んだこと、失敗したり、病気・ケガ・入院するなどしたことから、改善したり立ち上がったりして、実際に体験したり学んだりしたすべてのことを、できるだけ具体的に記述して、これから同じ退職前後からの道程を、歩んで行こうとされている皆さんのために、少しでも役立つことができればと考えて、本書をまとめることに踏み切りました。

　その体験というのは、退職前から考えておいた方がよいと思われる多くのことや、退職時に考えるべきこと、退職後の生活計画について、また、よく言われている「きょう行くところがあること」と「きょう用事があること」ということの大切なこと、いざというときのために金銭を確保しておきたいわけ、健康は自己管理の大事なこと、いつも夢や希望、目的（目標）、野心を持って生きることの大切さ、高齢になるほどリスクが高まることがあるということ、社会保障制度の活用について、その他、各種の相談や問い合わせ先機関について、これらのことであります。いずれも退職前の50歳代から考えておく必要があったり、ま

た、退職前から以後の高齢期にかけて、大切なことと思われることばかりです。

　しかし、これはわたしの乏しい退職前から退職後の現在までの体験であり、先にも少し触れましたが、もう少し具体的に書きますと、勉強したり書物を読んだり、研究会や学習会に参加したり、自然観察会や各種旅行に出掛けたり、慶応義塾大学に学士入学して学んだり、早稲田大学オープンカレッジの会員になって多岐にわたる講座を受講して学んだり、自身が三流の児童・科学書作家として何冊か執筆出版したり、講演会や観察会に講師として参加したり、非常に多数の各種の会合などに参加したりして、またいくつもの病気やケガをして病院やクリニックに入院や通院したりしてきたことの体験を、すべて含めて何か少しでも参考になったり、役立つことがあったり、失敗をしないようにするために、ひとつのささやかなヒントになればと考えて、まとめたものであります。

　このヒントを参考になるものは参考にしていただきながら、さらに読者の方々のお考えを一番大事にしていただいて、退職前から退職後のことをいろいろと考えて、豊かで有意義な退職後の生活が送れるように、本人はもちろんですが、配偶者ともよく相談されたりしながら、準備すべきことは準備したり、決めておくことは決めるなりして、退職前後に備えたり、退職後になってあわてないようにすることが、何よりも大事であるということを、先に退職して後悔先に立たずと思うことがある一人からの、はなむけの言葉として受け止めていただければと思います。

　本書は、わたしが実際に体験したり学んだり、交流したことからの、50歳から、何歳になっても役立つ、体験と実践に基づいた「退職前後から高齢期までの生活に役立つ大切なこと」（この１冊で生き甲斐ある老後生活のすべてがわかるヒント集）として、出版したものであります。そのような意味から、本書が少しでも退職前後の生活を送るときの、ささやかなヒントとして、読者の皆さんのために役立つところがあれば幸いであります。

目次

はじめに 2

1. 退職前から考えておきたいこと 11

- (1) ついの住処を決める
- (2) できるだけ早い時期から仕事の他に、もう一つ自分の好きな趣味を育てる
- (3) 生命保険などの見直しをする
- (4) 現役時代から個人年金や貯蓄型保険、預貯金などで貯蓄しておく
- (5) 健康には常日頃から配慮した自己管理
- (6) 定年後も働くか、働ける職場か、あるいは他の職場を探すか
- (7) 人生80年から90年時代になろうという現在、できるだけ退職後も働けることを選択することが望まれる
- (8) 定年退職か、早期退職か、それとも希望退職か
- (9) 農業をやれるのが健康と生産活動を楽しむのに一番よい
- (10) 地域のシルバー人材センターに登録しておいて、少しでも働くようにする
- (11) 必要な資格を取得して職業安定所で仕事を探す
- (12) 国民年金と厚生年金、共済年金、個人年金

2. 退職時に考えること 23

- (1) 退職金の有効活用はあわてないでじっくり考えてから
- (2) とりあえず信用ある安全な複数の銀行などの金融機関に預ける
- (3) 借金返済を優先するのか、それとも歩合のよい安全な運用などを考えるか
- (4) 新居購入(戸建て、マンション)か、賃貸住居にするか、あるいは今の住宅のリフォームや改築か
- (5) 新車やリゾート、ホテル関係の会員権、オーナー権利などの購入
- (6) 20年、30年先までの生涯計画案を考えて修正していく
- (7) 年金支給開始までを考えた生活費、交友・娯楽費、その他をどうするか
- (8) 余裕が出れば貯金や安全な投資などに退職金をまわすのもよい
- (9) 10年間有効なパスポートを申請して取得しておくとよい
- (10) 本当によい人生だったかは、これからの生活の仕方で決まる

3. 退職後の生活計画 ……………………………………………………………… 33

- (1) 先ずは健康管理を優先し自己管理を怠らない
- (2) 自家用車と運転免許証の返上をいつにするかの判断
- (3) ついの住処は新居でなくて中古で充分である
- (4) 家財・荷物・部屋内外の整理整頓、かたづけを計画的にすすめる
- (5) 家族、子ども夫婦を大事にする生活
- (6) 各種の通帳・カード・会員券などの整理整頓、記帳記録
- (7) 家庭内や親子との報告や連絡、相談の大切さ
- (8) よく考えてからできるだけ早く、子どもたちの負担にならない小さな墓や仏壇を確保するのもよい
- (9) 葬儀場も考えておくと心も落ち着き、いざというときに子どもが動揺しない
- (10) 終活の準備をしていくには、エンディングノートの準備をして、そのあとにも加除修正していく
- (11) 自分の生きたかった生き方（本当の人生）を実践してみる
- (12) わが家のルーツを調べ、歩き探しながら旅をするのも楽しい
- (13) 自分の故郷はどこなのかを考え、思い出して、振り返り訪ねてみる
- (14) 常に新しいことにチャレンジすることが若さを保つ秘訣
- (15) ネクタイ、スーツを捨ててラフなオシャレを楽しむ
- (16) プライドと現役時代の肩書や名刺を捨てる
- (17) 頑固、堅物にならずに、明るく柔軟に生きる
- (18) 年賀状や中元、歳暮などは 65 歳くらいでやめる
- (19) 人生に疲れたら登山をしたり、海を見たり、各地へ旅をしたり、また神社仏閣巡りをしたり、墓参りをするのもよい
- (20) 何があったとしても人のせいにしない
- (21) 人を褒めることを忘れない
- (22) 田舎暮らしや海外長期ホームステイも夢ではない
- (23) 熟年離婚は金銭的、健康的にも、その他でも、悲劇に陥ることが多い
- (24) テレビに振り回されない、とりこにならない生活の工夫
- (25) 退職後（老後）の不安や後悔していることはどんなことか

目次

4.「きょう行くところがあること」と「きょう用事があること」の二つが大切 ……………… 61

- (1) １年間や数年間の予定などを手帳に記入し修正していく
- (2) 家事や食事を配偶者と少しでも分担して進める
- (3) 人や地域のためになる活動をひとつはやってみる
- (4) 大学や高校などの本部や支部活動、同窓会活動などに積極的に参加する
- (5) 自分史（自叙伝）を書いて出版し記録に残すのもよい
- (6) 楽しい旅行を計画して積極的に探訪する
- (7) 楽しい農業体験で野菜や草花、果実などを栽培する
- (8) 自然触れ合い体験（五感と連想力を生かした自然観察）や登山、海水浴などの体験
- (9) 各種の仲間作り、老後の付き合いは軽く時々がベターか
- (10) 学びを忘れないことで老化を予防する
- (11) ときには好きな異国を歩いてリフレッシュするのもよい
- (12) 各所の街々や公園、庭園、祭り、デパートなどを訪れ楽しむ
- (13) 喫茶や食堂、レストラン、ジャズバーなどでの、読書や原稿書き、音楽鑑賞
- (14) 犬や猫、小鳥、チョウ、クワガタムシなどを飼育する楽しみ
- (15) 一期一会の出会いの機会を大切にする
- (16) 写真やスケッチ、絵画、俳句、作詞巡りの旅をするのも風流でよい
- (17) 何歳になっても、何時からでも、何をはじめても、遅いということはない
- (18) 本当に学びたいことがあったら、学士入学したり、オープンカレッジなどの会員になって学ぶのもよい
- (19) アイデアが浮かんだり、思いついたら、すぐに行動・実践して決断力を高めていく

5. いざというときのために資金を確保する ……………… 81

- (1) 老後の不安は金銭と健康であるといいます
- (2) 入院や通院・ケガ、投薬代などの資金確保
- (3) 地震や台風、突風、大雪、冷害、干ばつなどの被害対策資金の確保
- (4) 交通事故や損害賠償、その他、不意の事故などの資金確保
- (5) 冠婚葬祭費の確保
- (6) ただ貯蓄しておくだけでなく、有意義に使い切る知恵も大事
- (7) 遺言書を書いておくことは、子どもたちへの優しさであり、死後に騒動も起こらない、ただし子や孫に財産や金銭は残さない

- (8) 生活の節約術を夫婦（家族）で考え実践する
- (9) 休耕地や林地、空き地などで遊ばせている土地があったならば、ソーラーシステム発電の設置場所として貸与し、年貢をもらうのもよい
- (10) 財産投資の罠に、はまり込まない

6. 健康は自己管理するものと心得る ……………………………………… 91

- (1) 健康あっての退職後の楽しい時間
- (2) いつも健康に配慮してほどよく鍛える
- (3) 毎日のウォーキングやラジオ体操などを気楽に継続する
- (4) 特に血液や尿、胃腸、大腸、脳、肝臓、心臓、血管、腎臓、肺や気管支などの検査をする
- (5) 血液検査によって総コレステロール、ＬＤＬコレステロール、ＨＤＬコレステロール、中性脂肪などを知ったり、血圧測定で自分の血圧を知っていることも大切である
- (6) 健康を維持するために何を食べたらよいかを知る
- (7) 必要以上に放射線や日光を浴びたり、薬を飲み過ぎないようにする
- (8) いつも健康の基本に返って生活することの重要性を知る
- (9) 病気や入院したときの心構えは、それに打ち勝つ強い気持ちが大切である
- (10) 両親や家族が入院などをしたら、どういう対応ができますか
- (11) 生活体験からのケガや病気、事故防止対策を考え実践する
- (12) 黒酢ショウガや納豆などを食べて、動脈硬化（血管年齢、血液どろどろ）を予防する
- (13) 口腔ケアのために、かかりつけ歯科医を持つことが大切である
- (14) 薬の副作用と多剤投与の問題点を学ぶ
- (15) 人生の最後にありがとうが言える、その心掛けが大切であるという
- (16) 知的好奇心が脳の最高の栄養素だといわれます
- (17) 70歳以上の高齢期になっての低体重は、肥満よりも命を縮めるという
- (18) 免疫力低下は体調の回復が遅くなり、認知症にもなりやすくなるという
- (19) 胃ガンや胃潰瘍、十二指腸潰瘍は先ずはピロリ菌検査をして、その除菌退治が先決であるという
- (20) 長寿ホルモンは誰でも持っているが、空腹感、低カロリー食、運動することなどで開発するという
- (21) ときには人間ドックや胃、大腸の内視鏡検査の健康診断も必要です
- (22) 神社や仏閣を訪ね歩き頭を下げれば、必ず心身が癒されて元気になれる
- (23) 自然観察や湖沼、川辺、海辺散策、森林、登山散策で心身を癒し、ストレスを解消

- (24) アニマルセラピー（犬や猫）で治療への意欲を高める
- (25) 自律神経（交感神経と副交感神経）を整えた理想的な時間の活用法を学ぶ
- (26) アルツハイマーや、寝たきりにならないための予防策、ガンになったときの対応策
- (27) 体の冷え対策は内と外の両面で

7. いつも夢や希望、目的、野心を持って生きる ……… 129

- (1) 生き甲斐というものを見つけ育て高めていく
    - 事例1：絵本作家の咲く花への愛情
    - 事例2：若い歌手への追っかけ老婦人
    - 事例3：チョウの愛好家がテングアゲハの未知なる生態を解明
    - 事例4：90歳を過ぎて詩を書きはじめて、白寿の処女詩集でベストセラー作家に
- (2) 現役時代に果たせなかった夢や希望、目的、野心を実現させる時間は充分にある
    - 事例1：楽しい農業の自活生活
    - 事例2：海外でのロングステイ生活を楽しむ
    - 事例3：キャンピングカーで日本各地を回り自由な生活を楽しむ
    - 事例4：こんなところに日本人
    - 事例5：児童・科学書作家となって
    - 事例6：画家や陶芸家として没頭する
    - 事例7：コーヒーショップやパン屋さん、カレー店の店主として独立
    - 事例8：あなたは何しに外国へ
- (3) 人の欲望には際限がない、足るを知る

8. 高齢になるほどリスクが高まることがある ……… 149

- (1) 何らかの原因で生活苦になることがある
- (2) 生活の自己管理能力の低下
- (3) 種々のトラブルに遭遇することが出てくることもあるかもしれない
- (4) 未熟な運転による交通事故が多発している
- (5) 転倒や衝突事故、骨折事故などの危険
- (6) 認知症で徘徊したり長期入退院することもある
- (7) ガンや人工透析、アルコール依存症などで入退院することもある

- (8) 未婚や出戻り、リストラにあうなどで実家に住み込むこともある
- (9) 非正規社員や離婚者は貧困に陥ることがある
- (10) 競馬やパチンコ、株投資などの失敗で負債を抱え込むこともある
- (11) 火災や地震、台風、津波、突風などで住居を失うこともある
- (12) 長生きすればするほど、資金が不足していくことになる
- (13) 過労老人が増えているといわれている
- (14) 年金をもらっていても、生活保護を受けられる
- (15) 人はどうして老いるのか
- (16) 振り込め詐欺対策
- (17) 熱中症や風呂での事故対策
- (18) 認知症の進行を食い止めたり、ガン免疫を高めるには、好きなことや楽しいことをすることだという
- (19) インターネットショッピングのトラブル対策
- (20) コミュニティサイトのトラブル対策
- (21) インターネットオークションでの注意点

9. 社会保障制度の活用 ……………………………………………… 169

- (1) 退職金が未払いの場合はどうするか
- (2) ボランティア活動とシルバー人材センターの違い
- (3) 就農する方法はあるか
- (4) ＮＰＯ法人を設立するにはどうするか
- (5) 医療費の払い戻しはどのようになっているか
- (6) クーリング・オフとはどういうことか
- (7) 遺言の種類と効果、相続税
- (8) 市民税・県民税、固定資産税・都市計画税、介護保険料の納め方
- (9) 生活保護制度とは
- (10) 介護サービスを受けるにはどうするか
- (11) 借金整理をするにはどうするか
- (12) 一人暮らしになったらどうするか
- (13) 家庭の地震対策に備える
- (14) 夫の死後は遺族年金で生きぬく

10. 各種の相談や問い合わせ先機関 ……………………………… 185

- (1) 法律関係全般
- (2) 消費生活全般
- (3) 金融関係全般
- (4) 多重債務全般
- (5) 自動車全般
- (6) 通信販売・訪問販売全般
- (7) 住生活全般
- (8) 健康全般
- (9) 仕事関係全般
- (10) 福祉関係全般
- (11) 情報通信全般
- (12) 交通事故トラブル全般
- (13) 教育関係全般
- (14) ペット関係全般
- (15) 育児及び子ども、人権全般
- (16) 旅行関係全般
- (17) 著作権関係全般
- (18) 広告・表示関係全般
- (19) 食生活関係全般
- (20) 医療関係全般
- (21) 証券関係全般

あとがき ……………………………… 192

1

退職前から考えておきたいこと

退職前から考えておきたいこと

1 ついの住処を決める

　退職が近くなってきたら、数年前からわが家のついの住処を何処にするのかを考えておくことも必要かと思います。今いる自宅なり住宅、あるいはマンションを継続して住居とするのか、それとも自宅がだいぶ古くなってきているので、建て替えなければならないので、それならば思い切って場所を他県に移すとか、両親もだいぶ歳をとってきているので面倒を見やすい実家の近くへ移転するとか。まあ、いろいろと考えてみるのです。寒いところに住んでいる人は、人生の後半の生活は暖かい南の千葉の房総や静岡、九州、あるいは沖縄などに住居を持ちたいと考えたり、逆に都会や街場に住んでいた人ならば、自然の豊かな長野県や北海道に住居を持ちたいと考える人もいるかもしれません。

　また、一戸建に住んでいた人は老後の生活がしやすいというマンションに、山間地などに住んでいた人は、やはり老後のことが不安なので、病院や電車の沿線に近い場所のマンションか戸建てに住みたいと考える人もいることでしょう。もちろん多くの人は、現在の住宅のローンを退職金で残額を支払い済みにして、少し家の普請をすれば充分なので、これを生涯の住処にしていこうと考えるのが普通でしょう。これは近所や地域のことがよくわかっており、住民とも仲良く生活してきているから、今後も今の場所が最適であるというのが普通で、特別な資金も要らないし、落ち着いた生活ができると容易に予測できるでしょう。

　いずれであっても、とにかく定年退職してから急に考えたり変更したりすることはできない訳ではありませんが、事前によく考えておいて、およその方向を決めておけば、定年直後にあわてて考えなくてもよいことになり、心も安定するし、資金の使途についても事前から計画的に考えに入れておくことができます。住居は人生後半の重要な生活の基盤となるものなので、是非とも事前からついの住処については考えておきたいものです。

2 できるだけ早い時期から仕事の他に、もう一つ自分の好きな趣味を育てる

　みなさんはきっと本業の仕事の他にも、余暇を楽しむ趣味や特技をお持ちの方が多いことと思います。余暇をうまく楽しんでリラックスできるから、仕事も楽しく意気込んで頑張って活躍できるのだと思います。しかし、わたしのように先に定年退職してみると、案外現役時代に仕事の虫で趣味や特技などをほとんど持っていなくて、退職後に贅沢なほどのあり余る時間があるにもかかわらず、何もやることがなくてテレビの子守をしたり、部屋でゴロゴロしているという人が多いことに驚くのです。もちろん、その逆の人もいて毎日楽しい第二の人生を、自分の趣味ざんまいの生活をして楽しんでいる人も多くいます。

　だから今の現役中に、仕事以外にこれといった趣味も特技も無いと感じている人は、今日からでも遅いことはありません。時間は充分ありますので、仕事をしている今から、何でもよい

ので、一つでも二つでも、自分の楽しい趣味や特技というものを見つけ育てていくことが、老後の楽しい生活のために、とても大切だと思います。

　それは、自分が楽しいものや得意なものや、興味・関心があるものを、スポーツや音楽、自然、演芸、文学、手芸、調理、旅行、自転車や車、栽培、福祉、その他などの中から選択して、自分が心引かれて楽しくてたまらないというものを見つけ、学び、育て、体験を繰り返して、自分のものにしておくことです。スポーツならば、ゴルフやテニス、野球、武道（剣道、柔道、少林寺拳法、空手、弓道など）、サッカー、バレーボール、卓球、スキーなど、近くで練習できるものや、学生時代に体験したものをやり直してみるのもよいでしょう。音楽ならばギターやフルートなどの楽器演奏ができる人はこれを極めたり、楽団に入れてもらったりするとか、クラシックでもジャズでも鑑賞を深めるとか、また合唱団に入っていた経験がある人は近くのコーラスに入れてもらって歌い続けたりする。

　自然に興味・関心がある方ならば里山の自然観察会に参加して、自然環境と鳥や昆虫、他の動物などの生態について詳しい解説者（インストラクター）を目指すとか、自然の興味あるものについて調査・研究を深めていくとか、各地の自然環境と生息する生物を観察して回るとかする。演芸ならば劇や落語、手品、劇、浪曲、演歌などの好きなものができるように極めるとかする。文学ならば、自分の好きな作家の研究を深めていくとか、自分自身でも文学を書いて出版するほどに高めていくなどする。手芸ならば、パッチワークや物づくりでいろいろな作品を作り上げる喜びを深め、その上達とより高度な作品へと挑戦するとか。いろいろのことが考えられます。

　この趣味や特技は高尚だったり格調高いものである必要はありませんが、あくまでも自分が好きで熱中できる楽しくて仕方ない、すぐに時間が過ぎてしまうような、飽きることのないものを何か一つか二つ持って定年退職を迎えないと、定年後のあり余る黄金の時間が、悲惨な悲劇の時間になって、すぐに老け込み体調が衰えて病が忍び寄ることにも成りかねないともいわれることがあります。さあ、今日から自分の趣味や特技を見つけ、学び、育て、継続体験して、より楽しい自分の趣味や特技を作り出していくとよいと思います。

❸ 生命保険などの見直しをする

　みなさんは生命保険にいくつ入っていますか。お付き合いなどのこともあって、きっといくつかに入っているのではないでしょうか。日本人ほど生命保険の好きな人はいないなどという人もいます。勤務場所へ休憩時間などに勧誘員が来て、資料と共に短時間の説明会をしている職場内での昼休みもあるのではないでしょうか。あるいは自宅訪問員が同じように説明して各種の保険に入るように進められるようなこともよくあることだと思います。説明はとても巧みで長所（利点）を中心に話をして、短所（弱点）はあまり正直に話してくれないのが実情かとも思います。そもそも生命保険は一家の中心

退職前から考えておきたいこと

柱のご主人が、現役中に万が一のことがあったときに、家族である配偶者や子どもさんの諸々の生活を保証するために保険にかけておくためであることが主目的でしょう。だから、もう定年間近になれば、それなりの貯金もあり退職金も間近にもらえるから、毎月の支払う保険料金を見直して、例えば、保険金3000万円の場合ならば、1000万円くらいに見直して、その差額分で払い済みにすれば、毎月の保険料金を支払わなくても、いざというときでも1000万円の保険金がもらえることになります。それぞれの保険の種類によってもいろいろと違うことはもちろんなので、今かけている生命保険の見直しを保険アドバイザーに相談してみれば、いろいろな方法を相談に乗ってくれるものです。是非とも考えてみたいことだと思います。

今の日本は世界一素晴らしい健康保険制度の国で、皆保険制度という、ある一定の保険料を支払っていれば、病院もクリニックにも比較的簡単に行くことができ、初診料も投薬代、手術料、諸検査料、通院、入院料なども高い高いとはいっても、アメリカなど外国に比べると驚くほど安い料金で医療を受けることができることはご承知の通りです。

もちろん税金を多く支払っているスウェーデンなど北欧の一部の国では、医療費が無料になっている国もあることはご承知の通りです。日本では月の入院医療費も収入によって支払いが異なりますが、普通の家庭の人ならば、極端な話、たとえ100万円の医療費がかかったとしても、実際に支払うのは10万円にもならず、高額になったとしても限度額を越えた分が高額医療費として支給され、その差額は保険料で支払っていただける仕組みになっているのでありがたいのです。だから例えばの話ですが入院するようなことはめったにあることではないので、いざというときに、1日に1万円の入院費が下りる保険に入るくらいならば、その保険料分を毎月貯金しておいた方がよいのかもしれません。

4 現役時代から個人年金や貯蓄型保険、預貯金などで貯蓄しておく

定年退職して切実に思うことは、もっと現役時代に定年後のために貯蓄を多くしておけばよかったという反省です。現役中の反省ならやり直すことができるのですが、定年後だと反省して再びやり直すことが不可能なことが多くなり、反省ではなくて、どうしようもないという、後悔としか言いようがないことになります。もっともわたしは現役時代から現在まで貯金をするということが、ほとんどありませんでした。いつも行き当たりばったりだったので、家内が苦労してきたのだと思っています。

とにかく定年退職するまでにできるだけ無駄遣いに気をつけられて、個人年金や貯蓄型保険、預貯金、国債、その他で貯蓄しておくことをお勧めします。退職後は貯蓄金と年金、健康だけがたよりだという人もいるほどだからです。

それでは、いったいどのくらいの貯蓄が退職までにあれば、老後の暮らしができるかということになります。これは、いろいろと言われていますし、その人の暮らし方によっても大きく変わってきますが、例えば年金は別にして夫

婦二人で80歳から90歳まで人生を送れるとしたら、3000万円から5000万円は必要ではないかというフィナンシャルプランナーがいます。わたしはそんなにはありませんでしたが、今、70歳になったところで、何とか家内との二人でやり繰りしながら生活しています。これからのことは、何歳まで人生が続くのか、生活資金が足りるのか不足するのかは不明です。

　健康については別の項に譲りますが、貯蓄についてはいろいろな方法がありますので、これについては皆さんもいろいろな方法で貯蓄をしてきていると思います。国民年金や厚生年金は、もちろん年金保険料を勤務先を通したり個人で支払ったりしていると思いますが、これらは必ず支払うようにしていかないと、定年後の年金受給時に受給されないことになり大変なことになりますので、再度の確認をしておくことが必要です。また、個人の自由ですが、個人年金を勤務場所の組合などで少し有利なように取り扱っている企業や公務員もありますし、金融機関や保険会社などでも扱っているところがありますので、よく調べてみて有利なようならばできるだけ早くから、付加したりして入っておくのもよいかもしれません。また、定年時に一時金でもらうか、10年間や15年間に分けて毎月もらうかを選択して、公的年金の不足分を補足して利用するようにすれば、何かと助かるものです。また、今はほとんどなくなりましたが貯蓄型保険というものを探してみて、得だと考えたら入るのもよいかもしれません。あとは預貯金や国債、株、金やプラチナ、ダイヤなどとして貯蓄して、あとで換金するなどしている人もいますが、そのときの世の中の状況や景気などを判断して、何をどんな形で貯蓄しておけばよいかなどを決めることが必要になってきます。とにかく、定年後のための貯蓄資金を現役時代から考えておくことを忘れないようにしたいものです。

5 健康には常日頃から配慮した自己管理

　退職前でもあとでも、いつでも変わらず先ず以て大切なことは、常日頃からの健康管理に配慮することです。健康なくしては、今も退職後も楽しい豊かな生活を送ることはできず、本人はもちろんのこと、家族も子どもも多くの願いや夢を閉ざすことになってしまいます。一家の大黒柱の健康は、まさに一家の運命を背負っているともいえます。もちろん、健康は配偶者でも子どもでも、また両親や祖父母でも大切なことには変わりがありませんが、大黒柱としての責任は、今後にさまざまなことと関わって来ることからも多大といえましょう。

　特に退職前の数年間は健康管理が大切で、職場はもちろんのこと家族、それに住宅ローン返済などの長年の苦労や重圧がのしかかってきて、これらの人生の現役最終段階での健康管理は、体調も精神的にもだいぶくたびれてきている時期でありますので、健康を害する危険が潜んでいるのです。無理をしないように早めに休養をとったり、通院したり、人間ドックにも行くなどして、健康管理には充分配慮することが重要です。これらを怠ったり、無理をしたた

退職前から考えておきたいこと

めに、退職直前に脳梗塞や心筋梗塞、精神的に衰弱して自殺に追い込まれたり、過労から交通事故死に陥るなどの友人や同僚を何人も見たり聞いたりしてきているので忠告しておきたいのです。健康管理は自分自身が素直に自己管理であるとの認識を強く受け止めていない限り、配偶者や家族、かかりつけ医がいくら配慮していても、間に合わないことが出て来るものであると考えておくべきです。

楽しく自由な黄金の退職後の悠々自適な生活をエンジョインして、真に豊かな人間性を取り戻す生活を楽しむために、今から健康管理に充分に配慮した生活をすることが大事だと思います。

6 定年後も働くか、働ける職場か、あるいは他の職場を探すか

自分の健康や働く意欲、家族の実情、その他の諸々の状況などを考えて、定年退職後も働くかどうかについても、退職前から考えておく必要があります。寂しくなるので何が何でも働きたいと思う人もいるし、働くのは真っ平御免だ、もう充分働いてきたから自由になりたいという人もいるでしょう。あるいは今の職場でなくて他の職場に換えて働きたいという人もいるかもしれません。いやいや働くとすれば、今まで働いてきてなれて勝手を知り尽くしている、今の職場で働けるならば働きたいと思う人もいるでしょう。いずれにしても、そんなことも退職前から考えておいて、心に決めておきながら、しかるべき時期になったときに職場からの声が

かかったときに、対応するようにすれば迷わずにすむでしょう。それまでに、先ずは定年後も働くか働かないかを決めておき、また今の職場が定年後でも働ける職場かどうかを探っておくこと、それから他の職場で働きたい人は、具体的に何処の職場なら働けそうかを探ったり見つけたりしておくことです。

いずれにしても、定年退職後にも役員待遇で働ける人は少ないと思いますが、無理をせずに楽しく責任は持ちながらも、少し気楽な、勤務時間は短くて、週に2、3日でもよいでしょうし、給料や時間給はそれなりにもらえれば、それでよしとすれば何も言うこと無しと考えれば、御の字ではないかと思うのですがいかがでしょうか。

7 人生80年から90年時代になろうという現在、できるだけ退職後も働けることを選択することが望まれる

健康や本人の諸状況が許せるならば、退職後の生活経験をしているわたしからいえることは、できるだけ働くことをお勧めします。働くことで社会とのつながりが持てるし、無理をせずに働くことで健康管理にもつながることにもなります。また、職場の仲間との語らいや帰りの1杯、職場まで出掛ける間で受ける毎日の社会的、文化的な快い刺激などが、生活に張り合いを持たせることが多いのではないでしょうか。

何しろ家にいただけならばテレビの子守か、ついゴロゴロしてしまい、配偶者の苦言も出

ようということにもなります。人生80年時代から90年時代になり、ちょっとした集まりでも100歳を越えた人に会えることも珍しくなくなっています。65歳で定年退職して5年働いてもまだ70歳で、80歳まで10年間があります。健康に気をつければ90歳も夢ではなくなったのです。人生あわてる必要はないのです。ただし健康管理だけには配慮して、ゆっくり楽しく働き、余暇を過ごせばよいのです。また、60歳で退職した団塊世代の人ならば、さらに5年間の余裕があるというものです。なおさら、働くことを考えてみたらいかがでしょうか。わたしも60歳で定年退職し、少ししてからシルバー職員などとして働く場を見つけて現在まで続けていますが、週1日だけ働いているだけでも、生活に張りが出て、その日は気持ち良く働く場に向かい、少しは社会の役に立っているという自覚と充実感が味わえます。

8 定年退職か、早期退職か、それとも希望退職か

健康等が順調ならば普通は定年退職ですが、なかには早期退職を希望する人もおられるでしょう。途中で体調を崩したり、一生の間には二人に一人が患うというガンにかかったりしたときなど、その状況が勤務に耐えられなかったり、退職した方が体力的にも精神的にも病状にとって効果的である場合などは、早期退職を希望せざる得ない場合が出てきます。また、病状によってはガンの場合でも通院しながら働ける理解ある職場が多くなっていますが、少しで

も無理となるようならば主治医や配偶者とも相談して早期退職を望むことになるのでしょう。

それから、退職間近になると退職金は退職時と同じ待遇にして、1、2年早く本人の希望で退職できる希望退職を募集することもよくあります。しかし、これも早く退職して他の職場への行き先が確実に決まっていれば、よいタイミングである場合もあります。けれども、職場に気まずいことがなくて、また健康が許せば、できれば通常の定年退職年まで勤めている方が、1、2年分の給料やボーナス分だけでも、単純計算すれば収入が多くなることになり有利であるわけです。いずれにしても、いろいろな選択があるので、職場の実情なども考えながら、自分の選択する方向を考えておく必要があるでしょう。

9 農業をやれるのが健康と生産活動を楽しむのに一番よい

定年退職後に職場で働くことを希望しない人は、実家が農家などをしていて両親が農業をしたりしている場合は、定年退職後に農業をするのが一番よいということもあります。理想的であるといえます。どうしてかといいますと、農家の子どもは農家のようすを子どものころからよく見たり聞いたり、お手伝いしたりしていますし、農業でできた生産物を食べたりしているので、農業のことを少しは体験しており、農業をやるには両親にも聞いたりして指導を身近で受けられるので、両親の跡継ぎの気持ちで取り組むことができるからです。

退職前から考えておきたいこと

もちろん栽培面積などは無理をしない範囲にすればよいわけであり、農業を通しての野菜や果物、稲作などの中で、自分のできることを、できる範囲で取り組めばよいのだから、楽しい生産活動ができます。農作物を育てる活動は健康にもよいし、冬場は農閑期となるので旅行に出掛けられるなど、有効に定年退職後の生活を楽しむことができるというものです。

農業は農家に育って子どものころに見ていても、そう簡単ではないことは確かであります。しかし、やる気さえあれば、楽しみながら努力したり工夫した分を裏切る事なく、途中で失敗することはあったとしても、やり直していけば、それなりの生産と収入を上げることができるものと思います。大体は収入を上げるのが一番の目的ではなく、楽しみながら働き、働くことによって健康を維持できて、手作りの新鮮な野菜が食べられて、自然と関わりながら季節を感じて、生きていける喜びを味わうことができることが、一番の魅力なのです。

10 地域のシルバー人材センターに登録しておいて、少しでも働くようにする

住んでいる付近で少しでも地域のためや、健康のために働きたいと思う人は、地域のシルバー人材センターに登録しておいて、いろいろな仕事の自分にあった内容のものを選択して働くこともできます。先に触れたように、わたしも現在でも活用していますが、自宅近くの勤務先で仕事ができるのでありがたいと思っています。働く時間も自分で選択できますし、働いた時間数を毎月報告すると、それに応じた時間給の賃金も少ないけれども出していただけます。どのような仕事を選択しても時間給には変わりがなく一定で、だいたいはその県の最低賃金が時間給であると考えれば間違いありません。働いていてケガや入院をしたときは自動的に傷害保険に入るようになっているので、その保険から支払ってもらえる仕組みになっています。このケガをする人が時々出ているのでいつも気をつけています。しかし、そんなに危ないような仕事はあまりないし、自分に合わないような仕事は選択しないようにすることは可能です。だいたいは周辺地域や商業地の市町村や商店などでの仕事が多く、会員は年に1回の総会があって参加でき、その年の方針や注意点、予算などが審議して決定されます。このような働き方もあるということを知っていて、その時期になったときには、参考にされるとよいかと思います。

11 必要な資格を取得して職業安定所で仕事を探す

職業安定所で仕事先を探す方法は、最も普通のあたりまえの働き場の探し方であることは、誰でもが承知の方法であり、あるいは既に1回ぐらいはその利用経験のあおりの方もおられるかもしれません。退職後にしばらく自由に過ごしていて、ありあまる時間に飽きてきたり、家にばかりいてゴロゴロしていて配偶者に邪魔扱いされたりして、これではいけないと思う人も割合に多いのです。そのような経過をたどっ

て、やっぱり働いていることが一番落ち着くという人が、日本人には多いのではないでしょうか。そして、初めて職業安定所を訪れて、自分が楽しく無理せずに働けそうな職場探しをすることになる場合もあるといいます。自分の考えている希望を言えば、職安ではいろいろと相談に乗ってくれたり、自分が考えてもいなかったような、参考になることなどを伝授いただけることもありましょう。その道のプロというものの真価を、このような定年退職後の職探しで、初めて知らされて理解を深めるのです。

さて、自分に合った希望するような職業に就くには、そう簡単ではありません。必ず何らかの条件が必要になることが職種欄には書いてあるからです。身体強健、性別、年齢は70歳ぐいまで、時間給900円、月20日勤務で月給15万円、車の運転免許が必要、看護士資格、保育士資格、小中学校教員免許、通勤か住み込みかの別、通勤費は1000円まで可能、昼食付きか昼食持参か、ボイラー資格必要、電気工事資格、その他　さまざまな資格や免許を取得していることが条件になっていることもあります。

資格で弁護士や税理士、看護士、薬剤師、最近流行の保険診断士プランナーとか、終活プランナー、福祉看護士などのように、割り合いに職につきやすい資格もありますが、自分の働く場で自分の資質とを考えて選ばなければならないので、そう簡単にはいかない場合があります。ただし、どうしても働きたい職場があり、必要だという資格も取れそうな自信があるならば、その自分の得意な分野で興味がある関係の資格を取得することが先ず大事になります。そして、その職場の採用試験を受ければよいわけであり、何でも挑戦であり、退職後とはいっても老化防止にはかえって有意義なことかもしれません。

それから、最後に介護は他人の問題ではありません、この介護職への就職支援研修があり、全国都道府県別に講習が実施されています。介護は転職の中でも圧倒的な高就職率を誇る成長産業なのです。受講者が募集されて、都道府県別に実施され、戦力として高く評価され、必要とされる人材研修を行い、就職に結び付けるのです。研修の利点として、新規職場での予備知識を得られ、就職時には即戦力として活躍できます。また、研修を終了しておくと、失業の心配が無くなります。さらには、研修修了証と共に推薦状を発行し、就職をバックアップするといいます。この介護職への再就職支援研修は、

内閣府認証ＮＰＯ法人全国健康増進研究会（03-5879-2051）

に問い合わせると詳しいことがわかります。

何でも挑戦して資格や講習を受けて実技を身につけておくことは大切なことです。いつからでも働けます。退職後でも人生80年から90年時代になってきているのですから、決して遅すぎることはなく、健康でやる気があれば高齢になっても諦めることはないと思います。

退職前から考えておきたいこと

12 国民年金と厚生年金、共済年金、個人年金

退職後にもらって生活する資金となるものが、会社員関係ならば国民年金と厚生年金、公務員関係ならば国民年金と共済年金、農家や自営業者関係ならば国民年金、そして、現役時代に個人的にかけてある人は個人年金などがもらえることになります。

国民年金は本人と配偶者に別々に年齢になればもらえますが、現役時代に保険料を納めてあればの話であります。これが滞納していないかを現役時代に確認して、今からでも納付すれば権利が取り戻せるものならば、即座に納付とておくべきです。普通は会社員や公務員の配偶者ならば、夫の勤務先から夫の給料から差し引かれて納付済みになっているはずです。けれども不安ならば確認しておくことは無駄ではないでしょう。厚生年金と共済年金は勤続年数によって、また最後の年の給料などが関係してくるようですが、実際にはいろいろなことが複雑に絡み合って決まってくるもののようであります。いずれにせよ、定年退職時の説明会などで詳細が話されたりしますので、不明なことがあったら、そのような機会に配布資料を読んだり、質問して聞いてみたりすることです。農家や自営業者は国民年金だけがたよりですが、これだけでは不安だと感じる場合は、現役時代から、あるいは常日頃からの貯金や個人年金に加入するなどして、人生後半期の生活資金を少しでも補完できるようにする必要があるのかもしれません。

さあ、そこで今からでも国民年金を増やせるかもしれません。通常は60歳まで年金保険料の払い込み期間であるのを、最大65歳まで延長できるというのです。ただし、60歳以上65歳未満に日本に住んでいる人で、20～60歳までの保険料の納付月数が480カ月未満の人です。また、自営業やフリーランスの人は、国民年金基金を20～60歳未満の人なら加入でき、50代でも年金の上乗せができるのです。月15000円～17000円を支払うことで、年間約12万円くらいが終身上乗せされるのです。また、個人型確定拠出年金についても得になる方法があるので調べて相談してみてください。

それから、年金を受け取るために必要な納付期間が25年から10年に減ったことです。したがって、資格期間は10年（120月）以上であると、年金を受け取ることができるようになったのです。もちろん、10年間の納付では、受け取る年金額は概ねその4分の1になります。今までは例えば15年間の国民年金保険料を納めていても、まったく受け取れなかったことを考えると、ありがたいというか、これは当然の権利ともいえるでしょう。

なお、過去5年間に納め忘れた保険料を平成30年9月までは、納めることで、年金を受け取れるようになったり、年金額が増えたりします。

これらに該当する人は、是非とも手続きが必要ですので、

ねんきん加入者ダイヤル
(0570-003-004、あるいは03-6630-2525)
へ電話して問い合わせてるとよいでしょう。あるいは、持ち主のわからない年金記録が、今な

お約2000万件残っているといいますので、もしも関係するかもと思われる方は、
ねんきん定期便・ねんきんネット等専用ダイヤル（0570-058-555、あるいは03-6700-1144）
へ問い合わしてみましょう。

②

退職時に考えること

退職時に考えること

1 退職金の有効活用はあわてないでじっくり考えてから

　退職前に少しぐらい考えていたからといって、多額の退職金が出てから、すぐに何かに使うために振り込んだり、支払ったりすることは、間違いの元になることが案外多いのだといわれます。先ず大切なことは冷静になって考えたり、色々な面から検討してみたり、ある程度の考えがまとまったとしても、そのままにして冷静期間をおくことです。とにかく、あわてると碌でも無いことになりがちなことは、皆さんも現役時代に、1、2回は経験がおありではないでしょうか。逆に遅れたために損をするという経験もあったことでしょう。けれども、一生涯働いて得た2度とない退職金です。何かあって遅れて少しくらい損をしたとしても退職金は残ります。しかし、あわてて支払ったり振り込んでしまって、その絡繰りの罠に嵌まってしまったのでは、退職金は泡となって消えてしまっていて、取り返しのつかないことになってしまいます。

　どうか呉呉もあわてないということを肝に銘じて、配偶者とも話し合い、一人だけで判断しないようにした方が、間違いは少なくなるでしょう。これこそ最良の内助の候となるのではないでしょうか。

2 とりあえず信用ある安全な複数の銀行などの金融機関に預ける

　その時代時代によって信用できる安全な金融機関は異なるものであることは、ご承知の通りです。だから大切な退職金であるのですから、一時的ではあっても、預けておきたい銀行などは吟味する必要があります。長い間にわたりほぼ同じ場所で勤務していれば、当然金融機関の事情なども掴んでおられると思われますが、その辺のところはさまざまな情報や仲間の話なども参考にしながら選定したいものです。

　そして、2、3の金融機関に分割して先ずは預金しておくことです。また、念のためですが何かと忙しいときにはミスをすることがあるものですので、通帳とカード、印鑑などは別々に保管し、持ち歩くときには、極めて気をつけて紛失はもちろんのこと、特に置き忘れなどには呉れ呉れも用心する必要があります。これらがよく聞くことのあるミスであり、誰でもその可能性があるということを、肝に銘じて知っておく必要があるでしょう。再度の確認をするということを怠らないことです。

3 借金返済を優先するのか、それとも歩合のよい安全な運用などを考えるか

　退職金を使うときに、借金返済を優先するのか、それとも歩合の有利で安全な運用投資などにまわすかでありますが、これもその時代の景気状況などによっても異なりますが、まあ普通は先ずは借金返済にまさる投資はないと考えて、返済を優先すべきだとわたしは思います。そして、もしも有利で安全な投資先があったら、いろいろと必要なことに資金として使用してみて、それでも自由になる資金があったら、国債でも外国債、各種債券、複合投資、金やダイヤなどの中から安全で有利な投資を、少し

の長期展望に立ってやってみるのも、毎月配当にでもしておけば、書籍やコーヒー代、孫の小遣いなどとして利用できるかもしれません。また、株投資でも年5％増を目指すくらいがよいと書いたものを読んだことがありますが、大儲けをしようとすると逆に大損をするともいわれます。しかし、あくまでも儲けようとは思わないことであり、少し楽しんでみるかぐらいの気持ちでやることです。そうでなければ、利子はほとんど無くても貯金でもして、その通帳から必要な資金を少しずつ下ろして使用していけば間違いがありません。しかし、目減りしていくことだけは防ぎようがありません。どちらにするかは、それぞれの人の考えと判断で、何を優先するかで決めるしかありません。

❹ 新居購入(戸建て、マンション)か、賃貸住居にするか、あるいは今の住宅のリフォームや改築か

前項で退職前に考えたついの住処として、戸建てやマンションを購入する人もいることでしょう。戸建ては戸建ての長所も短所もあることは当然でしょうし、マンションについても同じことがいえると思います。ただし、今いる都道府県や都会地、市街地、田園地、住宅地、農村地、山間地などによっては、マンションは入りにくかったり、戸建ての方が希望に添えるかもしれません。また、都会地や市街地などではマンション探しの方が楽にできることがあるのかもしれません。いずれにしても、もしも住宅ローンを組むことが必要であるとすれば、例えば現代人はガンになる確率が2人に1人で、またガンで死亡する人は3人に1人という時代ですので、ガンになったら借金返済の必要がなくなるという住宅ローンもあるというから参考にしたらよいかと思います。

まあ、戸建てのよさは何と言っても独立した、土地付の一家の主であり、家族であり、まさに正真正銘のわが家であるということです。ただし修理や草取りなどの管理はすべて自分でこなさないといけない。また、固定資産税もそっくり支払わなくてはならないし、地域や近所とのお付き合いも責任を持って進めることになります。一方、マンションは集合住宅であり、管理は毎月の管理費を納めているので個人的には管理する必要はなく、その点は気が楽である反面、共同で火災や地震の避難訓練をしたり、管理組合総会があったり、同じエレベータで多くの人が乗り降りするのが常であります。また、固定資産税は支払うが戸建てよりは原則として格段に安くて済みます。また、自治会組織があったりして、コーヒー会や音楽演奏会、軽い体操室、その他のお楽しみ会などが企画されているところもあって楽しいこともあります。また、マンションは上層階ほど景色もよく、何とも言えないよさを味わうことができるのも利点といえます。まあ、両者とも一長一短ありで、それぞれ住みやすい生活ができます。

それでは、自分持ちの場合で、一戸建とマンションでは、どちらの方が生涯を通して考えたときに、経済面で有利かというと、どうも大きな差はなく、これも一長一短ありでありますが、ただ気楽に売り出して他へ移りたい場合は、ど

退職時に考えること

ちらかというとマンションの方が気楽にできるのかもしれません。というか大きな集合マンションは毎月の程に出入りが激しいくらいです。マンションも戸建ても電車の沿線沿いや特に駅前付近は何かと便利なために、価格も高価になり、中古になっても価格はあまり下がらないし、都会などでは逆に販売時の価格よりも高価になることさえあるくらいです。

さて、今の住居をリフォームしたり改築する場合、戸建ては個人や家族の考えで自由にできますが、費用はその時々に必要になります。マンションの場合は10年に1度とかのリフォームの計画が組まれていて、いつでも自由にリフォームしたり改築することはできないのが普通です。もちろん室内は自費で自由です。また、リフォーム費用は毎月の管理費の中から使われるのが普通です。

次に、一生涯を戸建てやマンションの賃貸で生活する場合を考えている人も多いことでしょう。この場合は毎月の賃貸料は必要ですが、固定資産税の支払いの必要はありませんし、10年に1度のリフォーム代など経費も必要ありません。また、何か隣近所との気が合わないとか、トラブルになった場合などは、いつでも他の別の戸建てやマンションへ簡単に引っ越すことは可能です。

では、住居では自分持ちのものと賃貸を利用する場合とでは、生涯を通してみると、どちらが経費面で得になるだろうか。これについてはもちろんケースバイケースではあろうと思われますが、どちらでも地味に住居を使用した場合では、どちらもとんとんではないかといわれることが多いようです。ただし、自分持ちは高齢期になっても月々の賃貸料はいらないですが、自宅の管理費と土地の固定資産税だけですみます。しかし、賃貸の住居だと高齢期になっても月々の賃貸料として住居する住宅やマンションによって異なりますが、10万円なら10万円の出費が必要になるわけです。

5 新車やリゾート、ホテル関係の会員権、オーナー権利などの購入

退職したら今まで中古車でがまんしてきたので、新車でも買ってのんびりと配偶者と二人で何処かへ出掛けてみたいなという人もおられることでしょう。また、毎日がサンデーなのだから家にばかりいたのではつまらないので、今までに配偶者と訪れたことがあって気にいっている、あのリゾート地へ時々行って宿泊して楽しめる会員権を購入したい。あるいは、ときには海外にも行って暖かい島で楽しむ憧れを実現させるために、ハワイのワイキキビーチ付近のホテルのオーナー権を入手して、配偶者と二人でビーチを歩いたり、いくつかの島巡りのクルーズで、海の夕日を見ながらビールやワインで乾杯をしたいな。その他、いろいろな夢や目的を退職後にはお持ちの方が多いのではないでしょうか。しかも、それらを実現させるためにはどうしてもある程度の資金が必要になります。そうかといっても、現役時代からの貯金があるわけではないとすれば、どうしても退職直後の退職金を必要なことに使ったあとの、余り分を利用するしかありません。もちろん家庭によって

は貯蓄金があって、かなり裕福な資金を調達できている場合もあることでしょう。

　今までは家庭や子どものため、また会社や社会のために、一生懸命に働いてきて楽をしたこともあまりなかったのだから、退職後は何か楽しい余生を過ごすために、自分と配偶者とでいろいろと相談して、二人の夢を実現したいものだと考えておられることでしょう。その数例を先に述べましたが、時間は充分あります。よく話し合ったり考えて、今までには経験したことのない、少しでも贅沢な楽しみができることを計画して、それを具体的に実現へと着実に進めてみるとよいでしょう。そんな楽しい一時が、二人の健康を心身ともに益々充実させて、夢の実現を早め、実際に楽しく充実した退職後の第二の人生をスタートさせてくれるものと思います。

　これらの会員やオーナーになれば、途中で不動産として売ることもできるものもありますので、必要がなくなったら売ることを考えて現金にすれば、使い道は他に転換できます。

❻ 20年、30年先までの生涯計画案を考えて修正していく

　定年退職がわたしの時代は60歳でした。今は65歳が一番普通というところでしょうか。もちろん会社によっては63、4歳とかのところもおありかと思います。いずれにしても、現在での日本人の平均寿命が男性でおよそ81歳くらい（健康寿命は71歳くらい）、女性で87歳くらい（同74歳くらい）ですから、今は80歳であっても平均くらいであって、決して長生きしているといって驚くことではなく、90歳になって少し長生きしているなあ、100歳ではじめてたいしたものですね、と言われる時代になってきています。人生50年という時代から比べれば驚きですが、現在では長生きできる時代になっているのです。だから60歳や65歳で定年退職を迎えても、まだまだ20年以上は生きられ、少し健康に気をつけて運がよければ、30年も生きられることになるのです。また、厚生労働省の2015年簡易生命表によると、主な年齢の平均余命は、50歳で男性32.39年（女性38.13年）、60歳で同23.55年（28.83）、70歳で15.64年（19.92）、80歳で8.89年（11.79）、90歳で4.38年（5.70）であるといいますから、退職してからも20年位は生きていられるので、楽しい生涯生活の計画を立てる必要があるのです。

　そこで、わたしは生涯計画案表というものを作り、これの縦にわたしと配偶者、それに長男夫妻、次男夫妻、長女夫妻というように入れて、また横には、わたしが定年退職した60歳から1年毎の表を作り、10年後（70歳、古稀）、20年後（80歳、傘寿）、30年後（90歳、卒寿）、40年後（100歳、百寿）まで予定や経過を記入できるようにしました。そして、この生涯計画案を何枚も印刷しておいて、常に加除修正しては新しい計画案表に変えていくようにしています。家族や子ども、孫の儀式、旅行計画、記念日などを記入しておいて、忘れないように実行し、新しい名案を思いつくと追加したりして、いつでもこの1枚の生涯計画案を見れば、

退職時に考えること

何年か先までの予定や計画がわかるようになっているのです。これを見ながら人生計画を考えていると、いろいろな夢や希望が沸き立ってきて楽しく毎日を送れるのです。どうでしょうか、便利だと思うのですが。

　例えば、わたしはできませんが、1年おきには海外旅行を二人でしようと考えて計画案に入れるとか、行かない年には国内旅行をするとか、また孫のお宮参り、親戚会、次男の結婚式、還暦祝い、古稀祝い、お墓建立、孫の入園祝い、入学祝い、親子懇親会、親子旅行……というように、その家族でのいろいろな予定や記念日などを入れていくのです。また、日本国内での主な行事である東京オリンピックを2020年に入れるとかしていくと、この年で72歳になるのかとか、リニアモーターカーが発進する年までは生きていて乗ってみたいものだとか、まあいろいろの面で目標になったりもして楽しいものでもあります。これは一例ですが、いつも携帯している手帳の他に、このような生涯計画案を作って利用するのも、長期展望に立っての計画が立てられて便利でしょう。ぜひ自分ならではのものを考えて利用してみてはいかがでしょうか。

　ヘルマン・ヘッセは人生も旅も途上にこそ悦びがあるといって、次のような、
「旅も人生も途上に悦びがある」（旅行術）という詩にしています。

　　「旅の味は途上にこそある。
　　　急いで目的地に突進するのではない。
　　　さすらうのだ。さすらいの甘さを味わうのだ。
　　　それは青春の日々の悦びだ。

　　　人生の日々の悦びだ。」

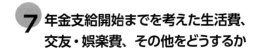 年金支給開始までを考えた生活費、交友・娯楽費、その他をどうするか

　わたしのころは60歳で定年退職しても、すぐには国民年金や厚生年金あるいは共済年金はもらえませんでした。満額がもらえるまでには4年ほどあったのです。もちろん目減りはするでしょうが、60歳からでも申請すればもらえるようにはなりました。なんだかせっかく働いてきたり積み立ててきたのだからと思い、もったいないような錯覚のようにも感じて申請しませんでした。逆に64歳になってから満額をもらいはじめずに、5年後、10年後からでも申請すればもらえるようにはなり、しかも満額以上に増額した分としてもらえる仕組みになっているのはご承知の通りです。ただし、それまでの生活費があればの話ですが、あるいは仕事を継続して働けていれば、収入があるので年金をあわててもらう必要もないのです。だから、働く方がよいのか、あるいは、もう働くのはこりごりで、きるだけ早く働くことに区切りをつけたいという人は、できるだけ早く年金をもらいたいとなるわけです。そこで、どちらが損か得かの利害関係と、自分がいったい何歳まで生きられるかの不明部分との、駆け引きが登場します。つまり例えば、いくぶん少ないが4年早くからもらいはじめた方が生涯にもらえる年金額は多くなるのか、それとも満額がもらえるまで4年間何とかやり繰りして我慢してからもらいはじめた方が、生涯にもらえる年金額は多くな

るのか、このどちらを選ぶかなのです。しかし、どちらが得かは人生が終わってみないと結論は出ないというか、かなりの長生きをすれば途中で生きている間に、どちらが得だったかを知ることができるようになる人も出てきます。けれども、例えば65歳で年金をもらえることになる人が、5年受給開始を繰り下げて70歳からもらうようにすると年金が当然増加します。その額が何と65歳でもらうときよりも約4割も増加します。これは大きいと思います。ただし、この5年間、先に述べたことや自分の健康状態、他の貯蓄状態などで余裕があればの話です。また、仕事を持って働いていて給料生活が続いていれば、5年繰り下げるべきでしょう。

まあ、あまり無理せずに貯金もなくて生活ができないとなれば、4年でも1年でも早くから確実にもらって生活に回した方が無難な道ともいえましょう。そのころの自分の健康や体力と、進んでやれる仕事があるかないかと、生活費の貯蓄があるかないかなどによって、色々な面から検討して決断することになります。しかし、覚えておきたいことは、いつからもらうかの判断は1回しか決められないということで、あとで変更することはできないようになっています。

ところで、もらえる年金の受給の際には年金請求の手続きが必要です。そして、年齢が60歳または65歳になる前に、日本年金機構から「年金請求書」が郵送されてきますので、必要な書類などを揃えて近くの年金事務所へ提出しなければなりません。これで、手続きは終了です。また、将来もらえる年金額は毎年誕生月に郵送される「ねんきん定期便」や、日本年金機構のホームページにある「ねんきんネット」で目安を確認できます。なお、年金だけでは生活が困難な低所得者には、平成31年10月からの予定で、新たに「福祉的な給付」（年最大6万円）がスタートすることになっているといわれています。

8 余裕が出れば貯金や安全な投資などに退職金をまわすのもよい

先でも少し考えましたが、退職金でも貯蓄金でも現在の資金で余裕が出てくる分があれば、ただ単に貯金しておくだけが能ではないように思います。現在の70歳代から90歳代の高齢から後期高齢者は貯蓄額がとても多いのだといわれます。わたしだけは貯金するという習慣がなかったので、今になって苦しい生活をしていますが、これも自業自得というのかもしれないと諦めています。皆様方の中には勤勉に働いて財を成した方々が多いのではないかと思います。それで、退職後に必要なローンなどの借金を返済し終わっても余裕がおありである方は、利子のよい高額貯金や安全な投資として、国内外の国債や株式、複合投信などに回すことも考えられます。しかし、ほとんどの人はその道のプロではないので、そう簡単には儲けるようなところまでは難しいように思います。特に株への投資はよほどの経験や株への理解、景気の動向などを常に掌握していないと、いや掌握しているつもりであっても、いつ突然に急落して1日で投資のほとんどを失うような事例は枚挙にいとまがないほどです。だから、やるとし

退職時に考えること

ても、できるだけ安全な国債とか外国債、オープン投信の中から、より堅実なもので毎年1回から毎月分配されるようなものを、まだ少額投資非課税制度（NISA）を利用できるようならば、利用して投資してみるなども参考になるでしょう。現在では貯金をしても利子がほとんど付かないどころか、毎年目減りしていく状況下ですので、なかなか貯金をして増やすということは期待できない時代になっています。

別の話ですが、どこかの有名百貨店では友の会会員になって毎月1万円ずつを払い込んで貯蓄していくと、12カ月間で12万円となり、それに、プラス1万円が加算されて、合計13万円を友の会の会員カードに入金されて店内で使えるといいます。今時はせいぜいこれぐらいが庶民の楽しみとでも言えるのかもしれません。なかなか、簡単な増やし方や儲け話はないのが現状と言えるでしょう。

❾ 10年間有効なパスポートを申請して取得しておくとよい

わたしが退職と共に先ず実行したのは、先輩に言われて10年間有効なパスポートを申請して取得することでした。退職したら、いつでも海外旅行に行けるようにという思いからでした。現役時代にも1度パスポートを取得して、台湾省の雪山登山やタイ・マレーシア・シンガポール・香港への友好親善と昆虫調査の旅、中国敦煌から兵馬俑、万里の長城、故宮博物館などへの友好親善の旅などへ行ったくらいでしたが、もう期限が切れていました。新しいパスポート取得後は、これで二人でいつでも海外旅行ができると夢に見ていたものでしたが、実際に取得してみると結局は色々なことがあって、利用したのは期限が切れる3年前の退職後7年目でした。けれども、取得できるときに最高期限の10年間のパスポートを取得しておいてよかったと、本当に強く思いました。というのは、格安価格で海外へ行く機会が突然に訪れたからです。あのときに取得していなかったら、この機会を見逃していたと思います。そんなものですから、パスポートはできるだけ早い時期に、10年間のものを取得しておくことをお奨めします。

二人で初めて海外へ行ってからはパスポートを持っているのでと思い、いつでも新聞広告を見たり、旅行店を回ったりして、格安の気に入った海外旅行先を真剣に検討するようになりました。だから、取得したパスポートを利用してできるだけ早く海外旅行を経験すべきだと思います。そうすることが、このパスポートを有効活用して、資金が許す範囲で、各地の異国へ夢を馳せて旅行ができるようになるのではないかと思います。わたしたちにとっての楽しい海外旅行は病み付きとなり、新しい夢や希望を大きく開花させてくれたことは確かであり、なおさら健康には気をつけて、できるだけ長く海外の各地へ出掛けてみたいと思うようになりました。といっても、まだ2回行っただけで足踏み状態です。結局は予算が伴わないからなんです。

10 本当によい人生だったかは、これからの生活の仕方で決まる

　退職時に考えておくべきことは、これまでにも少し考えてきたようなこともありますが、これらはほんの一部分であることはもちろんです。他にも皆さんが考えておられるように、さまざまなことが考えられますし、またいろいろなことを考えていく必要があると思います。限がないといえばそれまでですが、退職後の大切な第二の人生の旅立ちといってもよいわけですので、大事にしたいときであるわけです。

　そして、これからの人生後半の過ごし方によって、本当によい人生だったかどうかが決まってくるといっても過言ではないと思います。それは、健康であったり、生活の仕方であったり、金銭的なことであったり、楽しい夫婦二人の旅行であったり、子どもの幸せであったり、かわいい孫との行事、親子や孫との会、忘年会や新年会、記念すべき諸行事、楽しい余暇利用、その他などでありますが、いずれにしても夫婦二人の工夫と努力で、いかなるようにでもできる可能性があるのです。もちろん一人であっても同じです。そんなときは、いつも笑顔で楽しく、考えを率直に出し合って、創意・工夫・努力していく必要があるのでしょう。例え、お金はそんなになくても、自由に使える時間だけはたっぷりある、毎日がサンデーの退職後であるのですから、贅沢と言わねばならなりません。まさに人生の楽園とでも言えましょうか。

　しかし、これからの過ごし方で、本当によい人生だったかが、決まって来るのです。そして、最初は失敗したり反省したり、やり直したりしながらも、少しずつ少しずつ、手ごたえあるよいものへと近づいていくものです。そして、特に本当によい人生だったかは、人生最後の３年間か、５年間で決まるともいわれます。まさに人生というものは、最後よければすべてよし、ということなのでしょう。そんなことを目指しながら、退職と共に人生後半の第二の人生が折り返されているのです。

③

退職後の生活計画

退職後の生活計画

❶ 先ずは健康管理を優先し自己管理を怠らない

退職後は先ず何といっても楽しい意義ある自由な生活を送るためには、健康第一ということです。健康が優れていなくては何もかもがうまくいかなくなり、退職後の楽しい生活を送ることができなくなるからです。

しかも、健康を維持するためには、先ずは自己管理であるということを忘れずに、他人や医師任せだけにしないことです。健康を悪化させるのは自己責任なのであり、病気やケガがいけないわけではなく、また勝手にやって来るのでもなくて、その以前に大事なことは自己管理の責任不足であったことを忘れないことだと思います。風邪を引いても風邪が悪いのではなく、自分が風邪を引かないように管理を怠ったから風邪を引いたのです。転んで足を骨折したのは、そこにくぼみがあったから転んでしまい骨折してしまったのではなく、自分が目前にくぼみがあることを見落として無造作に歩くから、躓いて転び骨折したのであり自己責任なのです。糖尿病も甘いものや酒の飲み過ぎをするから病気にかかるわけであり、すべて自己責任であるのです。通風も肉や酒を食べたり飲んだりし過ぎるからの自己責任なのです。というように、先ずは健康管理は自己責任であるということを自覚することが必要であろうと思います。

だから、その自己管理の健康管理をするために、食事内容や食べる量、いろいろといわれている健康によいことをできるだけ実行することが大切です。また、ウォーキングなどの運動も大事だということであれば、自由な時間は充分にあるのですから、1日のうちで30分や1時間の歩ける時間帯を具体的に設定して実行することです。また、ときには地域での健康診断があればできるだけ利用して、毎年継続して健康状態の動向を見ていくようにすることも必要です。お茶が健康によいと思えばお茶を毎日欠かさずに飲んだりして、ビタミンCやカテキンの補給をする。その他にも、いろいろと健康維持のためによいと考えられることがあると思いますが、常日頃から健康は自己管理であるという認識を強く持ち、明るく楽しく計画的に、実践していくようにすることが大事だという自覚を持つことです。

具体的には後半の項7.でまとめてあります。

❷ 自家用車と運転免許証の返上をいつにするかの判断

最近になって特に高齢者ドライバーによる交通事故が多発しており、登下校中の児童の列やコンビニに突っ込んでしまったとか、交差点で信号が赤信号なのに暴走して対向車と衝突したとか、アクセルとブレーキを間違えてビルの駐車場から落下したり、さらには高速道を逆走して衝突するなどの事故が連続して起きています。70歳代から80歳代の高齢者から後期高齢者が多いようです。一番の悲劇は将来のある小学生や子育て中の主婦などが犠牲になっていることです。その事故を起こした高齢者を調べて見ると、明らかに運転できないか、してほしくないような感覚の人であったり、認知症に近いではないかというような人、色々な病気を

併発している人などが多いことです。高齢者の運転免許証の更新は最近になって厳しくするようになってきているといわれますが、まだまだ不充分な面もあるように思われています。と同時に、どうしても運転せざる得ない高齢者もいることは事実で、市街地への買い物や病院通いのために、バスや電車が近くにない場合はどうしても自家用車や軽トラックを利用しなければ用事が足せないのです。

いろいろの事情が個人的にはあるにしても、運転の未熟によって、他人にケガをさせたり死亡させてしまったのでは、取り返しができません。また、人様の物件を暴走して破壊してしまってはならないでしょう。しかし、高齢者になればなるほど自分は運転になれているから事故は起こさないと、自信なのか空自信なのかわかりませんが持っている人が多いといいます。

そうなると、結局は運転できる技術的にも法規的にも適任者であるかどうかを、運転免許更新時には厳しく検定というか検査して適任者だけを更新させることと、もうひとつは健康や運転に自信が低下してきた人は、できるだけ自己申告で自家用車や運転免許証を返上することを進めていくことしかないように思われます。特にこの返上では、奥さんなり主人が、あるいは家族の子どもたちが、その運転者の状況をそれとなく把握していて、そろそろ言わなければならないなと強く決心して、返上したらどうかと進め、返上後の買い物や病院へ行く具体的な対策を話し合って、はっきり解決させることでしょう。

さあ、皆さんならどのように考えますか。わたしの場合は、まだ健康的にも問題なく充分に運転もできる年齢の65歳で車も運転免許証も家内と話し合って返上しました。それは、その時期に丁度運転免許の更新と車も買い変える時期になって重なっていたこともありますが、なくてもすぐ近くに電車の駅があり、また各地へ行けるバス停もあったこと、生鮮食料品スーパーまで徒歩で10分くらいと近いこと、それから車を返上すれば年金生活が少しは楽になり、また健康のために歩くことが多くなるのではないか、などと考えたからでありました。そのあと、5年が経過していますが、返上して正解だったと喜んでいます。ちょっとしたところへも車で行っていたことが、できるだけ歩いて用事を足すことが習慣になりつつあり、足腰もウォーキングを毎日かかさず5000〜8000歩前後をするようになって健康が安定してきています。一言で言うと返上は健康によいということは間違いないようです。

別の話ですが、高齢になって運転免許を返上すると、タクシーやバス券が配られたり、地域の温泉入浴券や食事券などがもらえるというような、市町村などもあり大変好評だといわれます。しかし、一番大事なことは、一時的な乗りもの券の配布よりも、買い物や病院通いが容易にできるアクセスをいかに確保できるかが一番大事なことだと思います。

３ ついの住処は新居でなくて中古で充分である

わたしは長野県で定年退職まで働き、その1

退職後の生活計画

年後には考えてもいなかったことでありますが、千葉県に永住移転しました。退職直後から子どもたち三人のことを考える機会があったり、三人とも東京や埼玉にいて働いたり学生生活をしていました。また、長男が結婚するという話があったときに、三人が将来とも長野には帰郷できないことがわかったことと、実家はわたしの弟があとを継いでいたので気軽な面があって、それならばと、わたしと家内で子どもたちのいる関東方面へ移転することを決意したのでありました。そこで選んだのが、東京の大都会からは少し離れた近隣ということで、千葉県に永住移転することになったのでした。定年後はマンションがよいと考えて、また、できるだけ電車の沿線で、駅に近いところを探しました。その当時は、千葉ニュータウン開発計画が進んでいた印西市内の新しいマンションに決めたのでした。ところが、長野県には現役中に住宅ローンで建てた今まで住んでいた戸建て住宅があり、このローン残金を退職金の一部から支払い済みにしていたところでありましたが、移転を決意して売却に出してマンション購入の資金の一部にしようとしました。しかし、木造の中古住宅でしたので、すぐには売却できませんでした。それでしかなく、支払えない分をこの私宅と土地を抵当にいれて少額分の住宅ローンを組んで、何とかマンションを購入することができたというわけであります。すると間もなくして、安かったけれどもローン分くらいの価格で、私宅が売却できて胸をなでおろしました。そして、あとは年金だけがたよりで、細々とした生活をしていく覚悟をすることにしたのでした。

新しいマンションに住んでみると、驚いたことに毎月の如くに転出、転入があり、その価格もどのくらいなのかが、買い取り販売する業者がポストに入れるチラシでおよそがわかるのです。それを数年見ていてわかったことは、新築でもマンションというものは出入りが激しいこと、そして価格も少しずつ低くなっていくこと、けれども転入時には内装するのでマンションそのものは10年経過しても、破損するものではなく、価格だけが築年数が経過しているので安くなるだけであるということです。そこで、わたしたちは定年後に（80～90歳まで生きたとしても）マンション（恐らく戸建てでも同じか）を購入するときは、新築のものでなくて、上質な中古のもので充分だという結論を得たのです。だから最初からこのことを下調べをして知っていたならば、恐らく1000万から1500万は少ない資金で購入できたのに、今さらどう仕様もないと後悔をしたものでありました。これならば、1000～1500万円分の豪華な海外旅行や豪華客船で世界旅行、あるいは他の有意義な活動に活用できたのにと思った次第です。

定年や退職後に住宅を購入するときは、どんな内容の物件かは吟味する必要はあるにしても、必ずしも新築のものでなくても、中古住宅で充分だということも覚えておかれるとよいかもしれません。

❹ 家財・荷物・部屋内外の整理整頓、かたづけを計画的にすすめる

定年退職して時間が自由にできると、いろい

ろとやってみたいことや、やっておきたいことなどが山のように出てくることでしょう。わたしも同じでした。その中の一つに、長い現役時代に無造作に各部屋や天井裏、ベランダ、物置、軒先などに、積んであったり突っ込んであったり、置いたり、入れておいたりしてあった、それこそたくさんの今でも必要なものや、明らかに不必要なものなどがおありのことでしょう。

これについては、わたしは定年退職して１年後には千葉県へ移転永住することを急に決めたので、ほんの３カ月の間で素早く整理整頓して、かたづけなければならない状況に追い込まれました。一戸建からマンションへの移動であったので必要な物を最低限に絞り、他はすべて整理して捨てたりして行く計画で進めました。整理していくといっても私宅も売りに出すので、家の中はまったくの空にしておく必要がありました。だから、移動で持って行く荷物、リサイクルで少しでも引き取ってもらえる物、文献類は古本屋へ引き取ってもらい、大小の不必要な物は市の生活課へ連絡して不燃物として出したり、残りはゴミ類として種類別の指定曜日に所定の場所まで運んで回収してもらい、庭先の大小の植木類や三脚、ハシゴ、農機具、物干し竿などは弟にトラックで何回も来てもらって、実家で使ってもらうようにしました。まあ、たくさんの荷物があったものだと驚くとともに、何日も同じような整理整頓をしていて、熱が出るほどの疲労感に襲われて、夜は早めに風呂に入ってじっくりと休む日が続いたものでした。かたづけということは、短期間に集中してやるにしても、少し余裕を持ったり、３、４日やったら１、２日休んでから進めるとか、そんなふうにしないと体も精神も参ってしまうことを知らされたので、後半は少しのんびりと進めていたら体調も楽になってきたことが思い出されます。

その後、マンションに引っ越して５年くらい過ぎてからも、マンションは狭いのでたくさんの荷物を持ってきすぎたことを荷物を入れる当初から強く感じていたので、今度は子どもたちに迷惑をかけないようにと考えるようにもなり、わたしの部屋と家内の部屋、そして居間（日本間）、リビングなどがそれぞれの部屋として、すっきりと使えるようにしたいと考えて、各部屋の押し入れ、クローゼット、納戸、タンス、書棚などの整理整頓、各部屋の隅に置いたままのダンボール入れや衣装缶内の諸荷物、ベランダの植木類などを、今度は時間をかけて計画的にかたづけてきました。年金生活なので四季別の衣類や服装類などは古くても、できるだけ使える物は使うようにと残すことにして、その他の衣類や古くなった服装類、他の装飾品や掛け軸、展示物、書物、文献、多数の調査・研究標本箱130箱は静岡県の「ふじのくに地球環境史ミュージアム」へ寄贈、空にしたダンボールや衣装缶、植木類の多くを近所の戸建てに住む必要な人にもらっていただいたり、不要な布団や座布団などを、市に連絡して廃棄物として持って行ってもらったり、古本屋や文献屋に引き取ってもらったり、装飾品や掛け軸、展示物なども子どもに分けたり、専門業者に依頼したりしました。

こうして、ようやくにしてマンションとしてというか、各部屋を有効活用ができる状態にまで

退職後の生活計画

なってきました。何と物がないということは気持ちよいことかと、この歳になって初めて強く感じるのでありました。そして、家内と二人で、これからは物をできる限り持ち込まない、買わない、用が済んだ物はすぐに捨てる、使う必要の見込みがないものはすぐに捨てる、などと話し合ったのでありました。これが結局は年金生活者の無駄遣いを少なくし、できるだけ必要なところへ限られた資金を回すようにする、ひとつの生活の知恵にもなるのかもしれません。

退職したら、不必要な物はもちろんのこと、できるだけ家財や荷物などを思い切って、整理整頓して捨てたり、分け与えたり、もらっていただいたりして、かたづけることをおすすめします。

5 家族、子ども夫婦を大事にする生活

あたりまえのことですが、先ずは家族や子どもを大事にする。退職すれば同居する家族は配偶者との二人である場合がほとんどでしょう。現役中は仕事中心、外のことが中心、自分のことが中心であったのがわたしでありました。皆さんは現役中から家族に理解ある生活をしていた方が多いのでしょうか。それでもわたしと同じだよという人もおられるかもしれません。まあ、男はというか、わたしは不器用なので、どうも仕事といえば仕事にのめり込んでしまう傾向が強く、または自分の趣味といえば趣味にのめり込んでしまうのでした。そういう現役時代であり、退職後でもそのような傾向が強かったのですが、二人で生活していると、それは間違いだったと気づかされるのであります。せめて退職後は家族や子どものことも、もっと配慮した生活をしていかなければならないことを、今までの自分勝手さにつくづく気づいてくるのでありました。それにしても、よくもまあ仕事とはいえ、今日までついてきてくれたものだと、感謝の気持ちを強くするのでありました。わたしは元来の猪年のB型血液人間で、まさに猪突猛進の性格と生活、仕事や趣味を継続してきたことになります。この人間の本性は変わらないにしても、退職して自由な時間も多くなったのだから、そろそろ家内や子どものことを、もっと大事に考えた生活をしていく必要があることを悟らねばと思うようになってきています。もちろん既に取り返せないこともありますが、これは仕方ないと考えるよりありません。

そこで、永住移転してからは少しずつ、ゴミ出しなどでできることはしたり、毎日の食事も手伝ったり、愛犬の散歩に一緒に出掛けたり、東京の各地にも時々出掛けてコンサートや美術館、バス旅行、食事会、国内外への遠方への旅行にも何回か行くようにして、できるだけ話し合ったり相談したり、二人で出掛けるようにと心掛けるようにしています。

こうすることがというか、こうなることがあたりまえであったのであって、仕事を持って働いている現役中は、わたしとして余裕がなかったり、自分の趣味に没頭したりしていたとも言えるのかもしれません。あまり家庭を顧みなかったのです。というか寛大な心で許してもらっていたのです。だから趣味には、ときには同行し

てくれることもありました。

　退職後は二人で自由に、お互いに相手を思いやったり、思い思いのことを各自がしたり、ときには同じことを一緒に動向したり、共通話題をさがして楽しんだり、健康のために運動や食事の工夫をしたり、二人で食料品や必要なものなどの買い物に行ったり、二人で行きたいところへ旅行をしたり、こんなことをしながら、わたしは今年で古稀を過ぎ、家内は古稀を迎える歳になろうとしています。

　やがて、誰でも限りある命であり、いつ逝くかもわからない歳に少しずつ近付いてきているのであります。また、退職後ともなれば家族、つまり配偶者や、子ども夫妻をいつでも大事にする気持ちと、その具体的な行動こそ大事なことであり、現役時代の自分や趣味中心の行動に対する、罪滅ぼしとはちょっと異なるものの、終末期のたどるべき道なのかもしれません。

❻ 各種の通帳・カード・会員券 などの整理整頓、記帳記録

　それから荷物の整理・整頓と共にやっておくべき必要なことは、各種の通帳・カード類・会員券、暗証番号などの整理・整頓です。これらであっても知らないうちに多数があることに気づくものです。現在も使用しているものから、まったく使っていないもの、貯金通帳ならば使っていなくても若干ながら貯金した残金が残っているもの、カードならば同じものが複数枚あるもの、期限が切れているもの、会員券も同じです。これらを整理し直すのです。はっきりと不必要な物は廃棄し、残金があるものは下ろすなりして廃棄したり、複数枚あるものは必要なものならば１枚だけにして残して、期限が切れたものはすべて廃棄するなどするのです。

　そうしたら、次には通帳やカード類を万が一紛失したり盗難にあったときのために、ノートに通帳番号やカード番号、それぞれの暗証番号、盗難や紛失したときの連絡先などを、すぐにわかるように記入しておくのです。また、その自宅内での保存法も現金や貴金属などと共に確実な方法を再検討しておくべきです。そして、決して持ち歩いているスマートフォン（以降スマホ）や手帳などには貴重な情報を入れたり、書いておかないことです。現在ほどさまざまな盗難、詐欺、窃盗、その他のとても多くの個人的財産に関わる事故の多いことは、テレビ報道や新聞紙上などで毎日のように報じられている通りです。その損害額はわかっているだけでも何十億とか何百億にもなるといわれています。なお、暗証番号はもちろんのこと通帳についても、何かおかしいなというような思い当たることがあったときには、新しいものに変えたり、作り直しておくことが大事かと思います。

　よく責任ある安全な貸し金庫などに保存したり、家庭内でも戸窓や入り口の鍵を二重にしたり、コンクリートを基礎にした万全な大きな金庫を設置した中に入れたりと、家庭によって創意・工夫して安全には万全を期しているようです。いろいろと対策を考えてみる必要があると思います。

退職後の生活計画

7 家庭内や親子との報告や連絡、相談の大切さ

　退職すると、子ども夫婦は決して当てにはしないにしても、親となれば子ども夫婦が幸せになるために少しでも見守りたいと思うものです。もちろん先ずは夫婦間でのことが毎日生活しているので一番大事にして、何であっても、とりあえずは報告や連絡、相談などのコミュニケーションほど大切なことはないのではないかと考えられます。そして、現役で働いて生活している子ども夫婦とは、いろいろとわたしたちのように経験だけは積んできており、それなりに苦労し乗り切ってきた先輩でもあるわけですから、何かわからないことや悩んでいること、その他、何でもよいが、望むならば報告や連絡、相談さえ気楽にできるようになっていれば、直接は解決にはつながらなくても、少しでも解決のヒントにはなるかもしれないと思うのです。もちろん、若い者は夫婦でいろいろと報告や連絡、相談して、よりよい解決策を見つけていくものであるとはわかっていますが、ときにはそれを口実にしてでも気軽に出掛けてきて、1杯飲んだり話ができたり、1泊旅行を共にして楽しみながら、ちょっと話をしてみるなどすれば、あるいは案外、場所が違ったり、人数が揃うと、名案が浮かぶこともあるのかもしれないと考えるのです。

　例えば、住居を新築したいとき、職を変えたいとき、孫が生まれたとき、孫の諸行事の進め方、親子旅行先の相談、諸記念日の持ち方、体調が思わしくないとき、その他、世間話など、いろいろの場合が考えられますが、何でもキチンキチンとやるのがよいということではありませんが、何か電話1本でもよいので、気軽にお互いに連絡や報告、相談をし合うようにしておけば、後悔しなくてすむということもあるし、理解が深まったり、何かと便利なことがあるのではないかと思います。

8 よく考えてからできるだけ早く、子どもの負担にならない小さな墓や仏壇を確保するのもよい

　この墓や仏壇はもう先祖代々のものが家庭にあるという人もいるでしょうし、墓や仏壇はクリスチャンだから関係ないという方、無宗教だからいらない人、墓は持たず、いずれは寺の共同墓地に入るように決めている人、自然墓地で樹木や芝生の一角にしたいと思っている人、海や宇宙に返す人、まだ考えていない人、などとさまざまだと思います。

　しかし、世は無常であり、誰でも必ずいつかは死ぬのが真理なのだから、そのときはどうするのかだけは、あとに残る子ども夫婦が困らないように、迷惑をかけないように、はっきりさせておくのが親の義務とか責任だと考えるとすれば、退職後は時間にも余裕ができてくるので、準備しておきたいことでもあります。

　わたしは千葉県に移転永住してから、数年後には子どもたちにも相談して、寺の檀家ではない新しくできた一般霊園に、実家の両親や祖父母などが眠る先祖代々の墓から、分けてもらった墓土をもとに小さな墓を建立しました。宗派も檀家にかかわることはまったくなく、フラワー

ガーデンと名にあるように草花や桜などの樹木も多く自然環境が豊かであり、チョウやトンボが飛び交い、ウグイスが鳴く、落ち着いた静かな場所で、しかも市内の電車駅から比較的に近い位置にあるので便利です。ここへ決めるまでには、あちこちを下見したり説明会に参加したりして、吟味してきましたが、実は先に決めた別の駅に近い場所があったのですが、墓の建立費が高価になる業者だったために、わたしには出費できないので合わないことがわかり、熱心にそのことを話して説得してもらい、円満に解約いただくことができたのでした。普通は契約後はこのようなことは難しいので、わたしの反省から墓を決めるときには、あわてずに、あらゆる面から検討して、自分として納得のいく墓地を購入して墓を建立することをおすすめしたいと思います。

わたしの場合は墓を建立するときに、石塔に彫るとき中央に、〇〇家の墓とし、横面にわたしたち二人の名前と建立日を入れ、先祖代々の宗派が浄土真宗（西本願寺派）でありますが、生前に法名をいただいて、その二人の法名も赤字で彫り入れてもらいました。そして、いずれの年月日かに亡くなったときに、年月日とそのときの年齢を彫り入れてもらえれば、すべてが整うようになるのです。そんなところまでやっておかなくてもと思う方が多いと思いますが、案外このようにしていたり、現在進めている人がおられるのです。話にも聞いているし、また同じ墓地の墓石を見ているとよく解ります。わたしは、これで何か心が落ち着き、お盆や秋分の日などには二人で墓参りをして、掃除をし水と花、線香を捧げて帰ることが、毎年の一行事になっています。手を合わせてお祈りする先祖供養の墓という場所があることを、ありがたいことだと思うのです。子どもが帰って来ているときは、一緒に行くこともあります。わたしたち夫婦が今の代を生かしていただけるのも、長い先祖代々から続く、先祖のお陰であり、今の代を生かしていただいていると思うと、有り難さと共に幸せだなあと感じるのです。

みなさんは、どんなお考えをお持ちでしょうか。いろいろな考え方や生き方があってよい訳ですが、それぞれ自分やご家庭にあった、納得がいく方法を夫婦で考えてみる機会も、退職後にはたくさんの時間がありますので、計画に入れてみるのもよいかもしれません。

それから、墓の建立とともに考えたのは、小さな仏壇の購入と、法名をいただいてあるので位牌も作って貰うことにしたのです。この仏壇と位牌作りを相談するために家内と二人で仏具店を2、3店回り、展示されている仏壇や位牌を見たり聞いたり相談して、そのあとに注文して購入することにしました。仏壇は一番小型なものでシンプルな普通型のもの一式、位牌は家内との二人の法名を表に彫り一字を赤塗りしてもらい、裏には二人の俗名（氏名）を入れたもの1基を注文して作ってもらいました。この仏壇や位牌についても、宗教や無宗教の人、希望や考えによって、作るのも作らないのも、また他のもので考えるのか、その辺のところも退職後に1度考える時間をとってみるのもよいかもしれません。また、墓を移したり、仏壇を変えたりするにはどうしたらよいのかも、必要

退職後の生活計画

があれば関係する霊園管理事務所や仏具店などの関係会社で相談してみれば、詳しく説明してくれるはずです。

9 葬儀場も考えておくと心も落ち着き、いざというときに子どもが動揺しない

いざ葬儀となれば、これは大変なことが予想されます。退職後はだいたい老夫婦のみで生活している家族が多いことでしょう。しかも、先ず連絡するのは子ども夫婦のところということになります。しかし、すぐ近所に住んでいるならば連絡もつきやすく、駆けつけやすいものですが、かなり離れていたり、あるいは県外や大都会、それ以上に、今時は海外に赴任中のことだってある訳です。また、死亡の知らせの時間は、勤務時間帯であったり出張中ということも考えられます。こんなときに、老夫婦のどちらかが先に逝くことになるわけですが、高齢者の夫婦どちらか一人が連絡したり、死亡した連れ添ってきたものを見守ったり、葬儀社の依頼もしなければならないとなると、追い死にしてしまいそうなほどあわてふためいて、多忙を極めることは間違いないことと思います。

こんなときに、少しでもあわてふためくことがないようにと、生前に二人で話し合って葬儀の諸準備をしておく必要があります。もちろん、みなさんはあわてないように心掛けていることでしょう。その準備の一つとして、いざというときのために葬儀場を何処にするかも考えておくと、あわてずに進められるでしょう。つまり、いざというときには、先ずその葬儀場の葬儀社に電話連絡すれば、あとは搬送から関係書類の取得、葬儀に必要な一式の準備、葬儀場の設営、必要ならばお坊さんの依頼や料理、お返しの品、礼状、生花などのすべてが揃えられることになるでしょう。

しかし、大事なことは何でも葬儀社任せにするのではなく、どの程度の内容、品、料理、諸料金などの葬儀にするのかは、事前に葬儀社を決めたときに見積もりを出してもらって、その見積もった範囲での葬儀にすることです。つまり、急に訪れる不幸に対して、また極めて多忙極める短期間に、無事にやりぬくためには、どうしても事前にどのような葬儀にするかや、葬儀社は何処にお願いするかなどは、二人で葬儀社の見学会に出掛けたり、説明を聞いたりして、諸準備をしておくことが大事だと思います。いざとなったときに、急に葬儀社を決めて、葬儀社にお任せにすると、膨大な葬儀料を後日に請求されることになり腰を抜かしてしまわないために、退職後には二人でよく話し合って検討し、諸準備をしておくことが必要だと思います。わたしたち二人は、他県から移転永住していることもありますが、葬儀は極めて質素な1日だけの簡素なもので、親子兄弟姉妹だけが参列するいわゆる家族葬にしたいと（していただきたいと）考えています。

葬儀場を選定するには何社かの新聞広告に挟まれたりしてくるチラシなどを参考にして、またよく相談会や展示会などが開催されたりしますので、そのような機会を大事にして二人で出掛けてみて、説明を聞いたり相談したりして来ることをお勧めします。わたしたち夫婦二人

は3、4社は検討して相談したりして、また見積書を出していただいたりして、予算などとも比較検討して、事前に安心して責任の持てる評判もよい葬儀社を決めてあります。どこよりも安いからとか、玉虫色の話ばかりするような、あるいは質問してもはっきりした説明をしてくれないような、葬儀社は避けた方が無難なように感じています。

10 終活の準備をしていくには、エンディングノートの準備をして、そのあとにも加除修正していく

　人間はもちろんのこと命あるものはいずれ、必ず死ぬ運命にあるのが定めであり、産まれると同時に必ずいつかは死ぬことが与えられた、間違いのない事実であります。だから生きている間は大事に生きたいし、何か少しでも世のため人のためになることができ、そして楽しく夢のような生き甲斐の持てる人生を送りたいものだと望むのでしょう。

　その人生の終末の準備をすることの一つに、エンディングノートの準備があります。このノートは簡単に言いますと、死後に家族や子どもに向けて、書き残しおきたい必要なことを書いておいて、考えや願いを家族や子どもに伝えたいというものです。具体的にどのような内容のことが含まれるかの一例を記すと次のようになりますが、これはさまざまな形式や内容のものが市販されていたり、葬儀社などでも配布することがあります。

①**自分自身のことを書いておくページ**
・氏名にはじまり本籍地、血液型等まで、あるいは好きな言葉、人物、好きな物各種

②**自分の年表作成**
・西暦、年齢、項目、どんなこと（内容）などを書き入れる

③**家族の住所、連絡方法（携帯電話も）、家系図も書いてみる**

④**今持っている物を書く**
・不動産、預金、債券、証券、生命保険、損害保険、年金手帳、年金、保険証、運転免許証、パスポート、クレジットカード、自動車などすべて

⑤**今持っているもの（財産目録）を具体的に書く**

⑥**お世話になったり、会いたい方などの氏名、住所、電話、関係などを書く**

⑦**終末期・介護・看護はどうしてほしいかなどを書いておく**
・病名の告知をする、してほしくない、他の希望
・余命については教えてほしい、ほしくない、その他の希望
・延命治療はしてほしい、してほしくない、尊厳死の宣誓書があるか
・臓器の提供の意志がある、ない、他の希望

◆**介護について**
・家族や子どもにしてもらいたい
　具体的な名前

・介護サービスも受けたい、
　ヘルパーやケアサービスも受けたい

・自宅でしてほしい、病院か専門施設、その他の希望

退職後の生活計画

◆看護について

・家族や子どもにしてもらいたい
　具体的な名前
　(　　　　　　　　　　　　　　)

・医療の専門家にしてもらいたい
・自宅で、病院で、専門施設で、その他の希望

⑧ **葬儀や埋葬について書いておく**

・葬儀の依頼先は予約してある
　(　　　　　　　　　　　　　　)

・家族や子どもに任せる
・葬儀は不要　その他の希望は
・葬儀の形式は、仏式か　神道式か　キリスト教式か　無宗教式か　その他の希望は
　宗教
　(　　　　　　　　　　　　　　)
　宗派
　(　　　　　　　　　　　　　　)
　寺院・神社・教会名
　(　　　　　　　　　　　　　　)
　住所
　(　　　　　　　　　　　　　　)
　電話
　(　　　　　　　　　　　　　　)

・葬儀の方法は
　一般葬　家族葬　1日葬　直葬　その他の希望は

喪主は
(　　　　　　　　　　　　　　)

・戒名や法名は既に受戒している、
　まだ受けていない　不要　他の希望は
・費用は準備してある、ない、その他の希望は
・法事は　初七日（希望あり、なし、まかせる）
　　　　　四十九日（希望あり、なし、まかせる）
・埋葬についての希望あり、まかせる

⑨ **財産をどうするか書いてみる**

・遺言書は作成済
　保管場所は
　(　　　　　　　　　　　　　　)

・家族で協議してほしい
・その他の希望は

⑩ **保険・年金関係は**

　生命保険
　(　　　　　　　　　　　　　　)

　損害保険
　(　　　　　　　　　　　　　　)

　年金
　(　　　　　　　　　　　　　　)

⑪ **遺品整理について**

　依頼済み
　連絡先
　(　　　　　　　　　　　　　　)

・家族にまかせる

⑫借入金・ローン等の負債は

借入金はなし、あり

遺言書に明記　家族にまかせる

（　　　　　　　　　　　　）

◇健常なときや生前にしておくべきことの一例

①**不動産**

その実施予定日は

戸建て住宅かマンションは長男と相談する

（　　　　　　　　　　　　）

②**預貯金**

預貯金の〇〇銀行の普通預金は解約する

（　　　　　　　　　　　　）

郵便貯金は長女と相談する

（　　　　　　　　　　　　）

③**車は売却する**

（　　　　　　　　　　　　）

④**生命保険**

〇〇生命　受取人を次男にする

（　　　　　　　　　　　　）

⑤**損害保険**

〇〇火災保険（地震保険も含む）は

長男に書き換える

（　　　　　　　　　　　　）

〇〇自動車保険は解約する

（　　　　　　　　　　　　）

⑥**株券　なし**

⑦**〇〇ホテルの会員権利は長男に書き換える**

（　　　　　　　　　　　　）

⑧**公共料金**

NHKは解約、電話も解約、携帯電話も解約、

水道とガスは閉栓、電気は停止

⑨**クレジットカード**

〇〇カード　解約　〇〇カード　解約

⑩**パスポート、運転免許証、遺言書**

保存先明記

（　　　　　　　　　　　　）

☆**メッセージがあれば書いておく**

誰に

退職後の生活計画

誰に

誰に

誰に

◇書いてから変更したい場合は、書き直したり、追加したり、修正したりしていく、ごちゃごちゃになりがちなので、項目毎に書き直して差し替えておくのがよい。

◇他にも書いておきたいことがあると思われることがあれば、何でも書いておくとよい。また、いろいろなエンディングノートが市販や各所で配布したりしてくれるので、最もよさそうなものを選んで記入して残すとよい。また、すべての項目について書く必要はなく、書いておきたいところだけを利用すればよいわけです。

◇夫婦で相談して1冊にしておきたいと思えばそれでもかまわない。

◇保存場所は後継ぎの子どもには、生前に教えておくようにする。また、遺言書の入れてある場所についても同じである。

11 自分の生きたかった生き方（本当の人生）を実践してみる

　退職後は家族や子ども夫婦、他人様、近所や地域に迷惑をかけたりしない限りは、何の制約もなく、自由な気持ちで、自分の生きたかった生き方で、現役時代にはできなかった、現役時代から心に思いを巡らし、夢に描いていた、あの生きたかった、あの素晴らしい憧れの生き方を実践する、実践できる、絶好の人生に2度とない時期といってもよいのではないでしょうか。

　そのようなことが、内容は何であってもよいのですが、その夢は決して大きくなくてもよい

のですが、小さくてかまわないが、ほんのささいなことであってもよいのですが、誰でも、一つや二つ、いやいや三つも五つも、数えればあるはずです。

その夢や自分の生きたかった生き方を、順位をつけて、一つずつ、あるいは生涯にわたり、その生き方を実践してみたいものです。いやいや、何が何でも自分の生きたかった生き方を実践するのみでしょう。

退職後はだから楽しいのです。夢や希望がいっぱいあるのです。老け込んでなんかいられません。さあ、その自分の実践したいと思っていた自分の生きたかった生き方を、是非とも実践していきましょう。

わたしは、そのような現役時代からの自分の生きたかった生き方や、夢なんかは持っていないという方もおられるかもしれません。そうではないのです。気づいていないだけなのです。考えてみればあることに気づいてくるはずです。そのために、自由なありあまるほどの退職後の時間があるではありませんか。じっくり先ずは何処かへ旅行に出掛けてみて、ゆっくりと考えてみましょう。必ずあります。あっそうだ、これだ、こんなことを夢に描いて、自分の生きたかった生き方を進めてみたいな、こんな生き方もしてみたいものだな、というように、次から次と、頭や体を休めて、海辺を眺めたり、ご来光を拝んでいると出てくることと思います。それを思い浮かんだときに手帳でもノートでもよいのでメモしておくのです。

そうしているうちに、次第により具体的に考えられるようになったり、楽しくなったり、よ

しという意欲が湧いてきたりすることでしょう。そうしたら、先ずはどれからやってみるかの順位を1番から3番くらいまでに絞って書き出してみるのです。

わたしはこれ以上先までは書きません。皆さんの夢や生きたかった生き方は、皆さん自身にしかわからない、素晴らしい生き方であるのですから、それを実践してみてはいかがでしょうか。そのことを思い起こしていただきたいと思います。

人は人、自分は自分の考える道で行けばよいのです。人や社会に迷惑を掛けさえしなければ、他を考えずに自分の生きたいように生きればよいのです。

12 わが家のルーツを調べ、歩き探しながら旅をするのも楽しい

歴史やわが家のルーツに興味・関心がおありの方は、退職後の時間を利用して、ルーツ捜しの旅にでも出てみるのも楽しいではないでしょうか。何回も言いますが、何しろ自由な時間はふんだんにあるのですから、自分が興味あるものならばルーツ探しもわが家の理解にもつながり意欲がわいてきます。先ずはわが家に残っている資料などから、ルーツにつながる情報を少しでも拾い出せるかどうかから出発してみましょう。

また、先祖代々の古文書や歴史を書いたものが見つけ出せれば、さらに何か新しいことがわかるかもしれません。家庭によっては、よく何々家のルーツとか家系図のようなものがある

退職後の生活計画

ことでしょう。これらを詳細をじっくり読んでいけば、少しずつわが家のルーツに関わる情報が見つかることもあるでしょう。

その下調べでヒントや新しいことが少しでも出てきたら、今度は図書館やインターネットなどを利用して情報をさらに集めたり、だんだんとルーツがどこなのかに近づいていくようになっていくでしょう。そして、さらにルーツの専門書を国会図書館に出掛けたりして調べ、どこかの都道府県名やその中の地名などがわかってきたら、その場所を直接訪れて、付近の神社や仏閣、図書館、歴史家を尋ねて詳細を聞き取り調査して歩くなどすると、徐々に何か詳しいことがわかってきて、最後にわが家のルーツに辿り着けるかもしれません。

辿りつけたならば、その経過を記録し、ルーツの謂れや歴史、関係する歴史上の人物、そして、そのルーツ地の土地の特性や産業、特産物、歴史の変換などを、写真に撮ったりして文章と共にまとめて、退職後の記念に１冊にまとめ上げられれば最高でしょう。これこそが、わが家の家宝ともなるのです。そして、法事などの機会に親戚兄弟関係の方々に配布すれば喜ばれるかもしれません。

13 自分の故郷はどこなのかを考え、思い出して、振り返り訪ねてみる

実家から離れて暮らしている方々などは、あまり故郷にも帰る機会がなかったり、あるいは遠く離れている場合はなおさら遠のくものですし、両親が亡くなっていればめったに故郷帰りをしなくなっていて、故郷のこともほとんどわからなくなっしまっている人もおられるものと思います。しかし、自分が産まれた故郷は忘れることはなく、いつも心の片隅にあって、あるときは子どものころをなつかしく思い、あるときは励まされ、あるときは故郷の今のようすを知りたいなあと思ったり、その故郷へ行って先祖の墓を訪ねて墓参りをしたいものだと考えることがあるでしょう。

それで、退職を機会に、いつでもよいのですが時間が許すときなどに、自分の産まれ故郷を訪ねてみることも、何かの発見や、心の癒しを取り戻すことになるかもしれません。きっと、子どものころの故郷とは、産まれ育った生家、集落や道、街路樹、川の流れなどの多くが変わっていることに気づくことでしょう。まさに鴨長明が"行く川の流れは絶えずして、しかももとの水にあらず……"と詠んだ如しであろうと思います。しかし、墓や神社、仏閣などはあまり変わらず、昔のままであったりするかもしれません。あるいは、歩いていて同級の知人にばったり出会って、思い出話に花を咲かせたりすることもあるかもしれません。そして、両親や先祖代々の霊が眠る墓参りをして、花と水、線香、両親の好物だったものを上げて、ご無沙汰していたことを詫びながら両手を合わせる。そして、退職したことの報告と、自分の家族の現況などを告げたりして来れたならば、きっと先祖は喜んでくれるのでないでしょうか。そして、心も身もすっきりして癒されていることに気づくはずです。また、配偶者と二人で両家の故郷を訪ねられたら、なお素晴らしい御利益があるという

ものでしょう。生まれ故郷が遠方にあり、訪れられないときには、現在の住居周辺で先祖供養ができるような場所や、観光霊地などに出掛けたときに、気軽に父母や先祖の供養をすることを心掛けて手を合わせて実践すると、心が清々しくなり先祖も喜んで成仏してくれるでしょう。

また、故郷というのは、産まれ故郷だけではないようにも思うことがあります。現役時代に家族で日本各地へ赴任したことがある経験のある場合には、その各地での数年間は宿舎の大家さんはもちろんのこと、近所のよく利用した商店街の皆さん、よく休日に家族で遊びに行った公園や美術館、遊園地、釣り堀、動物園、海や山など思い出の場所が多いのではないでしょうか。この、それぞれの地も第二、第三の故郷といえるところがあるのではないでしょうか。あるいは、海外への出張や赴任などの経験をお持ちの方もおられることでしょう。これらの故郷を配偶者と二人で計画を立てて、訪ねてみるのも楽しいでしょうし、その方面へ旅行に出掛けたおりに、帰りに回って訪ねて来るという方法も考えられます。かつての赴任や出張中とは変わっていたり、違っていたりすることがあって、驚いたり感動したり、かつての親しかった友人にばったり行き会うことができたりして、思いがけない感動に浸ることができるかもしれません。

あるいは、現役中に特にお世話になったり、苦しいときに助けていただいたことがある恩師や上司がいる故郷もあって、今はかなりの高齢になっていたり、もう亡くなっている場合もあることでしょう。そのような方やご家族を訪ねられて感謝と御礼をお伝えしたり、お仏壇や墓参りをさせていただいて、手を合わせてお伝えしたり、ご冥福をお祈りするのです。

退職後は自由な時間がたっぷりありますので、ゆっくり、のんびりと、行き当たりばったりの旅でもかまいません。特にあわてることはないわけです。こんな、自分としての、いろいろな形での故郷がどこにあるのか、などをよく考えてみて、そしてなつかしく謙虚な気持ちで、あるときは楽しく訪ねてみるのも、何か変わった退職後のよさや納得のいく発見ができるかもしれません。

14 常に新しいことにチャレンジすることが若さを保つ秘訣

退職後だからこれからのんびりできるぞ、夜遅くまで起きていても、朝早く起きる必要はないので、のんびり寝ていて昼近くなって起きて、朝昼飯を一緒に1回取ればよいし、日中は部屋でゴロゴロしていて、また夜遅くまで楽しく好きに飲んだり、テレビやCDなどを聞いて……などとなっている人はいませんか。そんなことはないとしても、少しはのんびりして、生活のリズムが乱れる人もいるのかもしれません。こんな生活をしていると知らないうちに、精神的にも体力的にも、少しずつおかしくなってきて、運動不足になり、ぶくぶく太り出して、気づいたときには歩いても足腰があちこちが痛くなってきたり、そのうちに頭痛や腹痛、血圧の上昇、その他で、いつの間にかメタボリックシンドローム（以降メタボ）体質になってしまうかもしれません。

退職後の生活計画

これではいけません。退職後の時間がもったいないではありませんか。退職後だといっても生活習慣だけは狂わせないようにしないと、人間がだれて精神的にも体力的にもおかしくなってしまいます。退職後でも規則正しさだけは、生き生きした生活を過ごそうとするには先ず必要です。原則的には早寝早起き、洗顔、挨拶、歯磨き、排便、食事、その日にやること、少しでも働いている人は勤め、どこかで運動(ウォーキングなど)、娯楽、風呂、睡眠などが必要になるでしょう。

そして、退職後の自由な時間を、自分の好きな何かに熱中することをみつけて、それを育て高めていくことにチャレンジすることも、大事なことではないかと思います。チャレンジするには努力したり勉強したり、考えたり調べたりと、いろいろなことが必要になってきます。そして、このチャレンジすることが心をときめかせ、意欲を高め、喜びを味わい、若さを保つことの、一番の秘訣といってもよいのだと思います。それは、あの誰でも経験してきた青春期の若いエネルギーそのもののような過程と似ているように感じます。わたしたちは退職後であっても、心掛け次第で常に新しいことにチャレンジすることを忘れないようにすべきです。そうすれば松下幸之助の座右の銘であった"心の若さや青春"はいつまでもその人のものとして、自分自身をまだまだ成長させてくれるはずです。また、ヘルマン・ヘッセも子供らしさを持ち続けようという書簡で、次のように書いています。

「大人の心の中にもある子供らしさをずっとたいせつにしなさい。それこそが青春というものなのだから。そして、その子供らしさがこれからの人生をうんと豊かにしてくれる。」

わたしたちの年齢でもできることには、諦めずにチャレンジしていきたいものです。

15 ネクタイ、スーツを捨ててラフなオシャレを楽しむ

現役中はスーツにネクタイの出勤姿のときが多かったのではないでしょうか。そして、休日のゴルフやマージャンのお付き合いのときには、少しはラフなゴルフ着やジャバー姿か、せいぜいブレザーぐらいだったでしょうか。

けれども、退職後はスーツにネクタイ姿の肩がこるような服装を、好きでたまらない人は別ですが、無理をしたり、相変わらず堅物な勤務姿で過ごしたりする必要はないと思います。それよりも、その現役中の姿から脱して、ネクタイとスーツを捨ててもっともっとラフな肩のこらない、周りの人が、あれ変わったなあ、あか抜けしたなあ、と振り向くような、自由で個性を感じさせるような、オシャレな姿で町を歩いたり、映画館や美術館に行ったり、コーヒーや食事をし、また配偶者と出掛けたりするのもよいではありませんか。

そんな、服装や履物や帽子などで、決して高価なものでなくてよいのですが、オシャレを楽しむのも服装への興味や若さを失わない秘訣の一つかもしれません。もちろん、儀式などのしかるべきときにはスーツとネクタイの正装着が必要な場合もあることでしょう。要はいつもの

んべんだらりんと、よくありがちな退職後のいつ何処へ出掛けるときでも同じような服装ではなく、もっとメリハリを持たせて、一応のそれぞれの場に合ったオシャレ着で楽しむことがよいのでしょう。

だからといって、なんの制約もない、退職後の自分の服装姿なのですから、あくまでも自由でよいのだと思います。まあ、それぞれの考えに応じたというか、趣味や志向にあった服装姿で、退職後のオシャレを楽しんでみるのも楽しいでしょう。

16 プライドと現役時代の肩書や名刺を捨てる

退職してみると、いろいろな会合や仲間と触れ合ったり遊んだりする機会が出てきます。けれども、中には現役時代とまったく変わらないような、頑固な言動を捨て着れずに、いつまでも尾を引いて、へんなプライドを丸出しにしたり、またいつも〇〇大学卒であることを鼻にかけて、話の中に出したり、周りの人に嫌われていることに気づいていない人がたまにいます。とても見苦しいことですし、退職すれば、みんな同じ退職した仲間ではないでしょうか。もちろん人としてのプライドは必要だとしても、そういうプライドや学歴は捨て去って、お互いに自由な立場で、退職後1年目からの出発としての、プライドや肩書のない、同等な伯父さん伯母さん生活を、協力して楽しく励まし合って、自由に生きていきたいものだと考える方がよいのかもしれません。だから、現役中の名刺は必要ありませんが、大学や高校の同窓会総会、県人会などに出席したときには、現在での名刺（氏名と住所、連絡先くらい）は名刺交換するときに、返す名刺がないのでは失礼ですので、その交換によって友人の輪が広がるので、そのような簡単なものは必要なときもあるかもしれません。もちろん、なければないでよいのだと思います。わたしの好きな俳優の一人で、最近の映画「家族2」でご承知の橋爪 功さんがいますが、橋爪さんは現在76歳になられ、今の心境は、「自分にこだわらずメンツを捨てるとラクに生きられる」、と言っておられます。

まあ、とにかく退職後ほど、謙虚に、仲良く、笑顔で朗らかに、ゆっくり話をしたり、先ずはよく聞いて、そして控えめに話す、人や友の非難はしない、少し褒めることを忘れない、などがお付き合いの秘訣かもしれません。みなさんも体験しながら、秘訣を学んでいることと思います。とにかく、退職後は現役中のプライドや肩書、メンツは捨てて、普段の姿というか、裸の姿で、しかも謙虚にお付き合いをすることが、退職後の生活を楽しく実りあるものにしていくことに、つながっていくものと思います。

しかも、現役時代とは違って、退職後の生活こそが、現役時代での苦労の体験が生きてくるときだと思えるのです。とんとん拍子で出世した場合よりも、命懸けで友人を助けたり、苦労したり病気になって立ち上がったりした経験がある人物ほど、退職後の苦しいこともあるかもしれない生活や年金暮らしの生活を乗り越えられたり、被災者や病苦にある人の気持ちを理解できたりするには、人や家族のためになれる部

退職後の生活計画

分の厚みがあるように感じるのです。渡辺和子さんは著書の中で、「学歴や職歴よりも大切なものは、苦歴」だと書いていますが、わかるような気がしますし、深く学び取りたいと思っています。

17 頑固、堅物にならずに、明るく柔軟に生きる

現役時代は職業や職場によって、あるいは社員としては、仕事や勤務に最優先で、頑固や堅物で通りぬけた人がよく見られたのではないでしょうか。そして、人付き合いはあまり得意でない場合はあっても、真面目に仕事に取り組んで、成果を上げた真面目人間がいて、優等生だったとも言われたこともあることでしょう。

けれども、退職後の生活では頑固や堅物ではいられません。だれも見向きもしなくなることもあるからです。連れ添う配偶者であっても、相手にしなくなっていくでしょう。つまり、孤独になり、連れ添う者も相手にしなくなり、近所や仲間からも敬遠されていくでしょう。本人はその方がありがたいと思っていたとしても、退職後に年々と体も心も老化していくでしょうし、自由も奪われ勝ちになっていく中で、まったくの孤独で孤立していくと、健康にもよいことではないし、まったく人の手を借りなくて、一人だけで最後まで生きていこうと思っていても、生きていけるはずがありません。

やはり、自分の生まれつきの頑固さや堅物さは、退職したからといってもすぐに直そうとしたとしても直るものではないにしても、人は一人では生きられないのですから、自分が関わる最小限の家族や子ども夫婦、近所や仲間、身近な友人の中の少数とは、自らもそれなりの努力・工夫をして、堅物なところがあったとしても、肩の力をゆるめて少しでも明るく、気軽に、柔軟な態度で接していくような生活にしていった方が、退職後の生活で困っているときに助け舟を出してもらえたりするし、自分自身の生活も楽しいものになるだろうと思います。そして、それらの回りの方々からも、あの人は少し堅物だが、なかなかよいところがあって、話してみるとおもしろいし、けっこう仲間に協力的でやることには責任感がある人だと、認められる人物にもなっていくことでしょう。

18 年賀状や中元、歳暮などは65歳くらいでやめる

儀礼廃止の風潮が進んできているように思われます。あまり廃止しすぎてもいけないこともありますが、現役中はあたりまえに出していた年賀状や暑中見舞状などは、退職と共に退職したことの挨拶状を出したら、少しは余裕期間があったとしても、65歳くらいになったならば、こちらから前年の年賀状の最後に、小さい字で「65歳になる来年からは年賀状を欠礼させていただきます。今までありがとうございました。」と書き添えるなどすると、先方でも出さないようになるものと思います。わたしも、そのように65歳ころに、先ず出す枚数を減らすために、「来年からは年賀状を親子、親戚くらいにしたいのでご理解ください。今までありが

がとうございました。」といようにして出したことを覚えています。それでも同じ趣味を持つ人からくることがあるので、貰った人には今でも出しています。なお、わたしは暑中及び寒中見舞状などは出したことがありませんが、出している方は同じようにして検討されてもよいかもしれません。

　もちろん、年賀状くらいは定年後こそ出していたいという方もおられたり、その方がいざというときには遺族が、これらの方に喪中の挨拶として亡くなったことと、生前にお世話になったことへのお礼を申し上げられるではないかという人もおられることでしょう。わたしもそのようなことも考えましたが、わたしは退職後に他県から移転永住しているので、近所に親戚や親しい知人はあまりいませんので、いざとなったときは先に記したように葬式も一日葬で家族と親子で小さく静かにやってもらうように、遺言に残そうと思っています。だから、いざというときには多くの方には連絡しないようにしたいと思っているので、年賀状などもできるだけ早めにやめるようにしておきたいのです。いざというときに、葬式が済んでから喪中の挨拶状を出したとしても、その連絡で、どうしてそのときに連絡してくれなかったのかとか、住所をもとに仏壇や墓参りに来て線香をあげさせてくださいと言われるようなことがあると聞いたことがあります。それで、家族にとっては誰だかわからない人に来られたり、香典を送ってこられることがあったのでは、事後に家族や子どもたちに多大なる迷惑をかけることにもなりますので、そのようなことがないようにしたいという

のが、わたしのいざというときと死後の哲学なのです。だから、例え近親者の葬儀があったとしても、70歳からは行かないことに決めています。葬儀に行かなければ、自分のときにも連絡もしませんし、どこかで知られたとしても来ないことになるからです。

　みなさんは、こんな人もいると思っていただいて、自分は自分の考えで自分の納得する方法で考えていただければよいわけであります。年賀状を単に出す出さないだけに止まらず、人生の色々なことと関係してくることがありますし、またその人の家庭の状況などとも考えあわせて、自分にとってよりよい方法を見つけていけばよいことになります。

　また、中元や歳暮についても、ただ機械的に、年々贈る品を何にするか決めるのが大変だ、面倒だと言いながらも、継続している人が案外多いのではないでしょうか。だから、どちらからかが、思い切ってお互い様であるのでやめることの、口火を切ればよいことになります。わたしは正直な話、思ってもいなかったマンションを購入して永住することになって、文無しになり、退職後は少しの年金暮らしになるのでと思い、無理をしないようにしたいということもあり、また退職後はそのようにしたいと以前から考えていましたので、わたしの方から口火を切って、礼状に「気持ちばかりの品を送りました。今後はお互い様ですので、中元や歳暮はご辞退申しあげます。」とか書いてやめるようにしたことがありました。かえって相手からも理解いただき喜ばれました。これも気持ちの問題なので、中元や歳暮くらいは心を込めて贈りたいと考え

退職後の生活計画

れば、それも大変立派なことだと思いますので、それぞれの立場や考えで決めればよいことだと思います。

19 人生に疲れたら登山をしたり、海を見たり、各地へ旅をしたり、また神社仏閣巡りをしたり、墓参りをするのもよい

退職後であっても結構いろいろなことが出て来るので、心身ともにときには疲れ切ったりすることもあるでしょう。そんなときには、我慢が続いたりして疲れ切ってしまうと、病気になったり寝込んでしまったりすることがあるので、疲れ切らないうちに、心の洗濯に、心身の癒しに、家から出てみることです。登山に行くのもよいし、海を見に行ったり釣りをするのもよい。また、配偶者と行きたい温泉でも観光地でもよいし、神社仏閣巡りや、紅葉巡りや新緑を求めて、出掛けてみるとよい。または、案外久しぶりの墓参りなども心がすっきりするのかもしれません。

いずれにしても、これも人生に疲れたときに自分ならこうしたいな、というものがいくつか浮かぶのではないでしょうか、それでよいわけです。それぞれ、みんな違っていて、みんないいのではないでしょうか。そのことが、心身ともにリラックスさせたり、エネルギーを回復させてくれたり、疲れを取り戻して再出発できる意欲が沸いてくるようなものであればよいわけです。大事なことは、心身ともに疲れてきたら、絶対に疲れ切らないうちに、余裕を持って前々から、心身を休ませてやる判断を忘れないようにする、ということだと思います。

現役中ならば仕事や職場、家庭や子どもなどのことで、どうしても無理をしてまでも心身を休ませることができなくて、ダウンして寝込んでしまっていたでしょうが、せめて退職後であるのですから、無理などは絶対にしてはならないのです。無理をすれば、だんだんと高齢期へと近付いているのですから、やがてあちこちと痛みが出て来たり、病をもつようになって入院したり通院したりするようになっていくものですから、そのときの無理があだとなって、命取りとなってしまうことだって、あり得ることだからです。

20 何があったとしても人のせいにしない

退職後は原則的には、もちろんときと場合にもよることはありますが、何があっても人のせいにしないことを心得ていた方が、退職後の者としての、清々しい生活を送ることができるのではないかと、退職後の生活を経験していて思わせられることがあります。わたしが経験したということではありませんが、そのような事例を知っているからです。

というのは、何でも人のせいにする現役時代をみてきたり、現代がそのような自己責任の時代といわれていながらも、実は逆のことが各層のあらゆるところで問題となっていることが出てきて、問題になったり、警察ざたになったり、日本を背負ったり、道しるべをすべき人たちま

でもが、私腹を肥やしたり、税金の無駄遣いと思われるようなことを平気で行ったと責められたり、そして自分の責任ではないかのような、言い逃れを平気でしているような諸々のニュースや新聞・週刊誌記事が、あとを絶たない現状だからです。

だからせめても、退職後の身近な生活の場においては、少し大らかになって、人のせいにすることなく、みんなの責任で協力しあって、取り組んだり、楽しんだり、諸行事をしているのであって、例え一人が少しのミスをしたとしても、全員でカバーし合って、問うのでなくて、笑いや励ま合いで乗り越えて進めていけるような、そんな退職後の仲間集団であったり、決して人のせいにしない、人間性豊かな関係を、退職後は大事にしたいと思うのです。

21 人を褒めることを忘れない

退職後に仲間や友人、諸関係者と仲良くやっていくためには、相手の立場を理解しあったり、信頼をもって話をしたり、よく相手の話を聞いたり、自然な気持ちで褒めることを忘れないようにしたり、相手の傷つくような言動はしないように配慮することです。これは現役中でもいつでも同じことですが、特に会社員や企業人から市井の人（庶民）にもどった退職後は、地域や近所の方々と身近で顔を合わせたり、いろいろと関わるこが多くなっていくからなおさらのことだと思います。

そのような心掛けでいれば、いつも穏やかな気持ちで接していけるように思います。いつも接していて気づくのは、男性の圧力かかるような強引な意見を言ったり、一人で長くよく喋り他人の話を余り聞かない人です。また、気になるのは陰で人の悪口を言う人です、特に多いのは女性のように感じます。しかも、これらの人は、みんなからよい気持ちで思われていないというか、はっきり言うと大勢からも嫌がられていることに気づいていないのです。

人は子どもも、大人も老人も、みんな受け取りの気持ちは同じです。つまり、誰でも褒められて嫌な気持ちになる人はいないし、圧力的で一人で長々しゃべるような人は嫌われるのです。また、人の悪口を言う人は言語道断です。お互いのよさを認め合い、不足部分は補い合って嫌みを言うことは慎み、明るく活動していることに楽しみを見つけたり、仲間の絆を高めていくような、お付き合いの仕方が退職後には特に大切になるのではないかと思います。

22 田舎暮らしや海外長期ホームステイも夢ではない

退職後はとにかく、自分のあらゆる目標での許せる範囲で、考える構想や夢によって、どのような計画でも果たせる可能性があります。例えば、現役中に都会や市街地での生活が長かった人で、退職後は落ち着いた自然が豊かな田舎暮らしがしたいと思えば、それはいくらでも可能です。現在では田舎や農村地帯では人口減が急激に進展してきており、行政対策で住民になれば住居が無償で借りられて、農耕できる土地も貸してくれるようなところもあります。あ

退職後の生活計画

るいは、小中学生の子どもと共に住民になれば、子どもの学費は無償で一人当たり3万円の養育費も与えられるとか。農耕では近所の農家の方が、土作りから肥料のやりかた、野菜や稲作の栽培法をその都度教えてくれますし、土地も耕してくれます。余った野菜や米は近くの「道の駅」（月刊ガイド誌も出ています）に持って行けば売ってもらえます。というような市町村があちこちにあります。関係雑誌にも詳細に出ていますし、インターネットで調べてみても概要がわかりますので、詳細については連絡をとって調べたり、説明会があるようなときに出掛けて実際を見聞すれば実情がわかるでしょう。

ここで、日ごろは田舎暮らしをしていて、1、2カ月に1回くらいは自宅に帰ってみるとか、寒くなる冬は自宅に帰るとか、いろいろと自分の都合のよいように考えて田舎暮らしを楽しみ、新鮮な美味しい酸素やイオンの多い空気を吸って、手作りの新鮮な野菜と果物、米などで、自然志向の健康にやさしい生活をしていると、いままで体調が思わしくなかったのが、胃腸が健康になったり、息苦しさもなくなって、毎日が楽しくて仕方ない田舎暮らしの人たちと、たまに田舎暮らしをして、自宅通いをする生活を楽しんでいる、退職後である人たちも多くいます。さらには、思い切って田舎の観光地に引っ越して、二人の念願の夢であったというペンション経営をしている夫婦もいます。また、野菜農家地帯で高原野菜を栽培する仕事を楽しんでいる退職後の夫婦もいます。詳しいことは「田舎暮らしの本」などの月刊誌も出ているので参考にされるとよいでしょう。

あるいは、退職後の少ない年金を有効活用するために、暖かい東南アジアなどの国に長期のホームステイをしたりして、生活費が安く治安のよい国を選び、年金が国内よりも1.5倍くらい（国によって異なる）有効活用できることになるという利点を生かして、10年くらい異国の生活を楽しみたいという人もおられるでしょう。それらの外国には同じように考えて行っている日本人が集まる町やレストランなどがあって、そこへ行くと情報交換ができるので、わからないことはここですべて教えてもらえます。安い買いものができる店とか、乗り物の安い乗り方、治安上気をつけた方がよい場所、娯楽施設などの情報を聞いたり、すぐにまた友達にもなれて、とても楽しい生活がおくれるといいます。これについても、その計画を実現させるためには、情報誌やインターネット、説明会などに参加して、よく研究してから行けるように二人で計画段階から楽しみながら進めるとよいでしょう。

23 熟年離婚は金銭的、健康的にも、その他でも、悲劇に陥ることが多い

主人の退職を契機に離婚したいという配偶者が多いとかの記事でにぎわったことがありました。退職金の半分を貰って離婚するんだというのです。いかに現役時代に配偶者に苦労をかけたり、勝手な行動をしてきたかがわかるといいましょうか。もうこりごりだと思っていても、何も愚痴を言わずにじっと我慢して、退職まで

待っていたのでしょうか。心の中では、言っても直らないし相手にしてくれない、いつも自分勝手な言動をするのみだから大喧嘩になってしまい、気まずい思いをするだけ……。だから退職金が出るまで我慢強く待っていて、即離婚するという戦略を打ち立てたのでしょう。主人の方は、まさかそんなところまで深刻には考えていないだろうと思い、退職したら少しは罪の償いとしての、配偶者とお詫びとお礼のための旅行にでも出掛けようかな、と考えていたところだったかもしれません。退職寸前になるまでに、夫婦で心がずれていて、どうしようもないところまで来ているとは、知らぬは主人のみであったということが、案外多いのだといいます。退職後まで、勝手気ままな主人の生活が続くと思うと、いても立ってもおられなかったのでしょう。退職後こそ離婚して一人で自由な何の気兼ねもしなくてすむ楽しい生活をしたい、そうでないとわたしの人生は何だったのかと後悔することばかりに終わってしまうというのです。さあ、ご主人、もしもあなたがこのように熟年離婚を言い渡されたら、どんな気持ちになり、どんな対応をするのでしょうか。

さて、しかし、そこで配偶者少し待ってください。長い間の二人の生活にはさまざまなご苦労や子どもとの楽しい思い出もあり、また配偶者の子育ての大変だったこと、主人も退職までの仕事の苦労、それぞれ意見が異なり喧嘩になったこともあったりしたことでしょうが、なんとかこの日まで健康で過ごして来ることができました。そして、一生に1回の退職金ももらえることになりました。これは配偶者との二人で稼いだ成果でもあります。

熟年離婚が流行しているからといっても、自分たちの場合も同じようにしていっていいものか、いけないのかをもう少し考えてみたり、よく話し合ってみる必要があるのではないでしょうか。双方で率直に意見を交換して、退職後は主人も勝手なことや強引なことはできるだけやめて、配偶者の方もできるだけ主人の退職を労いながら、二人で仲良く、またときにはわたしの自由な時間もほしいので、と話して約束し合えればよいわけです。まあいろいろと話し合いながら和解成立の方がよいとわたしは思います。

例えば、熟年離婚が成立したとしても、そのあとの問題もたくさんあります。退職金を山分けでき、また年金生活になったとしても、普通は配偶者の方が損をすることが多いものです。働いてきた厚生年金は離婚してしまえばご主人は貰えても、配偶者は貰えません。厚生年金も協議離婚の慰謝料とかいって半額をもらえるかどうかわかりません。配偶者も働いて共稼ぎだった場合ならまだわかりますが、いろいろと金銭的にも問題が出てきます。例え両者ですべて半々に貰えるようになったとしても、このまま一緒に生活していけば、住居も高熱水、諸税金など一切が一戸からの支出で済むものが、離婚すればそれぞれの住居費とその他が支出されて、単純計算しても2倍弱の支出が必要になってしまい、とても不経済であることは間違いありません。

だから、実際の話、そのようにして離婚しても、両者ともに生活苦になり、生活保護を受けなければ生活ができなくなっている事例が多い

退職後の生活計画

のだといいます。それに、一人でいると体も病気がちになったり、どちらかが金も無いのにパチンコや競馬にのめり込んで、住居も失って公園や川端生活者になっていく人もいるといいます。

そう簡単に、現実でもない自分勝手な夢ばかり追って、熟年離婚だなどといって、あわてて決めてしまうと、最悪の場合では、考えても見ないような大変な悲劇の人生が待っていることも忘れないようにして、二人でとことん話し合い円満に解決できる方向へと、苦労を乗り越えても、持っていった方が、無難で利口な解決策だと思います。

24 テレビに振り回されない、とりこにならない生活の工夫

現役中の配偶者でも言えるかもしれませんが、退職後は主人にとって特に言えることなのかもしれません。別のところでも少し記しましたが、退職後の暇な時間に、テレビばかりに振り回されるというか、虜になるような生活にならないようにするということです。このテレビからの脱出こそが、部屋の中でのゴロゴロしている生活や、運動不足な不健康生活、あるいは閉じこもり生活で、太陽光線にも当たることが余りない生活に陥ったり、テレビを見ているかと思うと見ているのではなく、ただテレビがついているだけで眠ってしまっている不経済な生活、近くで長時間にわたりテレビ視聴するので眼を悪くしたりと、ろくなことになりません。これが長く続くと悪い習慣化となってしまいます。それから、つい暇なことがあると、座ってセンベイを食べながらテレビを見てしまうことが常となってしまうのが恐ろしいのです。センベイや豆大福、チョコレートにスナック菓子、甘いお菓子の数々、そして男なら昼間からビールやお酒に各種の好物のつまみ、これじゃあ今度は、太り出したり、糖尿病にメタボ体質などに陥っていくのも時間の問題です。

こんなに極端ではなくても、退職後は自由な時間が朝から夜遅くまで、毎日が正にサンデーなのです。最近は現役バリバリの若者であっても、健康を考えてオフィスの椅子に座って仕事をすることをできるだけなくし、立ちながらの椅子に換えてパソコンを操作して仕事をする方向へと変わってきています。それは、座るということが3時間以上続くと、不健康になっていき、長い間には短命に終わる人が多くなるのだという研究が進んでいて、警鐘を鳴らしている時代になってきているからです。そんな面からも、部屋に座ってテレビを長時間にわたり見てばかりいると、だんだんと運動不足になると共に不健康になっていくとともに、老化現象も早く進行するということにもなり兼ねません。

テレビでなくても、座ってスマホばかりをしていても同じですし、ゲームばかりをしていることもよくないのです。やはり座っているのは精々1時間で、そのあとは立ち上がること、歩くこと、運動すること、何処かへ出掛けること、何か家の仕事をすること、いろいろ考えられますが、テレビなどに振り回されない生活の工夫というものを、具体的に考えて、計画・実践することが必要だと思います。

これらから脱却するためには、先ずテレビからラジオやCD音楽へとスイッチを入れ替えるのです。テレビは視聴ですので頭と眼と耳のすべてを集中しなければならないので、読書をしたり編み物だってすることができないのが普通です。ところが、ラジオやCD音楽に換えると、まあ耳だけを傾ければよいことになりますので、眼と両手は少なくても読書とか編み物、原稿書きや部屋掃除などをすることに使えることになります。まあ、頭は両者で半々に使っていることになるのだと思います。

退職後の暇なときに、いかにしてテレビ視聴から脱却するか、もちろん、自分にとって有意義なよい番組を選定して見るようにすることは大事ではありますが、怠惰なテレビ視聴からの脱却はどうしても必要のように思います。そうでないと、貴重で自由に何でもできるはずの時間を無駄遣いすることになるとともに、運動不足などの健康を悪化させてしまうことにも成りかねないからです。

25 退職後（老後）の不安や後悔していることはどんなことか

退職後（老後）の不安と後悔をPHP「くらしラクールくらぶ」370名の調査によると、不安に思うことは、
①老後の資金、②健康や体力、③一人の生活や孤独、④夫婦関係の順であったという。
また、後悔していることでは、
①貯金、②勉強や資格取得、③歯のケア、④運動や体力作り、⑤人付き合いの順であったという。

これをみると、いずれも退職後（老後）の心配事は何と言っても金銭（貯蓄、資金）に関することであります。退職して給料生活でなくなると、生活資金や娯楽資金、交友資金、冠婚葬祭資金、住宅関連資金、旅行資金、趣味活動資金、その他と、楽しい快適な老後生活を過ごすには、どうしても諸資金が必要になるのです。だから、老後の生活を送れば送るほど、金銭（貯蓄、資金）の心配を切実に感じるようになるのでしょう。だから、退職前からよく考えて計画的に資金貯蓄を考えておく必要があるということでしょう。

それから、健康問題ということになります。退職後は健康さえ何とか確保できていれば、資金が少なくても、何とか工夫して、それなりに楽しさを見つけて生活していくことも可能でしょう。だから、健康のありがたさを感じ、健康や体力づく、歯のケアなどに不安や後悔を持っている人が多くなるのだと思います。

わたしたちは、これらの不安や後悔に対して、ただ消極的に悩んだり何も具体的な手立てを講じないでいたのでは、解決にはならないし、よりよい退職後（老後）の生活を送ることはできません。今の年齢でできることを、夫婦で工夫したり、アイデアを出したりして、不安や後悔を乗りこえて、少しでも明るく楽しい、退職後（老後）の生活が送れるようにすることは、必ず少しでも可能な道はあるものと思います。それを探し出し、見つけだし、創り出していくのも、楽しい退職後（老後）の工夫した生活だと思います。

4

「きょう行くところがあること」と
「きょう用事があること」の二つが大切

「きょう行くところがあること」と「きょう用事があること」の二つが大切

退職してからの最も大切なことは、「きょう行くところがあること」です。退職して家の中でテレビの子守をしたり、ゴロゴロしていると、あっという間に健康を害してしまうからです。

また、それと、一番大事なことは、「きょう用事があること」です。つまり、毎日何でもよいのでやる用事があることが大切です。やることがあれば、毎日が生き生きした生活になる可能性があるからです。

1　1年間や数年間の予定などを手帳に記入し修正していく

105歳で亡くなった医師の日野原重明さんは100歳になったとき、10年先までの手帳を使用していたことを、著書を読んで知りました。やはり計画性を大事にして、手帳に二人の結婚記念日、親子会、老人会の旅行、映画会、マレットゴルフ、講演会、自然観察、音楽コンサート会、ハワイ旅行、オープンカレッジのジャズ講座受講、仲間との食事会、バス旅行、上高地から槍ヶ岳への登山などの大切な予定や行事などを書き込んで、忘れないようにしたり、事前準備をして万全を期するために必要になります。まあ10年先までとはしなくても、1年間や2、3年間の手帳は持ち歩いていて、必要なことや予定に書き入れるべことは記録しておくことが、忘れずにすむというものでしょう。

きょう行くところや、きょうのすべき用事が、この手帳を開けばすぐにわかるというものですし、少なくても1年や2、3年先までの予定がすぐにわかり、予定欄が空いている日もわかるわけですので、その空白部分には別の予定計画を入れることができるのです。これはあたりまえのことで、現役中から多くの人は1冊の手帳を使用していたはずですので、特に新しいアイデアというようなことではありません。

けれども、退職してしまうと、仕事をしていた現役中とは勝手が違うので、特にいちいち手帳を準備してまで持ち歩かなくても、気楽に退職後の生活を楽しめばよいのではないかと考えるのではないでしょうか。

ところが、退職後は現役中の仕事と同じように、大切なことがあるのです。それは、退職後の自由で有意義に使用できる贅沢な時間を過ごすときにも、仕事をしている現役中と同じように、計画性を大事にした必要なことの予定などを書き入れたり修正することができる、手帳が必要になるのです。その記述したり修正したり、1年間なり2、3年間の現在での予定が一目でわかる手帳こそが、退職後の生活を豊かなものにしたり、夢や目的を実現するためにはなくてはならないもになると思うのです。

しかも、退職後は現役中とは違って、1年1年と忘れることが多くなったり、思い出せなくなったりしていくことが多くなっていくというものです。これは、加齢と共に仕方ないことでありますが、だからといって大事な予定や約束を忘れるわけにはいきませんし、楽しいはずの支払済後のバス旅行に、参加できなかったとしたならば、もったいないことにもなりますし、後悔もしてしまいます。とにかく、退職後を区切りに物忘れが多くなることは、個人差はあるでしょうが、間違いありません。そんな意味から

も、何でもとにかく、手帳にメモしたり予定表に記入しておくように心掛けることが大事なことで、そのようにすることが、退職後の生活を豊かなものにしたり、あるいは認知症予防や少しでも記憶力を確かなものにすることにもつながるのだと思います。

❷ 家事や食事を配偶者と少しでも分担して進める

　現役中は家事も食事準備もかたづけも、ほとんどを配偶者にやってもらうようになっていた家庭が多いものと思います。しかも、出勤して行く主人の方は、そのことはあたりまえのことだとは思っていたわけではないが、配偶者が仕事としてやっていたのでしょう。ほんとうにありがたいことだったと、退職してみて初めて気づくことが多かったことに改めて感謝の気持ちを強く感じるものです。

　ところが、退職後は仕事を持たない限りは、主人も暇が出てくるわけですから、両者で話し合って、できることを分担したり、食事作りそのものはできないとしたら、茶碗運びやお茶入れ、食後のかたづけ、ゴミ出しなどを分担して進めるようにしたいものです。また、食料は二人で購入に行くとか、また遠方まで行って必要な日用品などを購入するのは主人が主にするとか分担するのです。

　あるいは、食事代や生活資金の調達や通帳からの引き下ろし、その他の公共料金や諸物資購入金の通帳からの支払い、その他の手続きを主に主人が分担して進めるとか、配偶者は日用品や衣類などの購入を主に分担して進めるとかするわけです。

　なお、運転免許証を返納したような場合は、車での買い物ができなくなるので、そのような場合はまとめ買いをすれば運搬してくれる大型量販店などで購入して運搬してもらうとか、送料のかからないネット販売店を利用するとか、宅配サービスしてくれる食料品や牛乳購入を利用するなどすれば便利です。また、ときには食事を出前サービスしてくれる店から取り寄せて利用するのも都合がよいでしょう。特に、高齢期になって足腰が弱り歩行も思うように行かなくなったときには、このようなことを活用するとよいでしょう。

❸ 人や地域のためになる活動をひとつはやってみる

　退職して家に入ると、毎日が自由に使える楽しみがあります。遊ぶことばかりでは飽きてしまうし、嫌気がさすこともあるといいます。良さそうだと思ういくつかのジャンルのものを、1週間単位の中や1カ月単位、あるいは1年単位の中で考えて取り入れていくのもよいのではないでしょうか。

　人や地域のためになるものを通して、退職後の自分であっても、少しは役立ったり貢献できていると感じることが大事だと思います。ただし、決して無理をしたり背伸びをするようなことだけは、健康にも精神的にも良くないのでやめて、少しでも余裕を持ってできたり、楽しみながらできるものがあれば申し分ないと思います。

「きょう行くところがあること」と「きょう用事があること」の二つが大切

例えば、居住しているマンションの自治会の役員や諸仕事、諸係を引き受けるとか、地域の自然観察会の講師として解説しながら散策するとか、市町村役場内の広報にでてきた募集での教育相談員や公民館運営審議委員、環境会議委員、あるいはシルバー人材センターの会員になって各種の地域の仕事の中から探して働いてみるとかすればよいでしょう。きっと自分に適したものが何かあるはずですし、これらに取り組むことによって友人ができたり、楽しみを味わうことができたり、時々は家庭から出て行って活動をするということで、気分転換になったり、運動不足から脱出できることだって可能になるでしょう。

そして、あくまでも大事に考えておきたいことは、1週間なら1、2日くらい、1カ月なら2、3回くらい、週になら1回くらい、というように自分が無理せずにできる範囲の日数のものを選択することです。というのは、退職後ですから楽しむための旅行や音楽コンサート、野球観戦、歌舞伎や映画観賞などと、予定に入れるべきことがあるはずですから、いろいろなことを考えておく必要があります。その他にも、病院通いの人もいると思いますし、ゴルフやフィットネスクラブへ行く予定がある人もいるでしょうし、その他にも配偶者と二人でデートをして食事をしてくる日なども考えておられることでしょう。さらには、まったく空白にして家庭で読書をしたり、かたづけや整理・整頓をしたりする日も必要になることでしょう。まだ他にも考えられますが、とにかくいろいろなことを考えて無理しない範囲で取り入れていくことが必要になります。

さらには、例えば1週間に2回の諸活動を取り入れる場合に、月・火曜日とか水・木曜日、木・金曜日というように2日連続で入れた方が、土日を活用して旅行に出掛けるときには都合がよい場合や、土日に諸活動を入れて平日にゆっくり旅行をしたいとか、その活動のできる曜日と日数、自分の都合も考えながら、決めるなどしていくとよいと思います。

いずれにしても、いろいろな機会を大事にして、近所や同じマンション、地域などとのつながりを少しは持つことが、いざという諸問題や災難、事故、ケガをしたときなどのいろいろなときに、協力いただけたり、声をかけてかけていただいたり、助けていただくことになるのだと思います。

わたしも、同じマンション内での簡単な筋カストレッチ体操に気軽に参加したり、子どもの夏休みには自治会主催の昆虫展示や写真展、ビデオ上映会、観察会での危険な虫との関わり方などについて参加協力したり、コーヒーやお茶会などのときにも、出席できるときには出掛けて行って、地域や同じマンションの住民と親睦を深めたりしています。

❹ 大学や高校などの本部や支部活動、同窓会活動などに積極的に参加する

若さを取り戻したり同窓会で話ができる楽しい活動として、出身大学や高校の本部や支部活動、同窓会活動などに積極的に参加することです。その他にも、大学や高校が主催する

大学祭や高校祭、講演会、同窓会主催の旅行会、ゴルフ会、お花見会、社会見学会、里山散策会、囲碁会、理事会、役員会、学生らが出場する音楽会コンサートやスポーツ大会などと、参加できるものはいろいろあります。これらのうちで参加したいものは手帳の予定月日欄に記入（何を、何処で、何時から）しておけば、忘れなくてよいわけです。

会員として自由な立場で参加するのもよいし、順番や推薦があったりして理事や役員に勧められたら、これも断らずに出来そうなことならば気軽に引き受けて、共に総会や諸行事などの立案や進行、庶務、会計、名簿係、演芸会の内容選定係、宴会係、会誌係、講演会の演者の連絡係、連絡通信係などの中で、できそうなことを受け持って協力するのも、何かと親睦が深まったり、少しでも役立っているという気持ちも持てたり、脳の活性化にもつながり、少しは苦労もあるものの楽しいものです。

このような機会には、講演会や演芸会にも一流の種々の講師や芸能人、演歌歌手、ときの有名人なども、活動費の中から出演料を支払ってお願いして来て貰うので、それだけでも有意義な話を聞くことができたり、素晴らしい音楽や演歌、落語などに癒されることができるという利点もあります。また、打ち上げの慰労懇親会でも、会員の一人一言や、各来賓の有意義な話、自由な会話などが、一杯飲みながら、そのうちにカラオケで美声を披露する人、詩吟や舞踊、ダンスに小話、浪曲などと、楽しい宴会が続くのです。会員は適当なところで区切りをつけて帰って行くのです。残った役員や係は、それから場所を変えてカラオケに出掛けて歌う人、楽しい話をする人、一杯飲み続ける人、さらに食べ続ける人などとさまざまですが、そのうちに幹事長の一本締めで終了となります。

また、諸行事の旅行会などは泊を伴うので、これまたバス車中での少しアルコールが入ってのコーラス、景品付クイズ会、下車しての日中の娯楽や、学びの場所での散策や昼食場所でのお楽しみ、宿舎に着いてからの温泉慰労、そして夜の宴会、夕食までと、楽しい長い夜が続くのです。こんな旅に参加すると、日ごろの疲れも吹っ飛び、マンネリ化も打破できるようで、よりよい退職後のリズムある生活が再出発すること間違いありません。

いずれも、行くところがあったり、諸係という用事があることのよい例だと思います。

5 自分史（自叙伝）を書いて出版し記録に残すのもよい

退職後は5年も経過してくると、だいたい過ごし方にもなれてくると共に、反面ではマンネリ化を感じるようになる時期かもしれません。これは人によっても、それぞれ異なることは間違いありません。

こんなころに、まだまだやる気は充分あるし、頭もしっかりしている時期ですので、思い切って、誕生してから学び、就職し仕事をした現役時代、そして結婚し、子どもができて育て、夫婦で一番がんばり、思い切って住宅ローンで新築したころ、そして生活のやり繰りでも一番苦労した時期、子どもが親離れして夫婦生活に

「きょう行くところがあること」と「きょう用事があること」の二つが大切

なった時期、そしてやがては無事に定年退職を迎えたと思ったら、1年後にはローンの残額を退職金ですべて払い済み、今度はマンションを購入し他県へ移転永住し、新しい場所での生活が開始された、それから5年が経過している現在までのことを、自分史として書いてまとめるのもよいでしょう。今ならまだ65歳前後、ちょうどやるならばよい年頃ではないかと思います。もちろん、いつでもよいのですが、余り早すぎても自分史の後半が書けなくなるし、遅すぎると書くのが億劫になったり、もう体力的にも精神的にも受け入れられなくなっているかもしれません。まあ、書くには70歳くらいまでが適齢期といえるでしょうか。個人差があるので、何とも言えませんが、いずれにしても、誕生からの一生涯のことを思い出したり、少し調べてみたりして、そして文章にして文字で書くことになるのですから、手書きであろうとパソコンやワープロであろうと、それはいずれにしても少しの決断が必要になります。けれども、期限がある訳ではなく、ゆっくりゆっくり自分のペースで書いていけばよい訳です。また、思い出したり調べたり、文章にして書くことが、手先や脳細胞が衰えていく時期に差しかかっているので、それらの機能向上や脳の活性化を目指して挑戦してみる、という目標でやるのも一案かと思います。

わたしは、そのような考えで64歳から取り組んで、ずるずると何と全15巻を書き上げたのは足掛け3年後の66歳のときでした。できあがったときの感想は、「やれば、できるもんだなあ」と思いました。みなさんもよかったら、ぜひ挑戦してみてください。わたしは、これを5部ずつ作成しましたので三人いる子どもに財産は文無しですので、いつか、70歳ころに貰ってくれればの話ですが、財産代わりにプレゼントしたいと思っています。

この自分史を書いてみて、正直な感想は書いてみてよかったなと感じています。それは、改めて自分の生涯の軌跡をたどって書いてみて、それぞれの時期で出会った両親をはじめとする家族や親族、お世話になった保育園からの各学校での恩師や先生方、先輩、教え子たち、保護者の皆様、多くの親友、友人、岳友、学友、職場の同僚、趣味仲間や恩師、友人、その他、それこそ多くの方々のことを思い、いただいた沢山のご協力と激励、温かい配慮や言葉、沢山のご教授ご指導などに、深い感謝と御礼を申し上げさせていただく有り難い掛け替えのない機会となったことです。自分がいかに多くの方々のお世話になったり、ご指導をいただいたり、励ましをいただいたりして現在があるのか、ということを改めて強く感じさせていただくと共に、人間は絶対に一人の力では生きられないことを、改めて確かめられた自分史でもありました。

書いたあとで出版するときには、自費出版ということになりますが、この自費出版してくれる出版社はいくらでもあるくらいで、連絡すれば参考パンフレットを送ってくれたり、詳しい無料相談などもしてもらえます。わたしのように資金がない場合は、印刷機で印刷して、カラー紙の表紙に表題を入れて、それらを大型の閉じる機器で閉じて、緑色などの市販されている専用テープで貼り付ければ、結構見栄え良く、ま

た丈夫にできあがるので何回捲って見たとしても破れたりバラバラになることはなく、普通の本と変わりがないほど丈夫なものができあがります。表紙だけでもカラーにしたいと思えば、それもカラー印刷機を使えば可能です。

6 楽しい旅行を計画して積極的に探訪する

これは退職後に誰でもが、ある意味では一番楽しみにしおり、誰でもが簡単にすぐにでも実現できることが多いものです。というか、現役中から会社の慰安旅行とか、家族旅行、友人仲間との旅行などとして、旅行を楽しむ人は多いものです。

やはり、家を脱出して旅行に出掛けてみれば、名所旧跡や温泉地、遊園施設、海や山などどこへ出ても、心が休まり、美味しいご馳走が食べられ、見たこともないものが見られたり、楽しい体験ができたり、心行くまで楽しく話ができたり、山に登って気持ちよい汗が流せたり、海に潜ってつかめたアワビやサザエを焼いて食べたときの味が忘れられなくなったり、それぞれ感動やよさはさまざまでしょう。しかし、共通しているのは、心身ともに癒されたり、人生に夢が出て来たり、やる気や意欲が湧いたりします。また、健康を取り戻したりすることだってあるし、事故やケガに気をつければ、よいことだらけの旅が一般的には多いのではないでしょうか。

これらの楽しい旅行をするために参考になるのは、ご承知のように、新聞やチラシ、送られてくる各種旅の友、娯楽部、旅行会社の案内などで、毎日のようにポストに届けられているくらいでしょう。また、友人から聞いた連絡先へ１度でも連絡すると、以後は忘れずに定期的に旅行の諸案内が送られてくるようになります。あるいは、インターネットやスマホなどを利用すれば諸情報を得られることも多いものです。

そして、あらゆる情報をもとにして、日帰りの旅行から、１、２泊の旅行、もう少しゆったりした数泊の旅行までと、これらの中からバスで行くか、電車か新幹線か、飛行機か、それとも組み合わせた観光ツアーまかせの中から、気に入った内容や方向のものを選んで行ってみるとかになります。そして、何回か旅行経験を積み重ねていくと、どこの観光会社のどのツアーがお得だとか、サービスがよいとか、ちょっと旅行費はお高いが充分それ以上の満足が得られる、などと旅行通になっていくものです。次には国内旅行では飽き足らずに、海外旅行や大型客船の旅へと興味が移っていく人が多いものです。ただ、注意しなければならないことは、格安の現金支払いなどのツアー商品です。最近、ご承知のように、多数の旅行者が突然多額の負債を抱えて倒産した旅行業会社の犠牲になって、外国に行ったままで料金に含まれていたはずのホテル代や帰りの航空運賃などを再度支払わなければならないようになったことがあり、大きな社会問題になりました。しかも、支払ったままで旅行もできずに犠牲になった旅行者も多数おられましたが、その返金はたったの１％だけだということで驚いたものです。呉呉も信用のある旅行社を選ぶようにしたいものです。

それから、まだ夢の乗り物があります。

「きょう行くところがあること」と「きょう用事があること」の二つが大切

1962年からリニア研究が開始されて、その「夢の超特急、リニア中央新幹線」が9年後の2027年には東京（品川）から名古屋間が開業するというのです。現在1時間半かかる区間を、わずか40分で結ぶのです。これに乗りたいものですね。これは乗れること自体が旅になるでしょう。わたし自身では、これこそ冥土への土産と思って、今から楽しみにして健康管理に気をつけています。

あとは誰でもが行き当たるのは、旅行資金の捻出や資金不足です。だから、退職後であるから資金の許す範囲での旅行を楽しみ、探訪するしかないことになりますが、わたしたちに共通の悩みというか、それは仕方ないことなのでしょう。もちろん貯蓄高が沢山あったり、退職後でも何らかの収入が入るような家庭なら別でしょう。

7 楽しい農業体験で野菜や草花、果実などを栽培する

農家ならばすぐにできることですが、そうでないとしても、今は周辺を探せば農地や田畑を格安で貸してくれたり、共同農園や地域市民農園などの名前で借用できる農地もよく各地に見られます。運良ければ1年契約で使ってもらえれば、土地が草地になったり、森林化しないのでといって、無料でよいから是非使ってくださいと考える人もいるくらいです。草地になったり森林化すれば花粉の出る植物が繁茂したり、害虫が発生するなどから、近所迷惑になると悩んでいる農家の高齢者もいるのです。1年契約というのは、いざ土地を売るとなったりしたときに、返して貰えないことになっては大変だからです。こうして、土地が準備できたら、自分の作ってみたい栽培の簡単なものから少しずつはじめるのです。最初にはじめるのは、草取りや掘り起こし作業ですが、これはもしかしたら農家の人に頼めばやっていただけるかもしれません。農家の人が農機具を持っていて、使い方にもなれているからです。

先ずは簡単な種を蒔けば必ず芽が出て来る小松菜や菜の花、ダイコン、ラディッシュなどの蔬菜類、あるいは苗を購入して植えれば育てやすいキュウリやナス、トマト、ピーマン、キャベツなどからはじめてみたり、ジャガイモやモロコシ、カボチャ、ニンジンなども育てることができるでしょう。できるだけ無農薬で、化学肥料を使わないで、落ち葉や枯れ葉や生ゴミなどを土に埋めて腐敗させたり、根元付近に刈り取った草を引いたりして水の乾燥を防ぐなど工夫をしたり、害虫よけとして近くへ匂いの強いシュンギクや草花のゼラニウムなどを植え付けると効果があるといわれます。また、自然農法としての竹酢液を利用してアブラムシ退治をするとか、まあいろいろなことを考えて取り組むのも楽しいものです。自宅で食べる野菜になるから自然農法に拘り、少しぐらい人に無害なアオムシ（モンシロチョウの幼虫）などの虫に食べられても、その方が安全な野菜であると考える方がよいのかもしれません。

作付け面積は少なくするようにして、無理をせず、楽しく管理ができるように考えて、草取りから水やり、脇芽取り、支柱立て、収穫など

が楽しいものとして、喜びを持ったり感じたりしながら、野菜を育てている畑に行くのが楽しくて仕方ないとなれば最高であり、そして栽培して作った野菜のサラダや具材に入れた味噌汁の味が喜びとなるような、二人の楽しい会話の食卓になれば大成功ということになるでしょう。

とにかく、育てた自作のトマトやキュウリを丸かじりしたときの味は、この上もなく美味いものです。そのときから野菜を育てることに病み付きになったという人もいます。是非とも体験してみたいものです。

8 自然触れ合い体験（五感と連想力を生かした自然観察）や登山、海水浴などの体験

自然の中へ飛び込んで、自然観察や登山、海水浴などを体験して、大自然の中での触れ合い活動を楽しんでみると、自然の良さを感じて、人間も自然の一員であることに気づく機会になるかもしれません。

先ずは自然観察ですが、これにはいろいろな触れ合い方があります。簡単ですぐにできる方法は、自然地や神社仏閣地への遠足や旅行、自然観察会への参加、野鳥や昆虫観察会への参加、新緑や紅葉を見る旅への参加、都会の公園を歩く観察会、里山の自然観察会、これらに加わって自然に触れる活動を体験してみることです。自然の中に行くだけで、太陽光線を浴びた緑葉で光合成をして酸素を出しているので、涼しく空気が美味しく感じるでしょう。また、緑葉からは酸素ばかりでなく、各種の健康に有効だという化学成分であるフィトンチッドが出されているので、心が癒され、交感神経の特に副交感神経が刺激されて呼吸も血圧も安定し、疲れが取れるのだといいます。また、大木や水場ではマイナスイオンも出されるなど健康にとてもよい影響を与え、頭や心身の疲れが癒されて、読書などをしたりしても頭によく理解されたり、夢や希望が湧いてきたりして、やる気と人生に生きる力を取り戻せるのだともいいます。

どんな観察方法でもよいのですが、人間の五感（見る、聞く、嗅ぐ、触れる、味わう）と連想力を生かした、これらを総動員させて、自然の景観や植物、動物、昆虫、キノコ、クモ、何でもかまいませんが、興味ある生き物と関わったり、自然全体にも目を向けたりして観察し、楽しい観察を体験してみるのも有意義でしょう。

それから、これも自然地ですが、海水浴や海辺遊び、磯遊びなどの体験も、楽しい自然との触れ合いができるでしょう。陸上生物のもともとの生みの親は海水中からでした。そのわたしたちの祖先である海は、海水にしても浜辺にしても砂浜にしても、また周辺の各種の植物や咲き誇る花々は、わたしたちに安らぎと心の癒しと、また精神的な活力を与えてくれるでしょう。青い水平な海辺と広大な空の空気をいっぱい深呼吸したり、またギラギラ照りつける太陽光線を適当に心身に浴びて日光浴をすると、冬でも風邪を引かない強い体になったりして、心身ともに健康になれるといいます。泳ぎも波乗りもよし、またヨットやボートで出掛けるのもよいし、あるいはビーチボールや砂浜遊び、磯に棲む魚介類の探索もまたよし、いくらでも自

「きょう行くところがあること」と「きょう用事があること」の二つが大切

分にあった海での関わり方があります。それを体験すればよいのです。ただし、紫外線防止のサングラスやオイルは使った方が眼や肌にやさしくなるでしょう。

その他にも、自然体験をして自然に触れ合ういろいろな活動をしていけば、雄大で偉大で豊かな自然の良さを知り、自分も自然の一員であることに気づき、素晴らしい掛け替えの無い自然を、自然環境を大事にしていかなければならないな、今の素晴らしい自然を後の子孫にまで維持して伝えていかなければならないな、というような貴い気持ちになってくることでしょう。そうしたら、身近なところで行われている自然保護活動や自然理解のための自然観察会などに気軽に加わって、一緒に活動していくのも自然にとっても、地球にとっても、自分にとっても素晴らしい活動となるのではないかと思います。

❾ 各種の仲間作り、老後の付き合いは軽く時々がベターか

退職してからの仲間作りやお付き合いは、いろいろな機会に訪れたりチャンスがあるものです。そして、会社という組織から卒業しているので、今度は居住地の周辺地域での住民や友人、特に同じマンションや戸建て区内の住民とは毎日のように顔を合わせたり、回覧板を受け渡したり、諸会合で一緒になることが多いものと思います。また、対外的にも趣味を共にする同好会やスポーツなどを通して、さまざまな仲間と友人になったり、ときには茶のみ友達として飲食店などで話をしながら飲食することもあ

ることでしょう。

また、自然観察会やバスの旅などでも、今までまったく知らなかった人と仲良くなったり、話や性格が合ったりして、楽しい一時を過ごすことがあるのではないでしょうか。こんな日は何か10年も前から深いお付き合いをしてきた、親友にでも行き会ったかのような嬉しい気持ちになることがあります。そして、家に帰ってからも、今日は楽しくよい1日だったと喜びをかみしめることがあるものです。

あるいはまた、いつも行く喫茶店で行き会った仲間や、野球観戦に行ったときに隣の人と意気投合してビールで乾杯したり、夫婦で海外旅行に行き、同じクルーズに乗った隣席の人と仲良くなり、写真を取り合って交換したり、まあいろいろの機会に今まで知らなかった人と友人になることがあります。

このような、退職後の仲間作りや友人、お付き合いは、それはそれで楽しいものですし、そのあとも仲間関係や友人関係、お付き合いが続くこともありますし、1回だけで終わることもあります。そのようなときに、自分の方はよい人だとたとえ思っていても、あるいはこれからもお付き合いをしていきたい人だなとか、お誘いして食事にでも行こうかなとか、いろいろと思っていても、大事なことは相手がどう思っているか、感じているのか、ということも考えてみないといけないということです。相手はたとえ気が進まなくても、相手の前では失礼な態度はとりたくないから、一応さしさわりないように合わせているということだってあるのです。

この辺のところが、退職後の自由な時間が

たっぷりある時期ですので、あるいは皆は仲間作りや友達作りに飢えている人もいることだろうし、こりごりだと考えている人もいるかもしれません。そして、仲間や友達は今の範囲で充分で、これ以上は増やしたくないと思っているかもしれません。つまり、皆それぞれ個人個人によって考え方や立場、現状などが異なることを忘れてはならないのです。

　だから、新しい仲間や友達とのお付き合いは、一般的には、遠ざかるか、するとしても軽くとか、時々というのが無難なことが多いのではないか、その方がベターではないかと思われるのです。この辺のところを、武者小路実篤さんならば、あの有名な言葉で教えてくれるのでしょう。「君は君、我は我なり、されど仲良き」、人づき合いというものはかくあるべし、という人生の知恵を心に持っていたりして、学びたいものであります。

10 学びを忘れないことで老化を予防する

　退職後で大事なことはいろいろあります。その中でも学びを忘れないこと、楽しく学ぶことを忘れないということが大事です。もちろん、学びは退職後だけのことではありませんが、人間は一生涯大切なことであり、そのような意識がなくても常に学んでいるわけです。しかし、特に退職後だからこそ、学ぶことは大切なことだと思われてならないのです。

　また、退職後を経過すればするほど、心身ともに少しずつ少しずつ、また高齢になるほど急速に、さらには加速度的に、老化していくことは免れません。簡単に頭と心と体と三つに分けたとしたら、先ずは人間としての人間らしさを失わないための頭、つまり脳細胞の老化防止が大切だと思います。脳を活性化するということができれば、認知症予防にもなりますので、一番人間らしさを失わないことにつながるかもしれません。

　だとしたならば、この脳細胞を活性化する方法として取り入れたいことは、学ぶという姿勢です。自分の学びの姿勢でよいのですが、いろいろな手段でいろいろな学びをするということです。そして、できるだけ飽きないようにするためには、楽しく学ぶことを実践することです。

　その学びには、具体的にはどんなことがあるのかは、皆さんが考えることでよいのです。例えば、毎日朝刊や夕刊の新聞を隅々まで読んでみるとか、自分の好きな作家が五木寛之なら五木さんの作品を図書館で借りて来て読んだり、古本屋で探して100円本を購入して読み、読み終わったものがたまってきたら古本屋に持って行って出して、また他の新しい100円本を購入してきて読んでみるとか、回覧されてくる広報紙をやはり隅々まで読むとか、何でもよいので文章や記事を読むことで学び、脳を活性化するという方法があるでしょう。

　あるいは、公民館や地域交流センターなどに通って、いろいろな文化活動やスポーツ活動、図書館などを通して学ぶという方法もあるでしょう。読書に関してですが、1冊推薦することを許されるならば、福沢諭吉の現代語訳・檜谷昭彦著『学問のすすめ』をすすめたいと思

「きょう行くところがあること」と「きょう用事があること」の二つが大切

います。130年以上も読まれ続けている世界的名著で、これこそ退職後のわたしたちにとっても、老後の生活がいかなる困難があったとしても負けずに、生き抜いていくための知恵が詰まっており、読むだけでも脳が活性化し、やる気を起こし、若さを取り戻すものと信じるからです。また、世の中の見方や考え方がはっきりしてくるでしょう。わたしも退職後に改めて読んでみて、その感を強く持ちました。それから、読書が楽しく好きになる1冊として、丹羽宇一郎著『死ぬほど読書』をすすめます。

あるいは、例えば早稲田大学のオープンカレッジなどの会員になって、1年間にわたり沢山の受講可能な講座が開設されているので、それらの中から自分の学んでみたい講座を希望し受講して学ぶようにするという方法もあります。このような方法は他の大学でも行っているいるので、自宅に近い自分が気に入ったところを選んで受講すればよいでしょう。この学び方は、講座教室も大学の空き教室で行われるので、まるで学生にもどったような新たな気持ちで、気楽に学食や図書館なども利用できるし、また、いろいろな著名な方々が来ての講演会や研究発表会があったり、これらにも多くは無料で参加聴講できるので、何かと有意義であり、会員割引で一部の劇場や映画、ホテル、食堂なども利用できるというお徳な特典があります。わたしもこのカレッジでもうこの10年くらい学んでいますが、とても気楽に受講できてありがたく有意義に感じています。

それから、退職後に自分が楽しみにしていた趣味という専門的な特技をお持ちの方は、それを学び深め発展させたりして、やがては1冊の本などにまとめていくような学び方もあるように思います。これは楽しいでしょうし、退職後こそ、この自分のやりたいことの夢というか目標にしていた趣味というか、特技ざんまいのまとめをするのに絶好の、神様が与えてくれた、何の制約もない自由な時間だからこそできる、やってみたいことであるのではないでしょうか。この深い豊かな学びの完成を楽しみながら進めてみることは、人生の最高の自己表現ではないかと思います。そのために、国会図書館や関係施設での情報調査、各地関係箇所への探訪、その他、いろいろな施設や手立て、方法などを活用して取り組めばよいわけです。

わたしの好きな先生で、現役時代に夏期大学で長野市教育会に講師として毎年お出でいただいて、ご講義を拝聴したことがある松原泰道先生。先生は仏教を平易に説いて教えを広め、禅と教養とを結び付けた功績が大きいといわれ、少し前に101歳で亡くなりましたが、福沢諭吉と同じように勉強することを大切にされて、最晩年まで勉強という言葉を忘れませんでした。退職後のわたしたちも、老いれば老いるほど、読書することなどの、できる範囲で勉強することを、生涯にわたり必要だと心得て、少しでも楽しさを見つけながら実践したいものです。また、坂村真民先生は、「よい本を読め、よい本によって己れを作れ、心に美しい火を燃やし、人生は尊かったと、叫ばしめよ」と詩に詠んでいます。

これらの学びは、必ずや退職後から老齢化へと経過していく中で、脳の活性化や心身の老齢

化への予防や防止の面で、少なからず、あるいは大きな効果となっていくだろし、有意義な人生を送るうえでも価値あるものになると思います。

11 ときには好きな異国を歩いてリフレッシュするのもよい

　退職後は長寿時代に突入している現在ですので、これから長い年月の自由な生活が続きます。最近の寿命は先にも触れましたが男性で81歳くらい、女性で87歳くらいだといわれています。健康長寿に恵まれれば80歳はあたりまえで、90歳も夢ではなくなりつつあります。そして、最近は100歳を迎えられる人も急激に増えてきて、2017年9月現在で6万7800人以上もいるといいます。

　こんな時代には、ときには心身ともにリフレッシュすることも必要であり、健康維持やさらなる自分の夢を実現するためにも大事になります。その方法にはいろいろあると思いますが、思い切って海外の異国への旅に出掛けて、世界遺産やヒマラヤ山麓の高山植物の美しい花が咲く道を、眼を輝かせながら歩いたり、暖かい南国のチョウ類が乱舞する林縁や海岸沿いを眺めたり、世界の名画や音楽を心行くまで五感で感じ入ったり、あるいはまた大型客船での船旅も各海と各国々の旅ができて魅力であるなど、もうそれだけで元気を取り戻したり、心身ともに大きな癒しとなって、人生の喜びをよりいっそう大きなものにしてくれるに違いありません。

　その異国への探訪の計画を夫婦で、いろいろと話し合ったり、関係雑誌で調べたり、旅行観光センターで相談したり、そして、それらを参考にして行き先を決めていく、そんな計画段階から楽しみながら有意義な、異国へのリフレッシュができる海外旅行を計画すると楽しいでしょう。

　何処の国の、どんな観光地を選んだり、訪問したい場所を決めて、何泊くらいの旅行になり、経費は予算内になるのかどうかを考えたり、あるいは現在での治安を考えたときに適切な場所かも考えに入れたりして、具体的には何月何日に出発し、何日に帰国して来るかなども考えてみる。ペットを飼っている人は、犬猫ショップに預けるのか、子どもたちに預けるのかも考えて、行き先計画を子どもには話して緊急連絡先なども話しておくようにして、また新聞を止めたり、配達される郵便物や小荷物などは郵便局や宅配業者に連絡しておいたり、あとは出発するときに家中の家電等の主電源を切ったり、戸締まりなどを万全にして出掛けたい。

　海外旅行になれている人は別ですが、初めての場合は近くの異国で2、3泊くらいの手軽なものからはじめるのがよいと思います。そして、だんだんとなれていくにしたがって、より遠かったり、複数国だったり、宿泊日数を多くしたり、今までとは異なるジャンルの海外旅行に挑戦してリフレッシュするとスムーズな旅行ができるでしょう。

　もちろん、リフレッシュするには国内旅行でも成果は同じようにありますが、国内旅行は気楽に日頃からよく行く機会がありますので、この際はあまり行く機会がなかったり、ちょっと億劫になりがちな海外旅行に思い切って行ってみ

「きょう行くところがあること」と「きょう用事があること」の二つが大切

て、リフレッシュしてみるのも新しい境地を開いてくれるかもしれません。

12 各所の街々や公園、庭園、祭り、デパートなどを訪れ楽しむ

わたしはよく毎日の全国新聞や地域新聞、広報、広告、チラシなどを読んだり見たりしていて、これは訪れて見たいところだと思ったり、参加したいところがあったりすれば、手帳にメモしたり、その情報を切り抜いて手帳に貼り付けたりしています。それは、講演会であったり、コンサートや終活の説明会、量販店での売り出し、新刊本の話題、食堂や電気店での話題、新しい街や話題になっている観光地など、ありとあらゆるものが含まれます。そして、予定が立てば、あるいは、これだけは必ず訪れたいというように順位を決めたりして、その日に出掛けて行って目的としたことを果たしたり、楽しんで来ることがよくあります。一人で行くこともありますし、夫婦二人で出掛けることもあります。あるいは、友人夫婦と車に乗せていただいて食事やカラオケなどに行くこともあります。4人揃うと楽しさも倍増し、話も楽しく有意義な1日になります。

また、各地には素晴らしい自然・文化環境が整った公園や庭園がたくさんあります。例えば首都圏公園ガイド（埼玉、千葉、東京、神奈川）として『花と緑と水に遊ぶ：公園への小さな旅；首都圏 oneday 散歩』が、首都圏みどりのネットワーク事務局から出されていますが（250円と格安）、これには各公園までの行き方や周辺地図、連絡先、簡潔な解説、見学料金などが出ていますので便利です。これらも参考にしながら、暇があるときには春、夏、秋、冬と四季折々に足を向けて楽しみ、自然観察や写真撮影、疲れたら近くのコーヒー店で休んだりしています。豊かな自然と多くの花々、野鳥の鳴き声、チョウ類やクワガタなども見られる公園もあり、心が癒され、気持ちよい環境での観察なので、知らないうちに5000歩くらいは歩いており、よい運動にもなります。

あるいは、改めて近所の街やアーケード通り、神社仏閣、商店街、食堂街、書店街、観光の名所旧所などを歩いたり、バスや客船で乗り継いだり、あるいは映画を観るのもよいし、プラネタリウムを訪れるのも楽しいものです。あるいは旧道を歩く旅を計画してもおもしろい。まあ、各自の興味・関心ある場所へ、それぞれの楽しみ方で、自由な発想を大事にして、とにかく出掛けて歩いてみて感じ取ってみる。この方法は良くないと思ったら、次のときは関わり方を新たにして取り掛かればよい訳です。これらの参考になる本やチラシ、広報紙などはたくさんあります。例えば、東京散歩というように何々散歩という本が出ていて、これらを見ると東京なら東京のほぼすべてがわかるように、詳細なカラーでの地図入りで、浅草なら浅草の昔も今も変わらない下町随一の観光名所とうたって、アクセスはもちろんのこと、基本的な散歩コースが地図の中に入っていてわかりやすく、またコースガイドや周辺の主な観光施設が写真入りで解説されたりしています。また、立ち寄りたいショップとして主要な食事場所の紹介なども

載ってまとめられています。このようなものも一応の参考にしながら、それぞれ独自の考えを優先させて、自分なりの楽しみ方で訪れて楽しんで来るのもよいでしょう。

あるいは、百貨店巡りとか、デパ地下巡り、中華街巡り、スカイツリー巡りとかいうように、1日にあちこちと見て歩くのではなくて、その1カ所を徹底的に1日中かけて、歩いて、見て、買い物をしたり、ランチをしたり、疲れたらコーヒーを飲んで休み、また歩いて回る。そして、夕食（ディナー）を食べて帰路に着く、というような訪れ方もよいかもしれません。まあ、いろいろとアイデアを夫婦で出し合って、出掛けて歩いてみれば、目的以外にもいろいろなことが発見できたりして、また夢も広がっていくでしょう。

13 喫茶や食堂、レストラン、ジャズバーなどでの、読書や原稿書き、音楽鑑賞

最近とても入りやすく理解のある店舗が増えて来ています。コーヒーを1杯だけ飲んでパソコンや読書を1時間していても歓迎するかのような姿勢で迎え入れてくれるのです。そのような店では常連客になれば、なおさら歓迎の姿勢をしめして受け入れてくれるのです。もちろん、時間帯によっては、ものすごい混雑時があるときには避けなければならないのは常識です。

このような喫茶店や広い食堂、レストラン、イオンモールなどに設置されている各所、ジャズバーなどで、コーヒーか食事、軽食などでも注文してから、自分に合った読書とか内職というか原稿書きや校正、諸計画の立案などの場所として利用させていただくのです。自宅や図書館などで飽きたときなどは、このようにして環境を換えてみると、とても能率が上がるようになるものです。そして、手を休めてコーヒーを飲んだり、食事をしながら頭も休めるのです。あるいは、店内から聞こえてくる音楽やジャズを聞きながら心身を癒すのです。わたしもこのようにして、著書のあとがき原稿や、講演や著書原稿の校正、読書などをしたことがあり、能率を上げたりして何冊か出したことがあります。

こんな利用の仕方でなくても、雨でも降ったり、逆に天気のよい日には、頭休めをしたい気持ちになったりして利用することもできます。また、何もしたくないときには、よく気に入った喫茶店やレストラン、ジャズバー、ちょっとした緑地のある野外のベンチなどを探しておいて、真っすぐ出掛けたて行って、このようなところで無計画に休むことがあります。そして、座っていて心が落ち着いてきて、読書がしたくなったら、いつも1冊は持ち歩いている本をショルダーバックから取り出して、心行くまで読み耽ったり、気が向けば何か飲みたいものや食べたいものを追加注文する。そして、軽い昼寝さえしてしまうことだってあるくらい、のんびりと自分の時間を楽しむのです。

ところで、この読書でも最近は電子書籍の利用に積極的な人が増えており、電子書籍の読み放題サービスが立ち読み感覚で利用拡大しています。さすがに若い世代では40％くらいと関心が高いですが、60歳代や70歳代でも

「きょう行くところがあること」と「きょう用事があること」の二つが大切

10〜20％と関心を示す人が増えて来ているといいます。読み放題サービスはアマゾンやKDDI、ヤフー、ソフトバンクなどで、月額400〜980円で利用できるようです。

14 犬や猫、小鳥、チョウ、クワガタムシなどを飼育する楽しみ

最近は特にペットブームで、テレビのレギュラー番組もいくつかできたり、関係の書籍が多数出版されたり、いろいろなグッズも販売され話題を呼んでいます。ペットブームが火付け役となって命の大切さが叫ばれるようになり、ペットを最後まで飼育することを大事にして、殺傷をなくしていくようにと、各都道府県では東京都などが小池知事さんが先頭に立って取り組むようになってきていることは、極めて喜ばしい尊いことであると思います。

犬や猫をはじめとするウサギ、ハリネズミ、リス、モルモット、各種のキンギョ、メダカ、ネッタイギョ、カメ、コイ、ハト、インコ、ブンチョウ、サル、チョウ、カブトムシ、クワガタムシ、ヘビ、ペリカン、フクロウ、タカ、ウマ、ラバ、などに至るまで、人がペットにしている生き物はとても種類が多いものです。

これらは警察犬や盲導犬になって活躍したり、いずれのペットもその人の心の癒しとなり、健康や元気を回復させてくれる原動力になっていることが多いといわれます。特に認知症やガン患者などで精神的に落ち込んだり生きる希望を失っているようなときでも、ペットとの触れ合いによって日増しに元気を取り戻して、笑顔が出て来たり、言葉を出して話をするようになって、病気も回復へと向かう事例が多数報告されているといいます。

わたしも子どものころは、いろいろとハトや昆虫、家では猫、また家族を持ってからも子どもが捨て犬を拾って来て、どうしても飼いたいというので飼うことになったこともありましたし、今は夫婦でやはりプードル犬を家族の一員として飼っています。飼ってみるとよくわかりますが、可愛くなって生き物への愛着を強く持つようになり、わたしたちが愛犬から育てられたこともあり、学ばされることが多いのです。毎日朝夕の散歩は欠かしませんし、水やり、餌やり、おやつ、風呂入れ、月1回のトリミング、狂犬病などの予防接種からマダニ防止剤、室内遊び、その他にも高齢化に向かうと人と同じでさまざまな病気にかかったり、手術もすることがあり、保険をかけていなかったので出費も大きいのですが、まったくわが子と同じ待遇で関わることにしています。いつも従順で、裏切らないという姿勢には、可愛さと、大事にしなくてはいけないという気持ちを強くして、少しでも健康上のことなどで変わったことがあると、近くの犬猫病院や大学医療センターへ行って相談したりすることにしています。

退職後に自分の好きになりそうなペットを飼うことも、いろいろと新しい境地を開いたり、発見させてくれたり、喜びがあったり、一緒に毎日散歩するので健康にもつながるなど、また心身ともに大きな癒しとなり、ストレスを解消してくれるので、気持ちが合えば考えてみてもよいのではないかと思います。

15 一期一会の出会いの機会を大切にする

　一期一会とはよく気軽に使ってしまう場合がありますが、実はご承知の通りに厳しい出会いのことです。生涯に1度しか出会えない人と考えての禅語から出た言葉で、全身全霊を傾けて準備を整えて、相手と接し充実したものにしようという意味が込められています。その準備した茶室で戦に出て行く武将に、作戦を進言したり箴言した茶師が、1杯の茶を入れて、武将が差し出された茶を飲んで、武運長久をお祈り致しますと励まされ、戦いに出陣して行くときの一瞬は、正に一期一会だったといえましょう。

　わたしたち退職者も、これからのさまざまな出会いを"一期一会"と捉えて、できるだけ大切にしたいと考えてもよいのかもしれません。そのことが、一つ一つの人との、あるいは物との、時間との、活動との、旅との、出版本との、諸行事との、誕生日との、忘年会との、桜の花見会との、秋の美しい紅葉との、あるいは10年ぶりに再会した友人との、久々の同級会との……などと、いろいろな場合が多様にあると思いますが、こんなことを考えてみるのも、退職後だから、そういう心境になったり、大切にしたいと思うようになるのではないでしょうか。わたしたちの毎日は、常に、大事にしたい一期一会の連続と言っても過言ではないわけですから、一期一会の出会いの機会を、少なくても大事にしていきたいと思うのは必然なのでしょう。

16 写真やスケッチ、絵画、俳句、作詞巡りの旅をするのも風流でよい

　自分のもっている趣味や特技でできることを、さらに開花させるために、例えば写真が趣味の人は好きな花の写真を撮影に、各地での特色ある花の産地や開花時期を調べたりして、日本各地を1年かけて、あるいは3年かけて集大成する計画で、旅をしながら歩いて撮影するのです。といっても1年間や3年間を、ずっと自宅を出たままということでは疲れてしまったり、家庭での他の用事もあるだろうし、撮影した写真の整理もありますから、時々出掛ける計画を立てて、撮影の旅に出て帰宅することを繰り返せばよいわけです。そして、1年か3年も経過すれば、だんだんとまとまってくるので、思い切って1冊の写真集として出版する。こうなると、2冊目をまとめてみたくなるという意欲が出てきます。そして、今度の撮影旅行は今まで行ったことがない方面の、日本の西南部へとか撮影する舞台を移せばよいのです。そして、その次は日本の各離島のまとめというようにするのです。

　このようにして、自分の好きな写真やスケッチ、絵画、俳句や作詞の旅を一人で続けるのです。あるいは、趣味を同じにする仲間がいれば一緒に出掛けるなども考えられます。ただし、この場合の一緒に行く仲間はできるだけ少人数で、本当に心が通い合う無二の親友といわれるような人とか、一番よいのは趣味が合えば夫婦同行が理想でしょう。また、案外このような夫婦での巡り旅をしている方々に出会うことがよくあるのです。どちらかの影響を受けてか、同

「きょう行くところがあること」と「きょう用事があること」の二つが大切

好となったのかもしれません。また、話し合ったりしてみれば、そのようになる可能性も案外あるのではないでしょうか。

一人での、または友人との、あるいは理想として夫婦での、風流な巡り旅をしてみるのも、新しい贅沢と言えるかもしれません。

17 何歳になっても、何時からでも、何をはじめても、遅いということはない

何歳になっても人の欲望や夢には限界というものはないものです。退職したのでもう1度新しい科学や歴史の勉強をしてみたい、やったこともないあのスポーツをしてみたい、今からでも健康のことを考えてタバコをやめたい、今からでも詩吟や弓道の練習に挑戦して初段を取得したい、還暦を過ぎたがもう1度大学生となって、今度は哲学や倫理を学んでみたい、70歳になった記念に足腰を鍛えるため縄跳びを上手になりたい、手が震える歳になってきたが、自分史だけはまとめておきたい、まったく栽培経験もないが手作り野菜を育てて美味しいサラダを作って食べてみたい……、といろいろの欲望や夢が浮かんでくるでしょう。それだけ若い心を持っているから、夢や目標が浮かんでくるのだと思います。

パナソニック（松下電器）を世界の松下にした経営の神様、松下幸之助さんは94歳で亡くなりましたが、青春とは年齢ではない、その人がいつも夢ややる気を起こして、本気で世界や社会のためになることをしようという熱意を持って努力しているかの、"心の若さ"が青春であるというようなことを言われました。

わたしたちは退職後でも、70歳になっても、80歳、90歳、100歳になっても、できることはいくらでもあるでしょう。100歳を過ぎても現役で医師としての仕事をし、わたしたち向けの『生き方上手』などの健康本を書き、世界が平和になるようにという運動をバックアップしたり、将来ある幼児や子どもの命の教育、難民救護支援、看護師や医療の改革、新老人の会立ち上げ、最近では患者中心のあるべき医療の姿などと、幅広い活動をしていた日野原重明先生は2017年7月に105歳で亡くなりましたが、それまで常に現役として活躍され続けました。わたしたちも先輩に負けないように、多くのことを学びながら、今からできることを行動していきたいものです。

こんなことを考えると、例え何歳になったとしても、また何時からでも、何をはじめても、決して、遅いということはないということです。これを忘れてはならないし、忘れないように、いつも夢や欲望、ビジョンを考え持っていて、いつも若い心を持ち、年齢のことは忘れて、年齢を口実にすることなく、いつも前向きな気持ちで、今が大事なのであるから、今からはじめていけばよいのです。そして、うまくいかなかったりしたら、すぐにやり直せば、まだいくらでも間に合うのです。

わたしが好きな80歳の若大将こと加山雄三さんは、「年を重ねたといっても、老ける必要はない」と檄を飛ばして、体を鍛え夢に向って歩み続けています。

18 本当に学びたいことがあったら、学士入学したり、オープンカレッジなどの会員になって学ぶのもよい

退職すれば何度も書いてきたように、自由な時間がたっぷりありますので、もっと学んでみたいと思うようなことがある人は、大学に学士入学したり、修士入学して本格的に現役学生と同じように学友となって学ぶことも可能です。そこまでいかなくても、先の項目10でも触れましたように大学のオープンカレッジの会員になって、多数ある講座の中から自分が希望する内容のものを選んで受講すれば楽しく学ぶことができます。

少し前になりますが、金ちゃんこと萩本欽一さんが駒澤大学で仏教を学ぶために入学したことが話題になりましたが、あのようにまったく現役学生と同じように、学生になって学ぶこともできるわけです。もちろんこれは、相当の覚悟が必要で入学金もいるし授業料やその他いろいろな経費もかかります。楽しくて仕方ない反面、大変な苦労な面もあるようです。まあ、しかし、やる気の問題でしょうが、資金も私立の場合はかなりの出費を覚悟しておかなければならないでしょう。

いずれにしても、一番大事なことは、真剣に学びたいことがあるかどうかということでしょう。それさえきちんとしていれば、どうしても学びたいということであれば、出費は覚悟のうえで取り組めば、学ぶ楽しさということと、生きがいをも味わえるものと思います。

わたしも、定年退職と共に慶応義塾大学文学部（哲学、倫理学）に学士入学して、学びたい講座（教科）を楽しく学び、学園祭や運よく創立150周年記念式典や関係行事、コンサート、充実した学生生活をさまざま楽しんで、目的の必要な内容を学び終えたので、2年後に中退し、今度は早稲田大学オープンカレッジの会員になって、それこそ学びたいことをたくさんある講座の中から選択して受講し続け、今年で10年目くらいになります。そして、本当は最後に仏教学（先祖からの宗派である浄土真宗、親鸞の教え）をどこかの大学に学士入学して学びたいと思っているのですが、まだ実現していません。

その他では、例えば最近は特に海外からの観光客が増えていて、各地の観光地や特徴ある場所などに押しかけています。それで、それらの海外からの観光客のガイドとしての必要性が、各観光地では高まっています。そのガイドをしながら英語会話教室に通って学んでいる退職後の方々が多くおられ、各地で活躍しています。例えば最近ではバスでの一日観光旅行に行き感動したのは、千葉県香取市の佐原の街をガイドする方々の活躍している姿でした。伊能忠敬の業績や水運船下り、歴史ある商店街などをみごとな解説で笑顔を忘れることなく、熱心に英語と日本語でガイドしていただけるのでした。学んですぐに役立たせることができる喜びと、生きがいというものは素晴らしいものであることを、目の当たりにした思い出ありました。

このような方法でなくても、しっかりと学ぶ方法はいろいろとありますので、インターネットや各種関係雑誌、あるいは実際に体験した

「きょう行くところがあること」と「きょう用事があること」の二つが大切

中から、また新聞や諸雑誌などを参考にして調べてから、自分に最もよく当てはまる方法で、しかもできるだけ経費のかからないものを選択して、とりかかるとよいと思います。

19 アイデアが浮かんだり、思いついたら、すぐに行動・実践して決断力を高めていく

わたしはよく朝方に、布団の中で目が覚めるころに、アイデアが浮かんだり、迷っていた問題の解決法が見つかることがあります。皆さんは、そのようなことはありませんでしょうか。わたしが思うには、よく安眠できて頭がすっきりしている朝方だからこそ、頭が疲れていなくて、脳細胞の脳波やリズムが活性化しているので、すっきりとした考えができて、アイデアが浮かんだり、よい解決法を思いついたりするのではないかと、勝手に考えています。あとで触れますが、自律神経の面から考えても、午前中が一番、頭を使うのによい時間帯であると、順天堂大学の小林弘幸教授は書いています。

しかし、誰でも、何かの機会とか、あるふとした瞬間とか、酒を飲んでいたり、友人と話をしているとき、あるいはベンチで静かに座ってボーっと休んでいたり、友達や仲間の会話や行動の中から、あるいは映画を観たり、旅行中、ウォーキング中、電車や飛行機に乗っているときなどに、これはと思うようなアイデア、発想、夢、問題解決法、戦法、楽しみ方、生活の仕方、その他、いろいろと自分にとって有意義でありがたいことが思い浮かんだり、見つかったり、糸口になったりすることが、頭の中に誕生するときがあるのではないでしょうか。

このときです。大事なことは。わたしはこのようなときは、すぐに机上に用意してあるメモ用の切れ端紙、あるいは電車の中でも手帳を出して記録するのです。そうしないと、なぜか忘れてしまうのです。そうでなくても忘れっぽい年齢になり、病的なまでに気になる歳になっているので、このことに限らず、何でも大事なことはメモすることを大切にしています。わたしは、もともと昆虫の生態を調べるときに、何でも気づいたことをメモする習慣になっている、所謂メモマンだと思っています。

さあ、その次です。一番大事なことは、その浮かんだアイデアや夢、解決法、楽しみ方、発想、戦法を、行動・実践に移すということです。そして、行動・実践に移す決断力というものを強くもって高めていかないと、せっかく浮かんだアイデアや解決法などは、すぐに夢の泡となって消えてしまいます。せっかくの大きなチャンスだったのかもしれないのです。浮かんだアイデアは神様からいただいた贈り物だったかも知れないのです。

何かの状態のときに浮かんだアイデアや解決法、夢、戦法、楽しみ方、発想、目標などを大事にして、神様から与えられた贈り物と受け止めて、その行動・実践に移すこと、そしてやり遂げようとする決断力をアイデアが浮かぶ毎に高めていけたら、きっと今よりも素晴らしい退職後の人生を送れることにつながっていくものと確信しています。

5

いざというときのために資金を確保する

いざというときのために資金を確保する

1 老後の不安は金銭と健康であるといいます

　退職後は仕事を持たない限りは、少なくても毎月の収入はなく、年金暮らしというのが普通でしょう。退職までに貯金などでの貯蓄がある人は、それだけ生活が楽になることは間違いありません。けれども、各家庭にはさまざまな事情や諸問題を抱えていることもあり、退職後にまったく負債がなくて、悠々自適な生活ができるようなことは、そう簡単にはあり得ないことが多いのも、また現実でしょう。

　いずれにしても、退職後から老後の不安は、簡単に言うと金銭と健康の二つであるといわれます。その健康については別のところで詳しく述べることにします。ここでは、この金銭についてでありますが、確かに計画的に使うなり、節約していくなり、働けるものならば少しでも働いて資金作りをしたり、贅沢過ぎるような生活はしない工夫をするとか、まあいろいろな対応策が必要になってくるでしょう。

　したがって、金銭確保と金銭節約、金銭の無駄遣いを、わが家として、いかなる対策や戦術を考えて、退職後の生活をしていけばよいのかを、常に心掛けながら、少しでも有意義な生活をしていけるように、頭と知恵、今までの経験や反省を生かして、過ごしていくことが大事になってきます。

　そのためには、普段の必要なものの購入には、少しでもポイントのたまるカード払いするにしても、そのもととなる資金をいくつかの金融機関に入れて、通帳などに記帳してわかりやすくしておく。そして、例えば3つの銀行口座に入れておき、1つ目には年金が振り込めるようにしておき、これを生活資金の出し入れ用とする。また、2つ目には、いざというときのための資金用として、入院したり冠婚葬祭費などの資金が出し入れできるようにする。そして、3つ目には、少なくてもよいので、できたら旅行資金とかの特別資金としての出し入れ用とする。こんなようにして、分けておくとかするなども考えられます。

　これは、それぞれのご家庭や考え方で、都合のよいように決めればよいことでありますが、1つの銀行口座から何でも出し入れするよりも、いくつかに分けておく方が、もしかすれば、それぞれのことを大事に考えられて便利かもしれません。

2 入院や通院・ケガ、投薬代などの資金確保

　この資金確保は、退職後はもちろんのこと、特に高齢期以後にかけての老後になるほど、資金の確保が必要になってくるものでしょう。これは、生きている限り避けて通れない宿命であると思います。これらには、入院費や手術代、ガンなどに対しての医療保険に入っていて、万が一の場合は、これらが請求によってもらえるようにしている人もいるかと思います。

　いずれにしても、これらの資金は大切にして確保しておく計画は、できるだけ早い時期から考えておく必要があると思います。貯金しておくなり、保険に入っておくなりしておかないと、誰でも高齢化に向かえば向かうほど、病気やケ

ガ、入院、介護などの可能性が出てくるのが、あたりまえのことだと思われます。

だからといって、資金がどうしてもなく、どうにもならない場合に、子どもに迷惑をかけてまで、資金の援助を頼めるのかどうか、また、いくら入院したかったり、手術をしなければならない状態になったとしても、自ら諦めざる得ないことだってあるのかもしれません。実際に、そのような老人がいるのも事実だといわれます。

このように、健康資金の資金不足は、深刻な暗いイメージばかりでありますが、これは決して誇張でもなんでもなく、残念なことに事実なのです。だから大事なことは、先ずは日ごろの健康管理は自己責任で考えていくことと、健康を崩して病気や入院などをしたときの資金を確保しておくことを、いざというときのために真剣に考えて、備えておくことが大事であるのです。

3 地震や台風、突風、大雪、冷害、干ばつなどの被害対策資金の確保

自然災害はいつやって来るかわかりません。いやいや、最近の日本各地のようすを見ていると毎年のように、地震、台風、突風、大雪、冷害、干ばつ、降雹、その他の何らかの自然災害の被害を受けていることは、ご承知の通りであります。これに原子力発電所の事故なども考えると、狭い国の日本であるにも関わらず、世界一さまざまな自然災害及び人為的な原発事故被害などに対して、極めて綿密かつ緻密な対応策が必要である国であるといえるでしょう。

これらの被害対策資金も災害や損害保険のようなものを、掛けられるものもあるでしょうし、それができないこともあるでしょう。だから、いざというときには、どこかから自腹で資金を出すことになるわけですが、それらの資金としての確保も考えておくのが一番よいことになります。災害や被害の規模によっては、国や県、あるいは市町村からの災害や被害の援助資金や補助金が出る場合もありますが、こればかりは当てになりません。また、出る場合でもだいぶあとになる場合が多いのが普通です。

少なくても、こんな災害や被害にあったならば、とりあえずは、この資金から出費するより仕方ないな、と、これくらいの覚悟くらいはしておくことが必要のように思います。

4 交通事故や損害賠償、その他、不意の事故などの資金確保

人生は途上でいつ何があるかわからない。よいことならいくらあってもよいし、宝クジにでも当たるならよいのだが、車の運転をしていれば、こちらが悪くなくても暴走車に突っ込まれて大きな交通事故につながることだって考えられるし、高速道路で後ろの車に追突されてしまって事故になることだってあるかもしれない。また、町中を歩いていれば工事現場のビルから鉄骨が落下してきて事故にあう可能性だってある。自宅だっていつ火災にあったり、水漏れなどを起こして、出火元や水漏れ元の責任を問われるかわからない。こんなときの損害賠償保険

いざというときのために資金を確保する

に入っていればよいが、そうでない場合は、資金確保が必要で、貯金や生活費の中から出したりして賄わなければならなくなります。例えば、どんなものでもよいわけですが、掛け金が少なくて保障が行き届いた、都民共済とか県民共済というものに入っていれば、新型火災共済では住宅や家財を守り、しかも地震や風水雪害、破裂や爆発、漏水等などの見舞い制度も充実していてお得かもしれません。しかも割り戻り率も毎年の掛け金で30％以上になるといいます。なお、借用住宅にお住まいの場合は契約時に火災等の保健に入ることが義務づけられている場合が普通だと思います。

以上ようなことだって、あり得ることなので、考えておかないといけないことになります。まあ、このようにひとつひとつ考えていくと、心が痛くなってきますが、事実はそういうことなるのですから、どうしても対策は必要です。

5 冠婚葬祭費の確保

結婚式や葬式は人生の儀式ですから急に出てくることもあるでしょう。しかも、家族関係の場合と、親戚・友人関係に分けるとすると、前者はそれなりにある程度の情報等前触れなどがあったりしてわかることもあるのですが、後者の場合は本当に突然に連絡が来るまでわからないことが普通でしょう。

これらにかかる出費も馬鹿になりません。退職後になれば子どもの結婚式はほぼ終わりに近づいている家庭が多いでしょうが、場合によってはこれからの子どもさんの結婚式が楽しみな方もいるかもしれません。しかし、子どもの結婚式に親としてバックアップしてやりたい場合は出費が必要になるでしょう。今は子どもたちだけで結婚費用のすべてを考えて出すという、立派に自立した若者が特に都会ほど多いといいますが、地域によってはまだ、親の援助を受けるのが習わしになっているところもあるようにも聞いています。

さて、もう一つの出費は葬式の場合です。これは、突然にやって来る場合が多いので、出費の準備確保が必要になるでしょう。まあ、これは退職後のわれわれ自身の葬式費用は、子どもに迷惑をかけたくないので、他に何も残してやるものがなくても、この葬式費用だけは最低限残しておかなければと考えているご夫婦が多いのではないでしょうか。しかし、祖父母の葬式がこれからの場合は、そのように葬式費用を残してくれているのかは不明でしょうから、ないとして考えておかなければならないかもしれません。あるいは、既に祖父母から、いざというときのために、葬式費用だけは残しておくからな、と冗談交じりにでも伝えられているご家庭もあるかもしれません。

以上の結婚式や葬式の費用は、家族や子ども夫婦に関わる身内のものですので、当然これから退職したり、既に退職後の自分の家族が中心になって、出費を賄っていかなければならないでしょう。それは当然のことでもあります。

しかし、これらの出費で家族外での、親戚縁者や友人、恩師、教え子などの冠婚葬祭に出かける必要が出て来た場合の出費は、やはりどこから出すのかを考えておかないと、これもあ

る年齢の時期になると連続することもあったりして、突然の出費が必要になってきます。義理・人情の世の中であり、お付き合いでは、葬式に来ていただいていれば、こちらからも相手方の葬式にも参列するのがあたりまえであり、結婚式についても同じようなことがいえる部分もありますし、ある世代になれば案内状を出す範囲を縮小して、家族と友人のみとか、家族と親戚のみ、新郎新婦のみで海外で、それぞれ式を挙げるなどと、多様になってきているようなことも聞いたりしています。いずれにしても呼ばれたときには、よほどの理由があれば欠席の場合もあっても仕方ないでしょうが、案内状に添えられた返信ハカギに欠席として出すことだけは、怠らないようにしなくてはなりません。もちろん案内が来ない場合は、結婚式には行くわけにいきませんので仕方ありません。

6 ただ貯蓄しておくだけでなく、有意義に使い切る知恵も大事

退職後の不安は金(資金)と健康であるといっても、前者の資金はただ貯蓄だけしておけばよいかというと、そうともいえないように思います。資金は有意義に使わなくては意味がないし、そのまま冥土へ持っていっても使えるものではないでしょう。もちろん、いくら使っても使い切れないという長者さんは別でしょうが。

名古屋の金さんだったか、銀さんは、90歳から100歳になって健康長寿の代表として有名になられて、テレビや雑誌などの取材をよく受けるようになったとき、こうして出演してもらったお金はどうしますかの質問に、「老後のために貯金しておきます」の名言を発して話題を呼んだことがありました。この歳になっても老後のために貯金をしておきたいというのですから、その真面目さというか、滑稽さに、話題が集まったのでしょう。

この心温まる話題は、もしかしたら、わたしたちへの、叱咤激励、戒めのための、この歳になっても老後のために貯金しておきたいと思うくらい、皆さんも終末までの資金として貯金をしておいて、わたしたち金や銀のように自己責任で明るく健康的な生涯を送れるようにという、メッセージだったのかもしれません。

とにかくも、貯蓄は必要ですが貯蓄ばかりが能ではないということは、かみ締めておきたいことで、いかに有意義に、自分と配偶者との人生が豊かになるために、生き甲斐ある生活を送れるように使うか、また使い切るか、決して贅沢をしても使い切るということではなく、使い切れないほど蓄えてある人は、自分たちの考える哲学で医療福祉関係や困っている人、自然環境保護、ユニセフ、その他に援助資金などとして寄付することなどもよいことだと思います。

ただし、子どもや孫に資金を残してやるということは、どういうものでしょうか。難病などで生活苦にある子ども夫妻がいる場合などは援助するとしても、ただ単に金を残してやるということはしない方が、子どものためになるのではないかとも考えられます。それなら、無理して残さずに、自分たちで使い切ればよいのではないかと思うのです。

いざというときのために資金を確保する

7 遺言書を書いておくことは、子どもたちへの優しさであり、死後に騒動も起こらない、ただし子や孫に財産や金銭は残さない

両親が亡くなると遺言書があるかないかが、重大な問題として取り出されることが多くなっているという。子どもたちに残すような金も貴重品もないので、遺言書など必要ないと考えるような場合ほど、死後に子ども間で諸問題が起こる事例が多いのだといいます。そして、財産が巨額になるほど、生前にきちんとした遺言書が書かれていたり、生前贈与が話し合いで決まっていて、問題が起こりにくいのだともいいます。まあ、これらはケースバイケースだと思われますが、いずれの場合でも、遺言書を書いておくということで、この遺言書が一番優先されるといいますから、是非とも少し早めに書いてみて、途中で変更したいことに気づいたならば書き直していけば、一番最近に書いた遺言書がものを言うことになるということになります。

この遺言書は、その書き方や事例などの参考本が多数、書店へ行けばいつでも手に入れて読むことができますので、先ずは1冊を購入して読んでみてください。大事なことは用紙は白紙のA4とか何でもよいわけですが、黒のペンか万年筆で、必ず自筆で、要点的に詳しく、財産関係のすべてについて、項目別に、例えば、以下のように書きます。そして、住所と氏名、年月日印をおします。詳しくはあとで述べてあります。

①この郵便貯金通帳の貯金は長女、戸建てあるいはマンションの自宅は後継者の次男で、妻と同居して暮らす、妻の遺族年金は妻に当然の権利があるのだから妻の通帳とともに妻のものとなる。また、○○銀行の貯金通帳の貯金は長男に、それから、◎◎リゾートの会員権は次女にそれぞれ分け与える。

②葬式は親子だけでの1日葬として行い、○○葬儀社からの見積書にしたがって質素、安価にて行う。この経費は、現金貯蓄費から後継者の次男の出し入れで利用する。葬儀委員長は後継ぎの次男とする。

③墓は後継者の次男が引き継いで代々守る。葬式後は49の法要で墓に納骨し、以後は1、3、7、13年後の法要までとする。

④子ども夫婦は仲良くして生活し、自分たちの幸せと世の中のために、意義ある生活をし、○○家(浄土真宗、西本願寺、親鸞聖人)の先祖を供養して、神仏を敬う家訓を尊重する。

この遺言書はワープロやパソコンの文書では、氏名と押し印がしてあっても無効となり、あくまでも自筆のものでないとだめなことを覚えておかれることが大事です。また、せっかく書いたのに、死後に探しても見つからないことがある場合です。このような例があることが知られており、子ども間で騒動になることがあるといいます。だから、どこにこの遺言書を保存してあるのかを、病気をしたりしたときなどに、妻(後継者)にははっきりと教えておかないといけないと思います。封を開けるのはあくまでも死後に皆が集まったときということになるわ

けです。あるいは、公証人役場に行って、公証人から遺言書を作成してもらう方法もあります。これはもちろん確実でありますが、それなりの資金が必要になります。そして、いざというときには、公証人役場へ連絡して、全家族の前で遺言書を開いてもらうのです。これで、すべて落着となります。

　ところで、親の地道に稼いだ財産や金銭があるとしたら、それは親自身の老後の生活などに使うのが一番よく、それでも少しでも余るようならば、先に触れたように福祉などの社会事業などに使うようにして、子どもや孫には、西郷隆盛も「児孫のために美田を買わず」と言っているように、子どもや孫を甘やかすだけであるから残したり与えたりしない方が無難だと、わたしは思います。

8 生活の節約術を夫婦（家族）で考え実践する

　いくら退職後の資金を確保しておいても、またいくら例え潤沢に確保しておいたとしても、ぱっぱっ、ぱっぱっ、と使っていったり、贅沢ざんまいの生活であれば、いくら資金が確保してあったとしても、たまったもんではありません。1年や3年位なら何とかいいかもしれませんが、何回も言うように退職後は80歳はあたりまえ、90歳まで生きていたとしても珍しくないのです。つまり、退職してから20年から30年位も生きていける楽しい生活ができるのです。それだけの資金があるかないか、また何歳まで人生が続くかはわからない。だから、生活の節約術という工夫・努力によって、資金の耐用年数というようなものが大きく変わってくることになるのです。もちろん、日ごろの生活の質もあんまり貧困すぎないようにすることも考えに入れないといけないし、それから、病気や入院したり、認知症や人工透析などをすることだって、晩年は誰でも考えられるわけです。この辺が夫婦での節約術の見せどころであり、工夫・努力・アイデアの具体的な方法を、諸項目別に考え出していかなければならないでしょう。例えれば、限りがないことですが、少し挙げてみましょう。

①現金での買い物はしないで、常にできるだけ高いポイントや特典が付くようなカード払いに徹底する。
②行き先までの交通費などについても、距離と健康なども考えて、徒歩で行くか、バスにするか、電車か、自家用車か、それとも通販を利用して購入するかなどを吟味する。
③資金の貯蓄及び運用金融機関、場所などは、どこがよいか、どんな方法のものがよいか、少しでも利子や利回りがよく、確実性の高いのは何か、などをよく考える。
④周辺の生鮮食料品店は、どこの店が品質や価格が買うのに得か、その他の生活物資は何処にするか、医薬・健康品・化粧品などは何処がよいか、家電ならばどこが便利でアフターケアまでしてくれるか、家具類ならどこがよいかなどと、商店街等の各店などのチラシ広告や出入りしてみた感じなどから順位や目星をつけてみる。また、新聞への折り込み

広告なども見比べて、その日の目玉品やサービス品などを参考にして、できるだけよいものを節約価格で購入できるように工夫したりする。それから割引カードが使えたり、無利子の例えば30回払いローン、ポイントがつくことなども考慮する。

⑤テレビや折り込みチラシなどで、通販を利用して各種の食料品を含む物品を購入することが増えているというが、これもある面では楽でよいのであるが、品質が果たして本当によいのかは常に吟味して直接に見る必要があるようにも感じられる。食料品なら塩分や量が多くなり過ぎないかとか、その他にも種々のことが考えられよう。それと、送料がかかるということを計算に入れて考えると高くついたり、送料を無料にするために沢山注文してしまうことになったしてしまうこともある。いろいろのことを考慮して考えたい。

⑥それから、会員になれば安く物が買えるとか、割引があるとか、それで年会費を支払ったものの、実際にはほとんど買うものがなかったり、割引があるものでもほしいものはあまりなかったりして、会費負けしている場合がある。逆に会員になっているだけで特に会費はいらないが特典があるものもあるので、この場合は入会するのが得である。

⑦都道府県や市町村、市街地などでは、人寄せのためにバスや電車、買い物の割引、公園や庭園の入園割引、60歳とか65歳以上の人には年齢がわかる運転免許証や健康保険証のような身分証明書を見せるだけで割り引いてくれるという特典がある種々の得策もあるので、注意したり聞いてみたりするとよいでしょう。

9 休耕地や林地、空き地などで遊ばせている土地があったならば、ソーラーシステム発電の設置場所として貸与し、年貢をもらうのもよい

最近は急激に電力の自由化が進み、自由化によって安い電力を選択できるようになったことは、関係会社間での競争によるサービス向上にもつながることになりよいことだと思います。

そして、電力会社だけでなくても、個人的なソーラーシステムの設置による自力で電力を供給できたり、余った分は電力会社に供給して売ることも可能となっています。

そこで、自宅周辺であっても、よく検討してみると広い敷地を自宅にしている家庭では、空き地などに、周辺に迷惑ならないように配慮して、関係市町村役場とも相談してみて可能となれば、ソーラーシステムを設置して、電力の供給を計画するのもよいではないだろうか。ましてや山間地などの自宅や土地がある家庭においては、設置可能な場所が案外あるのではないでしょうか。あれば、その場所によって自己資金で設置するなり、設置可能場所を専門会社に貸与して、後者の場合は貸与分に見合った分を、土地の年貢としてもらうとかする方法もあります。

これも、土地の無駄遣いというか、ただ放置したままにしておくのではなく、有効活用として、ソーラーシステムの設置をして電力を供給すれ

ば、国民のエルギー供給のためにもなるし、家族としてもひとつの資金源として有意義なものとなるでしょう。

他にも家庭での遊んでいる不動産などをうまく利用して、簡単な方法で利用したり貸与して、資金源として活用できるような魅力的な方法が見つけ出せれば、考えてみてもよいのではないでしょうか。

10 財産投資の罠に、はまり込まない

財産といえば不動産の他に、貯蓄してある現金、株券、国債、地方債、金やプラチナ、書画、骨董などと多岐にわたります。いずれも、先祖代々からの財産であったり、生涯かけて蓄えた財産であったりと、みな貴いものばかりであることには変わりがないと思います。これらを少しでも増やす方法があればありがたい時代でもあり、そのままにしておけばおくほど目減りしていくというものもあります。

だからといって、素人が其処らの情報雑誌やチラシ、電話や窓口の巧みな甘い誘いに乗って、粗雑に投資などしたりすると、短期間に地獄を見ることになることが多いものです。特に、昔から流行のオレオレ詐欺から発展進化した口車詐欺、電話詐欺、キャッシュカード詐欺などに引っ掛かる人は、毎年後を絶たず、何十億、何百億もの被害に上るといいます。また、株投資でも、これは詐欺ではありませんが、かなりの財産家がやっていて、少し損失しても、またやればよいというものではなく、わたしたち庶民の多くは、退職後の限られた貯蓄と年金で生活している場合が多いわけでありますので、一か八かのかけでもある性格の株投資にはくれぐれも慎重になる方が無難でしょう。やるとしても、かぎられた金額で生活に関係ない余裕部分のものがあったら、やってみるようなぐらいでしか進められないように思います。各国内国外の債券投信や不動産投信などの方がまだ無難でしょうが、こちらだって確実に儲けるようなことは難しく、少ない金額を投信に回して毎月配分にして、コーヒーや書籍代とかにするくらいがよいのではないでしょうか。欲をかくと大変な落とし穴に填まるというものであることを考えおきたいものです。

また、これらの株や投信も、ある一定の時期や年齢、区切りになったら、それをよい機会として、やめる勇気を持つことも考えておく必要があると思います。ずるずると、後期高齢化が過ぎて、あちこちと身体の機能も衰えてきてまでも、続けるべきものではないと言えるでしょう。

6

健康は自己管理するものと心得る

健康は自己管理するものと心得る

　この項目の健康については、さまざまな考え方が多くの方々によって、出版されたり話が出されてきており、専門的な方々であっても、それぞれ考え方や、健康になる方法についてはさまざまであり、また次々と新たな健康学や、健康法が出されて氾濫しています。作家の五木寛之さんに言わせれば、素人は何を信じてよいのかわからない面もあるくらいです。だから、五木さんは「自分に合うか、合わないか」で決めてきたといいます。もし間違っていても、自分で責任を取ればいい。今は知識の戦国時代だなあ、とつくづく思うと述べておられるのも、うなずけるように思います。以下での健康の項目は、いろいろなものを参考にしてきていますので、五木さんと同じような気持ちで受け取ってもらうのがよいことを、お断りしておくことにしたいと思います。

① 健康あっての退職後の楽しい時間

　退職後で一番大事なことは何かといえば、自由な時間でもなく、有り余るほどの大金でもなく、美味しい食べ物でも飲み物でもありません。それでは何が一番大事かというと、それは健康であるということです。健康さえ大丈夫ならば、自由な時間も有効に活用出来ますし、少しのお金でも大切にして使うことが出来ます。また、美味しい物もそれなりのものは食べることが出来ますし、好きな飲み物も飲めるというものです。それだけではありません。まだ行ったこともないところへ旅行もすることができるし、夫婦で海外旅行にだって行けます。まだあります。自分が退職後の自由な時間にやってみたいと思っていた夢の実現に向けて取り組むこともできます。その他にも、健康ならば自分の発想と努力で、たいがいのことはできるのです。

　だから、健康ほど大切で大事なものはないのです。健康あっての、退職後の楽しい自由であり、沢山ある時間を活用することができるというものなのでしょう。ここでは、その健康について各観点から考えてみたいと思いますが、その健康になるための中心となる最も大切なことは、あるいは大事な心構えは何かというと、自己管理ということであり、これぬきにしては健康を保つことは絶対に出来ないと思います。健康はどのような名医と呼ばれる医師でも家族でも配偶者でもなく、自分で常に管理していかないかぎりは維持することはできないと言えると思います。

　では、具体的にどうしていくのかについて、これから27項目ほどについて考えていくことにしましょう。これは、決して医師でも薬剤師でもないわたしが考えたものではなく、多くの医師や薬剤師の指導や言葉、多数の医療関係の書物や雑誌、新聞、テレビでの、例えば「主治医が見つかる診療所」などの番組を見たりしての、多数の情報をもとにして、さらには、わたしが医師にかかった経験、病気をしたり入院した経験などから、総合的に健康にとって大事だなと思う点などをまとめたものです。ですが参考にはなるものがあったとしても、あくまで医師の書いたものではありませんので、健康のためのささいなヒントくらいに考えてもらえればよいでしょう。

2 いつも健康に配慮してほどよく鍛える

退職後になると、急激に運動量が減少します。運動量といっても、会社に行っているだけでも、歩くし、電車で立ちながら揺られるし、会社では出張に出掛けたり、荷物をトラックに載せたり、あるいは昼食時になると少し歩いて少しでも安い店まで行って帰ってくる。そして勤務が終わると、少し会社から歩いて居酒屋で1杯飲んで、また電車に揺られて帰宅することになる。これだけでも、かなりの運動量になっているのですが、退職してしまうと、これがまったくなくなって、テレビの前でゴロゴロか読書くらいになってしまうのです。これだから、運動量が激減するというものです。

だから、大事なことは、退職する前から心がけていて、計画的に、何を毎日やるかを具体的に考えておかないと、ずるずると1カ月、3カ月、ついに半年も何もせずに、毎日が過ぎていってしまいます。そして、1年も経つころには、何か足腰が重くなったり、痛さを感じるようになったり、体重も増えていたり、気分も重くなって、爽快さを失ってきていることに気づくことになるでしょう。

さあ、何かやらなければと気づいてくる人は、まだ救いがあります。問題はそのことにあまり気づかない人です。退職するとこんなものかな、などと思い過ごして体を動かすことを忘れてしまっている人です。これではいけません。おかしいなと感じたら、体を動かすことです。歩いてみることです。何処かへ出掛けてみることです。何かやることを考えて取り組むことです。

そこで、日ごろの運動不足や、体調不良にならないようにするためには、毎日できるだけ簡単で、自分にできそうな運動を取り入れることです。そして、それを毎日の日課に入れておくのです。そして、健康に配慮してほどよく体を鍛えることが、退職後はとても大事だと思います。

例えば、わたしは朝夕のウォーキングの他に、部屋に足裏セラピーができるように足裏に刺激つぼがついた足型器具と、両足を開いたり閉じたりして筋力を鍛える器具、簡単な握力バネ、足裏をマッサージするゴルフボール二つなどを用意してあり、時々気楽に利用することにしています。これが気分転換になったり、運動不足を解消するのに少しは役立っているようです。

3 毎日のウォーキングやラジオ体操などを気楽に継続する

体を動かすことで、誰でもできることは、先ずは歩くこと、ウォーキングです。最初は自分のペースで無理せずに歩くことです。家の周りや近くの公園までとか、市街地の歩道を1周して来るとか、とにかく歩いてみるのです。辺りの景色や咲いている花などを見たりしながら、立ち止まらずに歩いて帰って来るのです。そして、徐々になれて来たり、もう少し歩けそうだと感じたら、距離を延ばしたり、歩数計を腰につけて歩数を多くしていけばよいのです。わたしは、最初は1回に2000～3000歩からはじめて、5000～6000歩になり、今では朝夕の2回の合計で8000歩から、多いときは1

健康は自己管理するものと心得る

万歩以上になる日もあります。ただし、雨天日は室内でストレッチなどを、家内と二人でやったりしています。これも、だんだんなれてきたら、効果を上げるためには、早い歩きと普通の歩きを交互に取り入れたりするとよいというので、少しずつ心掛けたりしています。習慣化すると出掛けるのが億劫ではなくなりますし、かえって気分転換になって、花や鳥、虫などを見たりするのを楽しみながら、桜の花の時期はもうすぐだなとか、冬鳥ツグミが渡ってきて見られる時期になったとか、今年のオオガハスの色は格別に奇麗だな、などと、出掛けるのをうきうきした気持ちで迎えられるようになります。そして、歩くことのよい点は、あちこちと少しくらい足腰が重たかったり、痛いように感じたりしていても、とにかく歩いていると、大概の場合は良くなってくるのを感じられるようになります。恐らく歩いていると血流がよくなったり筋肉や筋も伸びたり、柔らかくなって、足腰の機能が回復してくるのではないかと思うのです。とにかく、毎日歩くと脳も血管も生き生きしてくるのだと思えるのです。

そういえば、名医である長尾和宏博士の著書にも、『病気の９割は歩くだけで治る！：歩行が人生を変える29の理由』というような題の健康本があるのを思い出します。本書によりますと、現代病の大半は歩かないことが原因だというのです。そして、糖尿病や高血圧、うつ病、不眠症、逆流性食道炎、便秘、ゼンソク、リウマチなどは歩くことで改善し、認知症やガンも歩くことで予防できるというのです。歩くということが健康にとっていかに大切かがわかるように思います。

ただし、これでは歩けないなと感じる足腰の痛いときや、重症的なときにはもちろんのこと、わたしのかかりつけ医師から教えてもらっているように、また、わたしの経験からも、専門の医師や病院、整骨医などでの診察をきちんと受けることが、最良であることは間違いありません。無理をしないことです。

あるいは、地域や公園などで毎朝行っている、ラジオ体操に参加して運動を継続することです。いろいろと研究され尽くされた全身運動ですので、続けていると、全身が軽くなったり節々の痛さも無くなったりして、ありがたいという話をよく聞いたりすることがあります。また、中国でよくやっている、ゆっくりとした動作の太極拳などもよいし、地域の公民館活動やマンションなどで開催するストレッチ体操などに参加するのも効果的だと思います。大事なことは継続することが効果を上げるコツだと思います。

また、自分の好きな球技や武道、その他、各種のパターゴルフやゲートボールなども含めたスポーツをすることも、よい運動になることは言うまでもありません。自分の好きな、長続きしそうで、楽しく、気軽にできそうな、運動を選択して健康に役立てて、楽しい有意義な退職後の生活を思う存分エンジョイされるとよいかと思います。

ただし、ウォーキングやジョギングは、特に60歳過ぎになると寒い早朝は健康に気をつけないと、かえってマイナスになることが報告されており、早朝は血圧が高いときですので心

筋梗塞などで急死する人が見られるとのことです。だから、どうせやるならば夕方の方が無難であるといわれています。また、歩数も65歳くらいならば精々8000歩くらいで、70歳になれば5000歩くらいに止めるのが無難だといわれます。また、歩き過ぎると、膝痛や腰痛の原因にもなることもあるともいわれます。スポーツのやり過ぎ、特にマラソンなどは人気があるのですが、強い運動なので気をつけないと短命になるとまでいわれます。高齢者になるほど、ウォーキングなどの運動のやり過ぎには、気をつけないといけないと思います。自分の体調に合わせて無理のない運動をすることです。

わたしも70歳になりましたので、これからは早朝のウォーキングは取りやめて、曇天日や涼しい日の日中か、夏などの暑い日には夕方に変更し、せいぜい1日に5000〜8000歩程度に目標を修正して、そのときの体の調子や病気の状態なども考えながら、無理のない範囲で取り組んでいきたいと思っています。

4 特に血液や尿、胃腸、大腸、脳、肝臓、心臓、血管、腎臓、肺や気管支などの検査をする

血液検査はよく行われますが、これで大概の病気や体の現状がわかるのだといわれるからでしょう。だから、この血液検査の結果の一覧表は、医師からコピーしてもらうことができますので、必ずもらってストックしておき、次に検査したときと比較してどのように変動しているか、良くなってきているのか、悪くなってきている

のか、それとも以前とはまったく違った異常が出てきているのかなどの変化を見ていき、特に自分として疑問に思うことがあったら、必ず医師に聞いてみることです。そうしないと、診察時間はほんの数分の忙しさですから、重大なことになっていることがあっても、手遅れとなってしまうことだってあるかもわかりません。医師は多数の患者を診ているので、見落とすことだって人間だからあるわけです。

尿検査ではタンパクや潜血、血糖値などがわかるといいます。そして、腎臓病や糖尿病（空腹時血糖値110以上、あるいはブドウ糖負荷2時間値140以上、HbA1c 6.5以上などのどちらかで糖尿病型、両方超えていれば糖尿病）の診断に使われたりします。ちなみに、糖尿病患者数は950万人で、予備軍を入れると2050万人にもなるといいますから、国民病とも言えるでしょう。糖尿病治療の要点は、

①食事療法（腹八分目、3食規則正しく食べ、糖質吸収を遅らせる食物繊維を多くとり、菓子やジュース、果物を控える）、
②運動療法（運動して筋肉量を増やして血糖値の上がりにくい体質にしたり、ウォーキングなどの有酸素運動を20分〜60分やり、これにスクワットなどの筋肉トレーニングをやるのが理想）、
③薬物療法（経口薬や注射薬デアルＧＬＰ－１受容体作動薬の中から選ぶ）の三つを組み合わせて行うのが普通です。

また、胃はバリウム検査や内視鏡検査で胃

健康は自己管理するものと心得る

の健康状態や、萎縮性胃炎や胃潰瘍、胃ガン、ポリープの有無などを発見することもありますし、大腸の場合も内視鏡検査でポリープの有無や萎縮、大腸ガンなどが発見されることがあります。わたしも胃潰瘍を50歳代、大腸ポリープを退職後の62歳の時に1回ずつ発見してもらいましたが、内視鏡でその日のうちに切除し、幸いにもそのあとも再発する事なく経過を見守っています。このときに胃潰瘍だったので、医師が予想して調べたところ、ピロリ菌がいることがわかり、1週間の除菌投薬を受けて、除菌ができたことが、投薬後の検査診察でわかりありがたく思いました。胃ガンの場合はピロリ菌感染が最大原因であることが、研究結果から明らかになっており、この除菌をすることが最大の予防策になることを知りました。また、特に大腸の場合は放っておくとガン化するポリープだといわれて驚きました。そのあとは、大腸ガンにならない予防策として、よいといわれている次のようなことを家内と相談して、二人で実践しています。

その予防策としては、

①運動をする(ウォーキング、ストレッチなど)。
②野菜などの繊維質を食べ、赤肉やアルコール、タバコを慎む。
③葉酸やカロチノイドを食べ、砂糖や飽和脂肪酸、加工肉などを控え、また肥満体にならないようにも心掛ける。
④大腸フローラをよい状態に保つために、善玉菌の主役であるビフィズス菌入りのヨーグルトなどを毎日食べる。

これらのことを実践するようにしています。また、わたしはタバコは吸わないし、アルコールも赤ワインをほんの1杯程度で、好みはナッツやクルミなどを友としてコーヒーや緑茶などを飲んでいます。

ところで、70歳になる直前に驚くことが発生しました。胃カメラ検診をしたところ、ピロリ菌の除菌を15年前にしてあったのに、小さい胃潰瘍が見つかり、調べてみるとピロリ菌が見つかったのです。医師によるとピロリ菌の一部が生き残っていて増えてきたのでしょうということでした。それで、再度1週間の投薬による除菌をしたのでした。こういうこともあるということを知っていると何らかの参考になるかと思います。

脳の場合は脳波検査やCT検査、MRI検査などがありますが、脳内に腫瘍などができていたりすると脳波に異常が見つかることがあったり、検査で脳出血やクモ膜下出血、脳梗塞、腫瘍、外傷、炎症、動脈瘤などが見つかることがあるといいます。

また、肝臓では血液検査によって、病気の兆候があるかがある程度診断できるので、それを見て、さらに精密検査をすることになるのだといいます。例えばAST(GOT、30以下)とかALT(GPT、30以下)、r-GT(50以下)などの値が基準値以内かどうかなどを見るとよいといいます。あるいは、エコー検査で脂肪肝になっていないかも大事だといいます。また、幼少期の集団予防接種によってB型肝炎ウイルスに感染された場合は、法律に基づき国から最大3600万円の給付金が支給される可能性

があるといいます。また、この請求は平成34年1月12日までに請求する必要があるとのことですので、もしも心当たりのある方は知っていて弁護士等と相談する必要があるでしょう。

　次に心臓ですが、日ごろ
①胸が締め付けられることがある。
②動悸やめまいがある。
③就寝中にトイレに2、3回行くことがある。
④足のむくみがある。
⑤疲れやすかったり、息切れがする。

　こんな場合は検査をしてみることが必要です。これについては先ずは心電図で心臓の動きが正常かどうかを波形で専門的に見てもらい、異常が無いかを診断してもらうとよいといいます。また、次には超音波検査で異常の有無を検査するのがよいといいます。そして、不整脈や心不全、心臓弁膜症、狭心症、心房細動などが見つけられるといいます。わたしも65歳ころに心臓付近がびりびりするようなので、大学病院で1泊の診察を受けたところ、狭心症ということで投薬治療中です。また、常時いざというときのために、ニトログリセリンを携帯していて、発作が起きたときは、舌（ベロ）の下へ入れて溶かすのだといいますが、幸いにもまだ1回も使ったことがありません。心臓で一番に気をつけるのは、狭心症も同じですが、特に心筋梗塞です。この場合はすぐに人工呼吸かAEDで電気ショックをすると共に、救急車で病院へ行く必要があります。1分遅いか早いかが命取りになる場合があるからです。家族にも理解してもらって緊急時の対応に備えたいものです。

　狭心症や心筋梗塞などの治療である心臓カテーテル治療データ数が豊富な千葉西総合病院心臓センター長の三角和雄院長によると、狭心症かもしれないと言われたときは、カテーテル検査をする前に、まず値段が安い心臓CT検査をすることが先決で、これで異状がなければ値段が高いカテーテル検査をする必要はないといわれます。そして、急激な運動や早歩き、坂道を上がる、階段を上がるなどしたときに、胸の中心部が痛んだり、足が痛くなったりすることがあるときは、狭心症や足の血管が閉塞する抹消動脈疾患の可能性があるといわれます。しかし、血管内が75％以上詰まらないと症状が出ないといいます。だから、動脈硬化していても、心臓の狭心症や足の抹消動脈疾患の痛さが出ないので気づかず、それまでは徐々に進行していくことになるのです。これらの狭心症や抹消動脈疾患にならないためには、糖尿病や高血圧、コレステロールや中性脂肪の過多による動脈硬化などが原因なので、これらの注意が必要であり、禁煙をすることも大切であるといいます。

　次に血管ですが、血液中の流れをさらさらにすることと、動脈硬化がないように中性脂肪症やコレステロール症にならないように、食事に気をつけたり、タバコは吸わない、酒の飲み過ぎに気をつける、野菜や繊維質のものをできるだけ多く食べる、甘いものをできるだけ食べない、などの注意が必要だといいます。また、適度な運動をすることも大切で、血液の流れがよ

健康は自己管理するものと心得る

くなったり、血管も弾力性を失わないのだといいます。わたしはショウガ黒酢を家内に作ってもらって肉類や揚げ物などにかけて食べることを習慣にしていますが、1年ほど継続していましたら、病院で検査してもらったところ血管年齢が以前よりも若くなり、年齢の割りに血管に弾力性が出てきたとのことで喜んでいます。また、納豆を食べることも効果があるというので、夕食には必ず食べることにしています。

腎臓は血液の濾過装置の役割をする重要な器官です。寿命を決める臓器とまでいわれています。腎臓は老化すると誰でも機能が低下するといいますが、この機能が落ちてくると、尿タンパクが出たり、血液中にクレアチニンが排出されるようになるといいます。また、尿酸値も通風の境界である7以上に高まるといいます。また、HbA1c（過去1～2カ月の血糖状態、5.9以下ならよい）が高まると腎不全や慢性アルコール中毒、糖尿病などの疑いがあるのだといいます。この腎臓の疲れをとるには腎臓をもめばよく、血圧も下がり、腰痛まで改善し、体が温まり、血液をさらさらにして清まるという健康本が出たことがありました（寺林陽介著、内野勝行監修『腎臓をもみなさい』）。わたしも両手を両方の腰の部分の腎臓のある付近に当ててもんだりしていますが、効果は解りませんが気持ちがよい感じを受けています。

最後に肺や気管支ですが、これは退職後の特に高齢になるほど気をつけていかないと致命傷になることが多いようです。直接に命にかかわる部分でもあるのですが、風邪をこじらせたり、食べ物を飲み込むときに咳いたり、あわてて食べたりして、気管支から肺に入れてしまうと誤嚥性の肺炎を起こして、大変なことになることがあったりします。また、高齢者の肺炎球菌で致命傷となることもあるので、肺炎球菌ワクチン予防をするようにという勧めもあり、このワクチンは受けておくことが大事だと思います。風邪をこじらせないこと、咳き風邪というものも高齢者になるとかかりやすいので、早めに医師にかかることです。わたしもこれにかかったことがあり、咳が止まらず大学病院で処方された吸入用喘息治療配合剤でようやく完治したことがありました。その他に肺は最近では結核にかかっている人が見つかるようになってきていますし、もちろん肺ガンにかかる人も多く見つかったり、その死亡率も高くなっています。胸部レントゲン検診やPET-CTガン検診などで見つけだすことができるといいます。最近の肺ガンでの死亡率は急激に増えて第1位になっており、特に喫煙と受動喫煙には注意しなければならないと思います。この喫煙について、2017年に長い間の研究結果から、1日30本の喫煙をしている人は、喫煙していない人に較べて急性骨髄性白血病になりやすいという結果が報じられました。

なお、65歳以上の人の肺炎球菌感染症の予防接種は肺炎予防のために、平成30年度までの間に、1人1回の定期接種の対象が決まっていて、経費助成が受けられます。対象年齢の方は受けておかれるとよいでしょう。

肺炎による日本人の死亡原因は第3位で、2015年には肺炎で亡くなった人は12万人で、その97％が65歳以上の高齢者であり、死亡

数はそのあと85～89歳まで急激に上昇しています。高齢期はいかにして肺炎にならないように、普段から、病気をしたときにはもちろん、入院したときは尚更のこと、本人も付き添いも、医師も看護士も念には念を入れて気をつけないといけないと思います。また、前記した誤嚥性肺炎は、抗菌薬の投与で一時的に良くなっても再発しやすいといいます。そして、高熱と息苦しさを繰り返し、寝たきりになることも多く、人工呼吸や緩和ケアなども選択肢として患者に示すことがあるといいます。また、患者が治療でわずかに延命できるにしても、患者の決定を尊重して治療中止も選択肢の新たな指針として取り入れようとしている医療機関もあるといいます。

また、最近2017年になって、中国に発生源を持つPM2.5の悪影響により、日本や韓国はもちろんのこと中国をはじめとする東アジアの子ども3万人以上の、肺や気管支などの呼吸器の持病持ちの子どもの死期を早めているという論文が、科学雑誌ネイチャー誌に掲載されたことが話題になりました。これは子どもはもちろんのことでしょうが、それ以上の学生、一般成人から退職後の高齢者までの、すべての人にも多かれ少なかれ対策を考えていかないと、悪影響が出てくることは容易に考えられます。せめて、うがいをしたり、手洗いやマスクをするなどの対策は、必要最低限のこととして実行していく必要があるといわれています。

いずれにしても、このような多くのことは血液や尿などの諸検査をすれば数値で一覧表に表示されてきて、自分の現在でのようすが一目瞭然ですが、これをこのままにしておくのではなく、先でも触れたように先ずはその場で主治医に問題点などをよく聞いて、その具体的な対応処置にしたがって改善策を講じていくことが大切だと思います。また、何度も言うようですが、この一覧表をストックしておいて以後の結果と比較検討材料にしていくことが大切です。

5 血液検査によって総コレステロール、ＬＤＬコレステロール、ＨＤＬコレステロール、中性脂肪などを知ったり、血圧測定で自分の血圧を知っていることも大切である

コレステロールは細胞膜を作ったり血管を丈夫にするなど重要な物質ですが、総コレステロールが多すぎてもよいわけではなく、多すぎると高コレステロール血症とか脂肪肝、動脈硬化、脂質異常症、肥満などになるといいます。総コレステロールの基準値は130～220（閉経後の女性は150～239）といわれますが、65歳以上になれば、男性は180～250、女性では200～260でも問題ないといわれ、むしろ栄養失調のほうが問題であるといいます。また、悪玉コレステロール（基準値は男性女性とも70～139、異常値は140以上）と呼ばれるＬＤＬコレステロールは、高すぎると脂質異常症や動脈硬化症、糖尿病、肥満、心筋梗塞、脳梗塞、また低すぎても、肝硬変や慢性肝炎などになるともいわれます。善玉コレステロール（基準値は男性で40～70、女性で50～80、異常値は40未満）と呼ばれているＨ

健康は自己管理するものと心得る

DLコレステロールも、高すぎると肝硬変や肺気腫など、低すぎると動脈硬化症や脂質異常症、糖尿病、肥満、肝硬変などになりやすいといいます。また、この両者の比（LDL÷HDL）が2以下でないと心筋梗塞になりやすいのだといいます。心筋梗塞になってしまったときには、その場にいる人はすぐに人工呼吸をしたり、AEDで電気ショックをして心臓を動かすなりしながら、周辺の人に救急車の要請の電話をしてもらいます。

また、中性脂肪（基準値は30～149）はエネルギーのもとのことですが、過剰な皮下脂肪や内蔵脂肪の蓄積によって肥満体になることが普通で、この数値が異常高値の1000以上になると急性膵炎をおこすといいます。また、これが高いと脂質異常症や脂肪肝、アルコール性肝障害、糖尿病、内分泌疾患など、低いと栄養障害、肝臓病、アジソン病などになりやすいといいます。

次に、血圧ですが、これは最高血圧（130～139、至極は120未満～130）と最低血圧（85～89、至極は80未満～85）があり、高くなる原因の多くは塩分のとり過ぎであったり、ストレス、喫煙、動脈硬化などといわれますが、あまり高くなると医師は投薬治療を勧めてくれます。日本人には高血圧症（最高血圧が140～180、最低血圧が90～109）の人がとても多いのですが、そのままにしておくと動脈硬化（血管の老化）が進み、血管が詰まったり破れたりして、脳梗塞や脳出血、心臓肥大、腎不全、メタボなどが進んだり、いろいろな臓器に障害や疾患にもなりやすいといいます。このような

ことから、医師の診察を受けることを、特に退職後は必要になってくることと思います。わたしも高血圧で投薬治療を受けていますが、今のところでは副作用も見られないようでありがたく思っています。

最後に血液検査でCRPの値が0.3以下ならば正常であるが、これが0.3～1.0だと要注意、あるいは1.0～2.0ならば異常ということで、これは体のどこかに慢性炎症があると判断されます。その原因は、高血糖、ストレス、タバコ、アルコール、肺炎、歯周病、加齢、肥満（体脂肪率が男で25％以上、女で30％以上）などで反応するといわれています。この慢性炎症をくいとめないと健康長寿を維持できないともいわれています。

6 健康を維持するために何を食べたらよいかを知る

健康維持や病気にならないための食事には、何を食べたらよいかが大切になります。これは毎日のことですので、楽しく美味しく食べたいし、そうかといって健康によくないものならば、できるだけ他の食べ物に換えて食べるようにしたいと思うでしょう。

先ず健康のために栄養として必要な生命活動や血管や内臓を作るためのタンパク質は何がよいか。これは大きく分けると魚類と肉類になります。食の欧米化による肉類や脂肪分の取り過ぎで肥満体になったり、メタボ体質から生活習慣病になりやすいので気をつけなければとよくいわれます。確かに取り過ぎるとよくないよう

で、米軍基地とともに持ち込んだハンバーガーや脂肪分の多い肉料理、糖分の多いコーラや缶コーヒーなど清涼飲料水などの欧米食の影響で、沖縄などではメタボが進み、最近は平均寿命が低下傾向にあるといわれています。しかし、脂肪分の過多はよくありませんが、肉としてのタンパク質は、高齢者などではかえって多く食べるほど血管が強くなったりして、元気が出て長生きする人がいるようになったというような話もよく聞くようになりました。また、肉類よりも魚中心の日本食の方が健康にはよくて、特にサバやイワシなどの青魚ほど血液をさらさらにする成分のDHAやEPAという健康によい青魚油が含まれていて、血液をさらさらにして流れやすくなり、健康にはよいのだということがよくいわれています。しかも、生の刺し身で食べるほど効果が大きいのだといわれます。

　次に日ごろの活動のエネルギー源としての炭水化物ですが、和食では白米のご飯ですが、玄米の方がよいとか、麺類やパン類などの粉物などなら、ソバの方が健康にはよいとかいわれることがあります。また、脂肪分としては、オリーブ油やエゴマ油、アマニ油がよいとか、マーガリンよりもバターやチーズの方がよいとか、カルシウム不足を補うために低脂肪牛乳や豆乳、それから納豆などはタンパク源でもあるし、血液がさらさらになってよいなどといって、よくテレビ番組でも取り上げられています。この納豆は血栓予防効果があるので、夕食に食べるのがよいといわれますし、キムチやネギ、オリーブオイルなどとトッピングすると高い整腸効果にもなるといいます。また、納豆はコレステロールや中性脂肪を低下させたり、糖尿病やガン予防にもなるといわれます。このように、納豆は日本の重要な発酵健康食品でありますが、1日に1パックがよく、プリン体が高い食品でもあるので、1日に3パックも食べると尿酸値が高まり通風の心配が出てくるので注意が必要です。やはり何でも食べ過ぎは禁物です。

　野菜は1日に350グラム以上は必要だとか、また緑黄色野菜（120グラム以上）としてトマト（特にミニトマト）やパプリカ（特に赤パプリカ）、ニンジン、ナス、カボチャ、エダマメ、シマツナソ（モロヘイヤ）、青ジソ、それにニンニクやタマネギ、ニラ、ネギなどの匂いの強いもの、キャベツやコマツナ、ブロッコリー、ハクサイなどのアブラナ科植物、ゴボウやジャガイモ、ナガイモなどの根菜類、とにかく各種の野菜をたくさん食べることがガン予防になったり健康によいといいます。

　それから果物もリンゴを中心にミカン、キウイ、イチゴなどを毎日デザートなどで適量食べるのがよいのだといいます。それに、シイタケやシメジ、エノキダケなどのキノコ類、小魚、海草類、無機塩類などを食材としたり、また、お酢や黒酢を毎日大さじ1杯とると健康に効果があることもわかっています。例えば、次のような効果があるといわれています。

①高血圧を下げることが、酢酸に含まれるアデノシンによって血管を拡張し血圧を下げることが解明されています。
②内臓脂肪を下げて高血圧や高血糖の予防にもなるといわれます。また、高血糖ストップ

健康は自己管理するものと心得る

遺伝子（サーチュイン遺伝子）を活性化するには、空腹時間を例えば夕食時間を1時間早めて食べて長くすると、活性化し高血糖になるのを防ぐといいます。
③カルシウムの吸収率を、カルシウムとお酢が結び付いて酢酸カルシウムになることにより高めるのだといわれています。
④血中脂質を下げることに、主成分の酢酸がかかわり、血中総コレステロールや血中中性脂肪を下げるといわれています。
⑤糖質吸収を遅くする働きがお酢にはあるために、食事中に取ることで食後血糖値の上昇がゆるやかになることが実証されています。
⑥疲労回復のサポートとして有効に働くといわれます。

お酢には穀物酢や米酢、果実酢、黒酢などがありますが、わたしも特に黒酢をよく料理に取り入れてもらったり、ショウガ黒酢などを作っておいて、肉料理などにかけたりして食したりしています。それから、食事後は整腸作用に効果的なヨーグルトをオリゴ糖を含むハチミツやキナコを少し加えて食べるとよいといいます。

いずれにしても、食事で大事なことはバランスよく食べるということだと思います。まあ、大変なことではあります。しかし、退職後は時間もあるのだから、これも楽しみの一つとして取り組んでみれば、そんなに苦労なことではないのではないでしょうか。気持ちの問題次第でありそうです。そして、健康で2度とない人生を思う存分に楽しみたいものであります。

なお、食事のときには先ずは野菜やサラダなどから先に食べて、次に魚やお肉、そしてご飯や麺類というような順が、同じものを食べるにしても、健康によいといわれています。また、江戸時代の貝原益軒は歳を取るほど、長寿のコツは腹八分がよいと養生学に書いていますし、2017年7月に105歳で亡くなった長寿者の日野原重明医師は腹七分をスローガンにするのがよいと提唱していました。そして、高タンパクで低脂肪の食事を原則にすると、健康維持にはよいのだということがよくいわれます。さらには、順天堂大学の小林弘幸教授は腸のためには腹六分目くらいが負担にならないと言っています。ただし骨粗鬆症にならないようにするため、カルシウム不足にならないような食事（牛乳、シイタケ、小魚食）や運動、そして適度に日光に当たることなどを工夫してみることが必要になるといいます。

この高タンパクについて、最近は長寿者ほど肉を多く食べていることが、よく話題になります。免疫アップや認知症予防、老けない、元気で力がわいてくる、体力や筋力がつく、細胞や脳が老けない、血管が老けない、活性酸素を取り除くので疲れが取れる、などのために効果的だというのです。食べ方としては、焼き肉（乳酸菌を含んでいるキムチと食べるとよいという）やステーキ（霜降りよりも赤肉の方が亜鉛が多いのでよいという）、トンカツ（ロースよりもヒレカツ、たっぷりのキャベツと一緒に食べるとよいという）、唐揚げ（トリのムネ肉がよいという）、豚肉のショウガ焼き（モモ肉を、タマネギと一緒に食べるのがよい）、すき焼きなどがあるでしょう。

7 必要以上に放射線や日光を浴びたり、薬を飲み過ぎないようにする

　骨を育てるビタミンDの合成のためにも日光に当たることは大切で、日光消毒の上からも適度ならば大事なことですが、必要以上に当たらないようにしないと、紫外線の化学変化の作用による悪影響で、強く日焼けし過ぎて皮膚がガン化したりすることもあるといいます。また、医師の言う通りに放射線の照射による検査を短期間内に受け過ぎたりしていると、かえってその方が害になったりして逆効果になることが報告されています。胸部レントゲンや胃のバリウム検査、ＣＴなどの検査を受けるときには、重なったり照射時期が近すぎないかどうかなども医師と相談したり、検査を受けたときには年月日を記録しておいて役立てるようにするとよいと思います。

　また、医師からもらう投薬は病気やケガなどの治療や回復のために必要なものですが、飲み合わせがよくない薬もあったりすることがあるといわれていますので、必ずお薬手帳に記録するなりして、薬局に行って医師からの指示での薬を出してもらうときには、必ず持参しないと、２カ所、３カ所の医師にかかっているときには、医師も詳細に飲み合わせによくないものを見ていないこともありますので、薬局で確認してもらうことです。もちろん、何処の病院に行くときでもお薬手帳は持参して医師に見せて、投薬の指示を受けるのがよいと思います。案外、飲み合わせに向かないものを出されていることに、あとで気づくことがあるものです。また、大事なことは、必要以上に薬を飲み過ぎないということですが、お薬手帳を持参することで、そうならずに済むことだってあるものと思います。また、医師から出してもらっているのに、市販の薬で名前が違うものを飲みたがる人もいるといいます。これでは、同じ薬をダブって飲んでいることになり、薬の飲み過ぎというものでしょうし、その害が出る心配も大きいのではないでしょうか。また、サプリメントをいろいろと飲む人もいますが、必ず主治医に相談してからにしないと、薬害とか、とんでもないことになる恐れも考えられるわけですので、安易に素人判断はしない方が無難でしょう。

　なお、日光の紫外線に当たり過ぎたり、血管の老化が原因で、皮膚のシミやシワ、たるみが起こるともいわれます。その予防にはシナモンを１日に0.6グラムくらいヨーグルトやコーヒー、カレーに入れて食すとよいといいます。

8 いつも健康の基本に返って生活することの重要性を知る

　さて、健康について少しまとめにもなりますが、健康によくないのは、どんなことか。

①食べ過ぎること。

②酒を飲み過ぎること。

③甘いものを食べ過ぎること。

④タバコや副流煙を吸うこと。

⑤野菜嫌いで食べないこと。

⑥脂肪分の多い肉料理を多く食べ過ぎること。

⑦医師の指示に従わないこと。

⑧毎日のウォーキングやストレッチ、ラジオ体

健康は自己管理するものと心得る

操などの運動をしないこと。
⑨まったく日光に当たらない生活であること。
⑩たくさんの野菜と果物、魚や肉、豆類、よい油、ミネラル、海草類、小魚、小食などのバランスを考えないで食事をすること。
⑪早寝、早起き、洗顔、歯磨き、排便などの規則正しい生活をしないこと。

　というようなことになるでしょうか。こうならないようにすれば、きっと素晴らしい健康的で有意義な楽しい毎日になることでしょう。
　そして、これにさらに付け加えるとすれば、

⑫生命の源であり体細胞の主成分である水分の補給です。これは食事だけでは不足しがちだといいます。また、コーヒーや紅茶ではなくて、水そのものの補給を1日に1.5〜2リットルは必要だといいます。しかも、まとめて飲むのではなくて、何回かに分けて、少しずつ少しずつ飲むことが、細胞に行き渡るのだといいます。1回に多量に飲むと、すぐに尿になって対外に出されてしまうということを、わたしも最近になって実感しています。
⑬できれば昼寝を15分から20分とると、頭がすっきりして後半の生活に備えられたり、認知症予防にもなるといわれています。
⑭大腸環境をよくして通じを改善するために、毎日ヨーグルト類を食べることも取り入れるとよいといいます。

　あとは、各家庭での健康策がおありと思いますので、続けていくことがよいと思います。

9 病気や入院したときの心構えは、それに打ち勝つ強い気持ちが大切である

　誰でも加齢への歯止め対策はありません。必ず1年1年、誰でもみんなが平等に加齢していきます。あたりまえのことです。その道程のあるときには病気になることもあったり、ケガをすることもあるだろうし、入院したり手術しなければならないときだってあるかもわかりません。生きているのだから、それはあたりまえといえばあたりまえのことです。そして、よく病気になったりケガばかりする人もいますし、何回も入院したり退院を繰り返す人もいます。かと思うと、ほとんどというか、あまりそういうことがなくて元気な人もいます。しかし、どちらが長生きするかは、必ずしもわかりません。今まで病気もしたことがなかった人が、突然の病気にかかったかと思ったら急死するということもよくありますし、子どものころから病気やケガばかりしたり、入退院することが多かった体の弱い松下幸之助さんや日野原重明さんのような人が、90歳、100歳以上までと長生きしている姿も、よく見かけます。だから、その人の人生というのはわからないのです。
　けれども、そのような人は病気になったりケガをしても、それを克服しようとしていく心構えというもの、つまり病気に打ち勝つ強い気持ちと、日本や世界、人のためにまだまだやらなければならないことがあるという、生きがいや執念にも似た強い気持ちを持っているのではないかと思われるのです。病気やケガをしたくらいでは、それに負けることなく、夢や生きがい

を達成させたいという強い気持ちがあって、その気持ちや意欲こそが病気に打ち勝つには大切だと思うのです。

10 両親や家族が入院などをしたら、どういう対応ができますか

これは突然にやって来ることが多いと思われますので、驚いたり困ったりすることもあるでしょう。あくまでも一番大変な心感情を強く感じ、辛い思いをしているのは入院する家族自身であり、入院している者なのであります。このことを、もしもそのようなことがあったときには、事前から考えておきたいことではないかと思います。人は感情の動物でもありますので、そのようなときには、入院患者自身よりも、家族の方が、ついまた不安になって、入院費はどうすればよいのかとか、どのようなものを用意して病院に行ったらよいのかとか、付き添いは必要なのか、付き添う場合は大変だなあ、などと考えてしまうこともあるかもしれません。

しかし、あくまでも病んでいて入院する患者自身のことを、先ず中心になって考えていくことが大事であることは誰でも知るところでしょう。そして、あわてずに医師による詳しい診断や看護師の話、受付係の入院に関する持ち物などについての話などを、順序に従ってよく聞いていけば、あわてる必要はないわけです。そうすると、どのようにしたらよいかがわかってくるでしょう。また、個室希望の場合は申し出るようにしますが、差額ベッド代が必要になります。また、個室でない場合でも、廊下側がよいか、窓際がよいかなどについても相談してみるとよいでしょう。その他の入院費のことなども関係窓口や、高額入院費の補助については役所の保健課に問い合わせると、家庭の収入によって入院費の一部が控除されて最高支払額の限度がこれくらいになると教えてくれますので、入院前後に聞いてみるとよいでしょう。

そして、患者に寄り添うとともに、付き添う人も常に自身の健康にも充分に注意を怠ることなく、先ず大切なことは患者が生きる希望（生き甲斐）を失わないように、平常心で明るく穏やかな気持ちと会話で、必ずよくなるという願いを持ちながら、医師や看護師、リハビリ技師を信じ、投薬を信じて、付き添ったり、通院して面倒を見に来たりするしかないのではないかと思います。そして、患者を自然な気持ちで、どんどん元気が出て来ているねなどと、具体的に褒めることを忘れないようにすれば、患者の脳細胞が活性化して、心も癒されて笑顔となり、回復も早いといいます。それから、清潔や雑菌排除のために、入院中に口腔内のケアができるよう、3度の歯磨きやうがい、そして洗顔や手洗いなどをしっかりできるように、付き添う家族は心掛けていることが大事だと思います。

11 生活体験からのケガや病気、事故防止対策を考え実践する

人間は苦労した分だけ幸せになれるとか、人の気持ちに寄り添うことができるとか、災害にあえば、災害によって苦しんでいる人たちの本当の気持ちがわかるとか、子どもを育ててみれ

健康は自己管理するものと心得る

ば、子どもを育てるときの苦労がよくわかるとか、いろいろと、それぞれ実際に体験したことが血や肉となり、本を読んだり頭で考えただけでは本当の理解ができていなかったことを知ることが、何と多いことかと理解することが多いものです。

文豪島崎藤村はあの時代に、「体験や人との交流によって得る智恵の大事なこと」を説いています。この体験による学びを忘れずに、そのあとの生活に生かすことを、特にケガや病気、事故などに遭遇したときには、その防止や軽減のために、教訓として忘れないようにして、油断しないように対策を考えて実践していくことが必要になります。確かに医師の書いた健康本もたくさん何冊も読んでみましたし、テレビなどでの健康番組も見たりしてきましたが、参考になったりヒントになることは多くありますので、ないとは言えませんが、自分の症状にあったように考えると、直接診察を受けているのではないので、どうもぴったりというものは少なく、一人一人みんなそれぞれ異なるので、かえって間違ったことをしていて、途中からやめたりしたことが何度もありました。サプリメント類についてはなおさらのことで、ほとんど効果がなく、かえって飲まない方がよい印象を受けた経験の方が多いので、今ではすべて飲むことを取りやめています。

だから大事なことは、医師の本や、テレビや新聞、雑誌などの情報をすべて当てにするのではなく、自分の体験からこれはよいというものを見つけ出して、自分なりの健康法で健康を維持し守っていく必要があります。これを実践している人に、わたしの好きな愛読する作家の五木寛之さんがいます。彼は医師嫌いで薬嫌い、長い間に偏頭痛に苦しめられても、また、ぎっくり腰になっても、不眠症に悩まされても、いつも医師に頼らずに、自分の対処方を考案して取り組み、今も書き続けて84歳になる現役の作家ですが、平均寿命も90歳を生きる時代になってきているといって、わたしたちに生きる力を与えていただいています。

わたしも、例えば、よくぎっくり腰になったりして悩みました。ちょっとしたときに油断をしたり、無造作に気を抜いたりして、やる気なく物を持ち上げようとしたり、ゴミを拾おうとしたり、洗面所で顔を洗ったり歯を磨くときなどに、ぎっくり腰をやることがありました。それで、腰を低くして物を拾ったり、顔を洗ったり歯磨きをするとか、腰をしっかり据えて重い荷物を持ち上げるとか、そんなことに気をつけたり、座っている時間が長くならないように気をつけて立ち上がったり、立って腰の後ろに両手をあてて上体をそらして息を吐き出しながら後ろへ伸ばす運動をするとか、朝起きたときに寝たままで両足を軸にして、腰を上げておなかを弓なりに曲げたままの運動を少ししたりしています。また、足腰の筋肉を衰えさせないためにウォーキングを続けています。すると、ぎっくり腰にならないようになってきて久しくなりました。

また、風邪を引きやすかったので、これは季節の変わり目などに、無造作に薄着の服装でいるなど油断していたり、ウォーキングで汗をかいて冷たいと思っていても、このくらいならと着替えを怠るような油断、寝るときに薄着で

寝てしまい油断するようなことがあると、風邪を引いてしまうと、このように原因を分析した結果を反省に生かして取り組みました。また、朝起きたら歯磨きをしたり、もちろん食後の歯磨き、そして帰宅後の手洗いとうがいなどをして口腔内ケアに気を使ったりしました。さらに、日常に健康によいという生ニンニクや生ワサビ、生ショウガ、黒酢などを野菜炒めや焼き肉、みそ汁、サラダ、焼き魚などにつけたり、かけたりして食べることを常としたところ、1年中風邪を引かなくなったり、引いても1日位で治り、すぐによくなる回復力の早い体になったように感じています。

　それから、無理をしないということで、毎日のウォーキングなどをしていても例えば右膝関節が痛いようなときには、歩くのを休むことにしています。そして1日休むと痛くなくなるので、次の日から再び歩くことにしています。または、今日は遠方に出掛けたり、所用があったりして疲れているなと感じるときや、疲れて眠くなるときには、早めであっても寝ることにしています。また、1時間くらい多くゆっくり寝ることにしています。すると、朝になると疲れがまったくなくて、すっきりしていて気持ち良くなるのです。

　まだあります。退職後の初期に1日に2回ほど道路を歩いたり、車道を横切ろうとしていて、転倒したことがありました。これはどういうことだろうと思いました。これではいけないぞ、気をつけなければいけないぞと強く思いました。これは、きっと運動不足のためだと強く思いました。実際にも運動をあまりしていなかったことは不安に感じていることでもありました。それからは、転倒しないためと、健康増進のために、ウォーキングを本格的にコースを決めて、継続して歩くようにしたのでした。そして、もう既にあちこちでも触れたように、ウォーキングの習慣化ができて現在まで続けており、およそ1日に最低でも5、6000歩、普通は8000歩から1万歩、何処かへ出掛けたようなときには1万5000歩くらいにもなることもあります。もちろん、これはどこかで触れましたように自家用車を返上したことも後押しになっています。こうして、今では転倒することはまったくなくなりました。

　まだありますが、このくらいにしておきます。まあ、大事なことは何でも医師や、本に書いてあったり、テレビで見たように、真似てばかりいても、それが本当に自分にとっても正しい対処方法なのかどうかは、必ずしも正確とはいえないでしょう。それらも参考やヒントにするにしても、一番大事なことは、自分の体のようすを知っていたり、いろいろな病気やケガをしたときの体験を大事に生かして、自分の健康のことを総合的に判断して考えていくことが必要になると思います。

　それと本書もまったく同じで、ささやかなヒントになればと思い書きました。

健康は自己管理するものと心得る

12 黒酢ショウガや納豆などを食べて、動脈硬化（血管年齢、血液どろどろ）を予防する

　定年退職して数年が過ぎたころ、かかりつけのクリニックで動脈硬化（血管年齢）が簡単にわかる測定ができるので1回やっておくのもよいというような指導を受けて、それならと思いやっていただくことになりました。ベットに寝て15分くらいでできました。そして、その結果もすぐに診断していただくことができました。65歳のときに血管年齢は年齢より年寄りの69歳くらいであったので少しショックでした。そして、年齢の割りにかなり動脈硬化しているなと思っていました。それからは、歩いたり、納豆を食べたり、野菜を食べたりと気をつけていたのでした。そして、そのことはあまり気にせずに忘れかけていたころでした。そのころ、テレビの健康番組を見ていて驚いたのです。

　何に驚いたかといいますと、簡単な食事法で動脈硬化をクリアでき、血管年齢を若くすることができるというのです。それを実際に芸人が、その実践をして、そして血管年齢を最後に計った結果を発表するという小堺一弥さんの番組でありました。そして、見事に血管年齢が若くなっていたのでありました。とてもわかりやすい医学の健康番組だなと思いましたので、これは自分も是非とも真似をしてみて、血管年齢を若返らせたいものだと思いました。

　その方法とは、すき焼きでも、サラダでも、焼き肉でも、カレーライスでも、牛丼や煮込みうどんでも、食事として食べるものであれば何でもかまいませんが、ショウガを細かく切り刻んでビンなどの器にいれて、そこへ黒酢を入れて一晩置いて作った"ショウガ黒酢"を大サジ1杯くらいをかけ入れるだけでよいのです。外食のときもカバンに入れて持ち歩いて使うとよいというのです。これをわたしも実践してみました。そのあと、黒酢ショウガを使って1カ月ほどして、ちょうど医師に行く機会があったので、前回と変わりがあるのかを検査してもらうと、効き目は間違いがありませんでした。今回は68歳の年齢でありましたが、血管年齢は何と年齢よりも若い60歳であったのでした。前回の4年前よりも9歳も血管年齢は若くなっていたのです。これには驚くと共に、この歳でうれしいことでありました。これは血液の粘着度がさらさらになるためとかのようでもありますが、納豆などもよく食べているので、その相乗効果としてあらわれたのかもしれません。

　それから、動脈硬化が原因の血管老化を防ぐには、お茶に含まれるエビガロカテキンガレードという栄養素が効果があるといわれています。この栄養素はお茶の中でも煎茶や抹茶ほど多く含まれており、この中でも、ふりかけ煎茶をポットなどに入れて、よく振ってから飲むと効果的だといいます。

　ところで、この動脈硬化になる要因は、9つあるといわれています。

①先ずは喫煙。

②糖分の過多。

③飲食の過多。

④肉の脂質過多。

⑤野菜嫌い。

⑥運動不足。
⑦魚嫌い。
⑧睡眠不足。
⑨そして、塩分の過多。

　そして、具体的な予防策として重要なことは、血液中のコレステロールの管理で、悪玉コレステロール（LDLコレステロール）が多くなると、心筋梗塞などを発病する危険性が高くなるので注意が必要であるといいます。

13　口腔ケアのために、かかりつけの歯科医を持つことが大切である

　口腔ケアはとても大切で、単に虫歯や歯周病というだけではなくて、歯周病と関係する病気はとても多いことが特に最近は話題になり、予防に努めるようにと叫ばれています。歯周病原性細菌とその発生毒素が全身の病気と関係があることがわかってきており、糖尿病や心臓病（狭心症、心筋梗塞）、早産、低体重児出産、骨粗しょう症、肺炎や誤嚥性肺炎、腎炎、血管疾患（高血圧、動脈硬化）、脳梗塞、認知症、睡眠への悪影響、歯肉からの出血などと、直接的、間接的を問わずにいろいろな病気になることがわかってきて、健康寿命を縮めることになるというのです。この口腔内は毎日、食べて、唾液が出て、空気にも触れたりして、寝ていても一生涯関わりを持つ大事な場所であるともいえるのですから、清潔にすることはもちろんのこと、いろいろな面からケアをしていかないと健康を維持することはできず、前記したようなことになってしまうのです。

　この中の肺炎は、死亡原因の第3位と上位になってきていますが、特に病気中で、しかも入院中などに寝たままで物を食べたりするときに、飲み込む力が衰えてくると誤嚥肺炎といって、食べ物や唾液が食道ではなく誤って気管の方に入ってしまい、喀痰として排出しきれないと、肺に炎症が引き起こされることで、高齢者に圧倒的に多いのがこの誤嚥性肺炎であるといいます。これは高齢者の肺炎の9割以上であるといわれているのです。

　そこで、これらの病気には、どのようなことに注意して、ケアしていけばよいのでしょうか。それには、よく次の7つのようなことが必要だといわれています。

①先ずは食事ですが、糖分の過剰摂取に気をつけたり、タンパク質、ビタミンA、D、C、カルシウム、リンなどを含む食品で歯を強くしたり、食物繊維を多く含む野菜類で口内を掃除する。
②食事中はよくかむことが大切で、1口30回くらいよくかんで食べることを目標にするとよいという。
③先ずは規則正しい生活が大切で疲労やストレスを溜め込まないようにする。
④歯磨きによって口のケアをしっかりすることですが、歯磨きは朝起きたらすぐに先ず磨くとインフルエンザ予防や風邪予防にもなるというし、あとは食後と睡眠前に磨くなどし、歯間ブラシも利用すると効果的で、口腔細菌を取り除きます。

健康は自己管理するものと心得る

⑤禁煙、節煙に心掛けることが大事です。
⑥歯磨きの正しいブラッシング方法をしっかり習得し、正しい磨き方をする。
⑦定期的に歯科医に通い病気の早期発見、早期治療に努め、歯肉炎予防、歯垢なども取ってもらうようにする。

わたしも、歯科医に他科への診察に行ったときに3～6カ月に1回くらいのペースで歯科検診していますが、とても口腔内が気持ち良く調子もよくありがたさを感じています。

また、首都大学東京名誉教授などに就く星旦二先生は、かかりつけ歯科医を持つ人は持たない人に比べると長生きで、食生活が良くなり、心の健康にもつながり、健康長寿になっているといいます。また足腰の丈夫な人も長生きで、社会につながっている人も長生きできるそうです。また、夢を持って前向きに生きている人は強いため、高齢者も夢を持つことで、自分の好きなことや、生きている幸せを感じながら、前向きに生きていくことが大事だといいます。また、いろいろなものをおいしく食べている人は、心臓病などで死亡する割合も少ないそうです。健康長寿は前向きに生きることであり、高齢者ができるだけ最後まで、自分でできることをし続けることが大事だと話しておられます。

14 薬の副作用と多剤投与の問題点を学ぶ

退職後になると病気もするしケガもしやすくなりますので、自己管理をして健康に気をつけて楽しく生きていきたいものであります。しかし、病気をすれば薬を飲むことがありますし、その薬は病気を治すためにはよくても、副作用のまったくないものはないともいわれます。しかも、加齢していくほど、病気も複数になったり、同じ病気でも進行することにより投薬量や薬剤の種類も多くなっていくことも普通なことでしょう。このことは、自分のことを考えても容易に予測できます。例えば、同じ高血圧症でも進行したりすると、薬剤の投与量が多くなったり、種類も複数になって多くなっていくものです。だから、病気が二つ、三つとなっていくと、投与する薬剤の合計の種類数も量も多くなっていくものです。そうなっていくほど、異なる薬剤間での相互作用などによる副作用も起こりやすくなることは考えられることです。だから、高齢になればなるほど、病気に差し障りない範囲で、薬を減らすことも必要になってくるのかもしれません。

長尾クリニックの長尾和宏院長先生は著書『薬のやめどき』(2017) の中で、次のように記しています。薬のやめ方7原則を提唱しておられます。

①自分で勝手にやめない。
②納得するまで医師と相談する。
③副作用や不具合が出たらすぐに相談する。
④できるだけ"かかりつけ医"に一元化する。
⑤まずは6種類以上の多剤投薬から脱却する。
⑥いきなりではなく、徐々に減らしながらやめる。
⑦やめて不都合が起きれば、主治医に相談のうえ一旦元に戻す。

ところで、もう少し長尾医師の著書を参考にすると、75歳以上の後期高齢者の5人に一人は10種類以上の薬を処方されているといいます。また、薬には必ず副作用があり、多剤投与になれば、副作用は無限に増えるとといいます。多剤投与の患者の薬に優先順位をつけて、ひとつずつ減らしていくだけで、驚くほど元気になる患者が多いといいます。そして、元気になるために薬を飲んでいるはずなのにともいわれます。さらに本書には秋山雅弘教授のデータが載せてあり、副作用が出たという薬物有害事象は6剤以上、転倒の発生頻度は5剤以上で明らかに増えているのがはっきりわかります。秋山教授は多剤投与（多剤併用）の問題点を、薬同士の相互作用が起きることだとはっきりと指摘しています。けれども、必要な薬は飲まなくてはならず日本老医学会は「5種類を目安にする」という意見でまとまったといいます。なお、秋山教授は『薬は5種類まで』（2014）という一般向け本を出されています。

最後に長尾院長の著書から『長尾流・90歳まで健康に生きるための7つの習慣』を紹介すると、

①嫌なことはしない。
②睡眠にはこだわる。
③おかずは多く、ご飯は少なく。
④毎日歩くことを習慣にする。
⑤医師と薬にはできるだけ近づかない。
⑥歯は大切にする。
⑦感謝して生きる。

この7つであるといわれています。わたしは、これほど感銘を受けた医学に関する健康本はこれが初めてで、とても参考になる本です。

15 人生の最後にありがとうが言える、その心掛けが大切であるという

わたしたちは退職後まで幸いにも生かしていただいていることは、幸運であるともいえますし、健康に恵まれたともいえます。勤め先や学生時代、近所、友人などの、いろいろの方々の協力や配慮、また特に配偶者や家族の献身的なご苦労があったことが、大きかったのではないでしょうか。その他にも、まだまだ上げなければならないことはたくさんあることでしょう。そして、終末に近づくほど家族や子ども、特に配偶者に最大限の助力や面倒、配慮、迷惑などをかけることでしょう。なぜならば、今は元気であっても、いずれかは、どちらかが先に病みはじめるからです。

現在は核家族化が著しくなっています。しかも、子どもが県外の大学へ進学したり、就職したり、新しく家族を持つようになってくるころには、元の家族は老夫婦だけとなるのが典型的なわたしたち団塊前後の世代です。老夫婦は現在だいたい68～72歳でしょう。あと3年後には、75歳の後期高齢化時代へと突入しますが、あちこちと体調に異変が出てくるだろうし、生きてはいるが、すでにいくつもの病気を持ちながら医師通いや投薬治療に頼っている人も多いことでしょう。したがって、国に医療費をかなり負担させて年金生活をしている高齢者でも

健康は自己管理するものと心得る

あるのです。毎日穏やかに過ごせていれば、少しぐらいの棲みにくさや、豪華な旅行には行けなくても、また美味しいものが食べられなくても、不平不満など言えるものではない思い出もあります。できるだけ人さまや近所、友人、それから家族や子ども夫妻、孫たちに迷惑をかけないようにして、静かに楽しさを見つけて生きていけたら幸いというものでしょう。いずれは来るだろう、いや、必ず来る冥土への旅立ちの日までは、生かしていただけることは幸いなのです。

さて、わたしたちの終末はどのような状態で終わりになるのか、どのようにして永眠に就くのか、それは脳出血や脳梗塞か、心筋梗塞か狭心症か、それとも肺炎か、胃ガンや大腸ガンか、それとも突然の事故に遭遇するのか、それは、まったくわかりません。願わくは老衰とか、ピンピンコロリンといきたいものと願うばかりでしょう。そのような願望の人が増えていて、そのようになれるという神社仏閣があって、大勢の老人や若者までもがバスツアーで訪れて、帰りにはお守りを買って帰るというのです。しかし、だいたいは、病院や自宅で、短くても1、2カ月～半年、長くて数年もの間、寝たっきりでいて看病が必要になり、配偶者や子どもなどに、迷惑や心配をかけたり、世話になることになるのでしょう。それで、そのいよいよ亡くなる近く、寸前で、自分自身で話ができる間に、その世話になったり迷惑を掛けたりした配偶者や子どもに、いろいろと話すことはあると思われますが、最後に「ありがとう」、「ありがとう、お陰でよい人生だった」と言えるかどうかです。

言えるようなタイミングが取れるかどうかです。

この最後の「ありがとう」だけは、お世話になり、迷惑を掛け、最後の旅立つ瞬間まで見守ってもらった家族や子どもから看病してもらい、あたりまえではないのです。だから、少し前から言う言葉を考えておいて、最後の「ありがとう」の言葉だけでも言い残し伝えたいと、わたしも思っています。

16 知的好奇心が脳の最高の栄養素だといわれます

退職後からの過ごし方で、体力はもちろんのこと、運動能力も、脳の活性化も、後退して行きます、この後退速度が急なのか、穏やかなのかには人それぞれ違いがあり、その後退は、自分の判断力でわかってきたり、まわりの家族や友人が気づくようになったりするのでしょう。できるならば、この後退が穏やかになるように、あらゆる努力が必要になってくるのです。

さて、ここでは脳の活性化についてでありますが、人間としての生きている判断力や考える力、創造力、豊かな感情や、痛み、匂い、熱さ・冷たさ、聞き分ける、気持ちよい・悪い、美しい、何の鳴き声だ、この木の肌はクヌギだな、愛犬の毛はすべすべしている、などの判断や思考、感覚などは、脳細胞が萎縮して活性化していないと、充分に働かせることはできなくなってしまいます。

その脳細胞の活性化のためには、食物として取り入れる栄養分も必要になってくるでしょう。納豆や豆乳、大豆などに含まれているレシチン

などがよいといって、これらの液体成分をジュースなどに入れて飲んでいるという話を、2017年7月に105歳で亡くなられた日野原重明先生の本を読んで知りました。わたしもつい最近から朝食の味噌汁に入れて利用しています。まあ、脳によいさまざまな栄養分があるのでしょう。また、適度な運動をすることも脳の働きをよくするのに役立っているようです。

そして、脳の活性化のための最高の栄養素は、何といっても、その人の持っている、あるいは持つことのできる、"知的好奇心"であるといわれているのです。この知的好奇心こそが、脳細胞を活性化させて、いつまでも若さを失わないようにしたり、脳細胞の萎縮を防いで遅らせることができる特効薬であるというのです。知的好奇心がある人は、次々と新しい発想を泉のごとくに沸き出しては、その出てきた夢や目標に向かって、その開花、実現に向けて、粘り強く、楽しみながら、創造力と努力とで、現実のものとして実現させてしまうのです。

だから、知的好奇心は年齢ではないのです。やる気なのです。心の持ち方であり、心の生かし方なのです。そして、とにかく自分でやってみたいこと、楽しんでみたいこと、行ってみたいこと、作ってみたいこと、歩いてみたいこと、恋してみたいこと、食べてみたいこと、飲んでみたいこと、挑戦してみたいこと、乗ってみたいこと、旅してみたいこと、体験してみたいこと、何でもよいのです。どんなことでも構わないのです。それが知的好奇心です。

そして、その知的好奇心で考えたことで一番大事なことは、いつも楽しみながら、生き甲斐を持ったり感じながら、いつも顔も心も体もニコニコさせて全身で、その知的好奇心を一つ一つ開花させていくことなのです。

この知的好奇心を忘れない限り、青春はいつまでも自分のものとなるでしょう。そして、老化知らずの、年齢も忘れて、いつまでも若い脳細胞が保たれて、楽しい人生でよかったという遺言を、青春期のような脳細胞期に、子どもたちに残しておくことができるてしょう。

17 70歳以上の高齢期になっての低体重は、肥満よりも命を縮めるという

日本は飽食の時代と言ってもよいくらいに、世界的に見ると食糧難で毎日の食事ができない国とは異なり、ある意味では食べ物が裕福すぎているように見えます。そのためか、食料の無駄があちこちで散見されたり、叫ばれたりしていますが、最近は極端な部分はそれでも報道を控えているようにも見えます。少し前までは、ちゃんとした番組の中でさえも、有名タレントが堂々と食料を無駄にするような場面がよくありました。これを子どもたちが見ていて、どう思ったり、真似たり、大人になったときには、どう判断していくのかと心配になったものでした。今でも時々は、ものすごい量の食料を頼んで注文したものを、たらふく食べたかと思ったら、あるいは、食べきれないほどつまみ食いするようにして食べて、あとは残したままにした映像が無残にも映されていることがあり、これを見た子どもを含む視聴者は皆で一斉に一

健康は自己管理するものと心得る

声、もったいなーい、と言っているのに、テレビ局には伝わりません。そのままです。この無駄にされている食料が、食料難民に届けられたらと思ってみても、いろいろと難しい面があるのも事実です。

さて、日本人はかつては成人病と呼ばれ、現在では聖路加国際病院名誉院長の日野原先生の提案で生活習慣病と改められましたが、この日ごろの食生活の習慣からの病気が問題になっています。そして、メタボは生活習慣病になりやすく、またなってからではコントロールも難しくなるといって、メタボ体質にならないように定期検診などを受けたりして、日ごろの生活に気を付けましょうと呼びかけています。そのメタボとは、内臓脂肪の蓄積（腹囲）に加えて高血圧、高血糖、脂質異常のいずれか二つ以上に当てはまる状態をいいます。

そこで、メタボ体質の人はもちろんのこと、メタボ予備群の方には、食べ過ぎや飲み過ぎに注意して、積極的に体を動かすようにしましょうというような指導方針が、各都道府県市町村などの健康福祉部などから出されて広報などに載せられたり、定期健康診断の呼びかけなどがあります。このメタボ体質になると、心臓病や腎不全、糖尿病、高血圧症、脂質異常症、動脈硬化症、肥満症、飲酒によるアルコール中毒、喫煙による肺気腫、肺ガン、脳梗塞、クモ膜下出血、脳出血、心筋梗塞、狭心症などにかかりやすくなるのだというのです。それで、食べ過ぎや、酒の飲み過ぎ、タバコの吸い過ぎ、運動不足などがないようにということで、体重計や運動器具などを準備したりして、中には太らないようにと痩せるサプリメントを飲んだりして、大変な努力をしている人もよく見かけます。健康体を取り戻し、健康になるためならば、どんな苦労をしてもかまわないのかもしれません。しかし、何でも行き過ぎたり、やり過ぎたりしないような配慮だけは必要でしょう。

その一つになるでしょうか。それは、最近になって、70歳以上の高齢になっての低体重は肥満よりも命を縮めるので、注意する必要があるといわれています。若いうちから肥満に気を付けて、メタボ体質にならないような工夫・努力が大事ですが、高齢になったら食事を制限し過ぎて、栄養状態が悪くなったり、肉類などを食べるのを制限し過ぎると、タンパク質などの成分から作られている血管など、特に脳血管疾患などにかかりやすくなって、脳出血を起こしたりすることにも成りかねないというのです。

低体重というのは、ＷＨＯ（世界保健機関）によりますとＢＭＩ値（体重kg÷身長m）が18.5以下とされ、高齢者が低体重になる要因はいくつかあります。加齢による代謝の衰え、活動量の減少による食欲低下、持病や投薬の影響、配偶者との死別による独居、肥満は病気のリスクを高めるという意識などです。そして、欧米でもアジアでも低体重は過体重よりも死亡リスクがアップするという研究報告があるといいます。元東邦大学医療センター佐倉病院循環器科の東丸貴信教授も、低体重の人は栄養状態が悪化しているケースが多く、タンパク質やミネラル、ビタミンなどの筋肉や組織に必要な栄養素も不足し、心臓は主に心筋という筋肉細胞でできている臓器です。低体重になると、

心臓や血管そのものの機能が低下して、貧血も相まって心不全などを起こしやすくなる。また、栄養状態が悪化してカリウムやマグネシウムなどの電解質が不足すると不整脈を起こす原因になる。さらに、アルブミンが不足すると、脳心血管疾患のリスクをアップさせ、水分バランスを調整する役割もあるので、不足すると血栓ができやすくなって、脳梗塞や心筋梗塞、脳卒中などの原因にもなるという。また、高齢になって体重が激減すると記憶力や思考力が低下して認知症につながる可能性もあるといわれているのです。

だから、70歳の高齢期以後は食事を制限するというよりは、むしろ小食にならないように気をつけることの方が大事であるというのです。日野原先生も30歳代の体重をキープして2017年7月に亡くなりましたが、あまり過激な運動などはしないので食事のカロリーを考えて、何でも食べるようにしているといわれていました。まあ、高齢期以後の心得として考えておいてもよいことではないでしょうか。

2016年の週刊誌で「長生きする人が食べている物」が特集されていました。その調査によると、長生きしている高齢者が、口にしている食べ物として、肉（高齢者のカロリー不足改善、魚だけでは補えないタンパク質）、米（低脂肪でカロリーがとれる）、ジャコ（タウリンが多く、高血圧や動脈硬化予防、内臓も頭ごと食べられる魚）、ウナギ（オメガ3系必須脂肪酸のDHAとEPAが豊富、脳細胞の老化予防）、豆腐、豆乳、納豆など大豆を使った加工食品（イソフラボンが血管拡張し脳卒中予防）、野菜・バナナ（カリウムによるナトリウムの排出）、ヨーグルト（血圧を正常に保つカリウム、骨を作るカルシウム、抗炎症作用を持つマグネシウムをとる、脳卒中予防）、緑茶（カテキンで血圧降下作用、血中コレステロール調整作用、血糖値調整、抗酸化作用）、味噌汁（タンパクがコレステロール低下や脳血栓予防に効果、大豆レシチンは動脈硬化予防効果がある）、ワカメ（水溶性食物繊維が豊富、腸内環境を整えて免疫機能を保つ効果）などをまとめています。参考になることが、大いにあるように思います。

18 免疫力低下は体調の回復が遅くなり、認知症にもなりやすくなるという

わたしたちは、体力回復でも、病気（例えば風邪）からの回復でも、運動後の疲労回復でも、登山や旅行後の疲労回復でも、ましてや手術後の回復でも、一番最悪のガンからの回復でも、回復し全快するまでには、いろいろな経過を経ているものと思います。これは、なかなか自分でその回復経過というものを記録したり、見届けることは余りないのではないでしょうか。しかし、風邪を引きやすい人や、口内炎にかかりやすい人は、その経過を何度も経験しているので、何らかの対応策をお持ちの方もおられることでしょう。そして、それになったときは、こうやればとか、ここを注意すれば、早く治るとかの、自己診断が確立している人もおられることでしょう。

さて、そのようなときの体調の回復には、自分のそのときに持っている免疫力が、左右する

健康は自己管理するものと心得る

というのです。つまり、免疫が低下しているときは、体調の回復が遅くなり、免疫が高まっているときほど、回復は早いといいます。何かわかるような気もしないわけではありませんが、回復のための免疫力というのは目には見えませんので、そのあらゆる病気や疲労、入院や手術後の疲れ、悩みに対して、経過中に早く体力も気力も、気分もよくなったと実感できて、初めてわかることなのかもしれません。

けれども、風邪などを何度か引いたりしていると、今回は早く治すことができて回復が早かった。考えて見れば、それまでよい食事も適度な運動などもしていて、健康には気を配ってきていたので、免疫力が高かったと思うので、回復が早かったのかもしれないな、と感じたり自信を持つこともあるのではないでしょうか。他でも触れましたが、わたしも風邪や口内炎によくかかりましたが、同じように食事と運動、早朝と3度の食後の歯磨きなどのお陰と勝手に思っていますが、風邪を1年中引かなくなって驚いたり、口内炎にかかることもなくなり喜んでいます。きっと、これだけではなかったと思いますが、これも、対応策の一つとして効果があったのか、体力や免疫力が高まったのだと、勝手に自己満足しています。その他にも、速い対応や細かい気遣いがあったことは確かです。

そして、免疫力を高めるためには、今述べた食事(魚や野菜を含むバランス食)と運動(ウォーキングなどの有酸素運動)、それと、脳を鍛える(読書、計算する、博物館巡りなどの知的活動)、歯磨きの他に、睡眠と昼寝15分が大事であるといわれています。この睡眠でも熟睡できるかどうかの睡眠の質が大事だということを、健康番組のテレビや雑誌でよくいわれますし、もう一つ加えるとすると、この昼寝の15分が免疫力を高めて、ゆくゆくは認知症にならないための予防にも効果があるのだといいます。また、日頃の睡眠不足から睡眠負債を抱えている人が老若男女問わず多いといわれており、テレビでも特集していましたが、普段の睡眠時間よりも、室内を暗くして時計なども見たり目覚ましをかけることなく睡眠に入ったときに、2時間以上多く眠れた場合は、睡眠負債が高い人であるといいます。子どもは1日に8～9時間、大人で7時間前後は睡眠が必要であるといいますが、寝過ぎでも健康によくないのだといわれています。そして、睡眠不足になれば、仕事や勉強の能力低下、免疫力の低下、ガンになりやすい、脳の働きが衰えて認知症(アルツハイマー)になりやすいのだといわれます。また、運転ミスも多くなり、心筋梗塞にもなりやすいなどの観察結果も出ているといいます。だから、睡眠負債(睡眠不足)を返済して取り戻すために、睡眠時間を不足しないように配慮することが必要なのです。また、寝付きの悪い人は、寝る直前にスマホやタブレット端末を使ったりしていると、頭が混乱して寝付きが悪くなるといいますので、やめるように考えた方がよいといわれます。また、睡眠では最初の90分間が大切で、この時間帯に熟睡することで、このときに成長ホルモンの80%が出るのだといわれています。そして、夜間に熟睡するためには、朝起きたら先ず日光を浴びて脳を刺激すること、手を水で洗い足を冷やしたりす

ること、そして夕方には散歩を15分でよいからする、夜は就寝の90分前に入浴して体温を上げ、そして睡眠に入ると体温が下がってきているので、熟睡しやすくなるといわれます。なお、ガンができやすい時間帯は10時から5時だといわれていますし、またリンパ球の活性化は睡眠中であるといわれています。いずれにしても睡眠不足や熟睡できない睡眠、あるいは睡眠時無呼吸症候群になる場合は、先のさまざまな仕事などの能力低下や免疫力の低下、ガンにもかかりやすかったり、認知症にもなりやすくなっていく原因にも成りかねないので、睡眠は重要です。

これらの免疫力を高めることは、日ごろの生活でも生活の質の向上はもちろんのこと、あらゆる病気やガンなどに対してでも、抵抗力をつけていることにつながるだろうし、長期の旅や海外等への旅行などに出掛けたときでも、疲れ知らずの踏ん張りが効いて、その分だけ充分に楽しんで各地を遊覧できたり、仕事を持っている場合でも乗り越えるための原動力になるものと思われるのです。また、食べ物ではアオジソを生で刺し身とともに食べると免疫力アップに役立つといいます。

19 胃ガンや胃潰瘍、十二指腸潰瘍は先ずはピロリ菌検査をして、その除菌退治が先決であるという

最近は胃ガンとか、胃潰瘍や十二指腸潰瘍といえば、ピロリ菌という言葉をよく聞くようになりました。このピロリ菌というのは正しくはヘリコバクター・ピロリという細菌なのですが、このヘリコというのは螺旋とか旋回、バクターはバクテリア（細菌）、ピロリは胃幽門部（ピロルス）という意味です。このピロリ菌が胃や十二指腸潰瘍などの原因になっていることがわかり、オーストラリアのウォレンとマーシャルによって1983年に発見されて、2005年にはノーベル医学生理学賞を受賞しています。

このピロリ菌は胃の中で生きていて、悪さをしているのです。もともと胃の中には胃酸が出ているために、通常の菌類は死滅してしまいますが、このピロリ菌だけは特殊な酵素を持っていてアンモニアを発生しているために、胃酸から身を守り胃の中で生きていられるのです。

このピロリ菌の感染経路ははっきりとはわかっていないのですが、口から感染するのが大部分であるといわれています。衛生環境と関連しているともいわれており、昔は不衛生な井戸水などを利用したときなどに感染するとも考えられたりしたことがありますが、現在では口からの感染の機会が減少してきているようです。これに感染すると、全員がピロリ感染胃炎を引き起こしますが、これは胃粘膜に多数の白血球の浸潤を伴う胃炎です。そして、消化性潰瘍、胃ＭＡＬＴリンパ腫、機能性ディスペプシア、胃ポリープ、特発性血小板減少性紫斑病を引き起こし、萎縮性胃炎を経て一部は胃ガンを引き起こすといわれています。これらは除菌によってほとんどの疾患を抑制できる可能性があるとされています。

このピロリ菌の感染者は日本人ではおよそ3500万人とされており、特に50歳以上の人

健康は自己管理するものと心得る

に多く若い人には少なく、今後も感染者は減少していくものと予想されています。

さて、胃検診を受けて胃潰瘍や十二指腸潰瘍が見つかったとすると、その患者のピロリ菌を調べて見ると約90％が感染していることがわかるといいます。そして、除菌せずに潰瘍を治療しても1年後には60％以上の人が再発してしまうといいます。ところが、除菌すると0％前後まで著しく低下することが認められています。また、胃ガンとの関係では、ピロリ菌に感染している人としていない人で、10年間調査をした結果では、感染していた人でガン発生は2.9％、感染していなかった人では胃ガン発生はゼロだったという報告があります。

また、胃МАLТ腫患者の約90％はピロリ菌に感染しており、ピロリ菌感染による慢性胃炎が原因であることがわかっており、ピロリ菌の除菌により60〜80％が改善するといわれています。

それで、病院などに行き、内視鏡検査や尿素呼気試験法、あるいは抗体測定法や抗原測定法などでピロリ菌が見つかったら、除菌治療することをお勧めします。実はわたしも萎縮性胃炎や胃潰瘍になったことがあり、そのときにお願いしたわけではありませんでしたが、長野県松本市の信州大学松本病院でピロリ菌を見つけていただきました。そして、すぐに除菌治療を勧められて、1週間ほどの投薬によって除菌することができました。そのあとは胃潰瘍の跡も見られないようになり、再発したことはありませんでした。ところが、先でも触れたように15年後の70歳直前になる2017年になって、内視鏡で小さな胃潰瘍が見つかって驚いたのです。少しだけ残っていたらしく再びピロリ菌が確認されたのです。それで再度のピロリ菌の除菌治療のために1週間、朝夕の食後に薬を飲んだのでした。

今は2種類の抗生物質と胃酸を抑える投薬の3種類を朝と夕方の1日2回、1週間しっかりと続けて飲むことで、約70〜80％の患者さんは除菌できるといいます。1回目でできなくても、薬を変えて再度除菌治療をすれば約90％の患者さんが除菌できるといいます。除菌に成功したかどうかは、除菌治療終了後4週間以上あけて検査することでわかるといいます。

なお、両親からピロリ菌が見つかれば、子どもにもピロリ菌がいる可能性が高いので、わたしの家族でもそうでしたが、子どもに知らせて調べてもらい、見つかったら除菌しておくように勧められるとよいと思います。みなさんも特に胃腸の調子が思わしくないようでしたら、できるだけ早い時期に、1度調べてもらうようにするとよいのではないかと思います。

20 長寿ホルモンは誰でも持っているが、空腹感、低カロリー食、運動することなどで開発するという

人間が長生きするためには、今までにも少し触れてきましたように、健康によい食事（減塩食で高血圧予防、キノコを食べてガン予防、カンテンなどの食物繊維を多く食して大腸環境をよくする）の工夫や、適度の運動をすること、

熟睡する睡眠（水だし緑茶でテアニンを抽出して寝る１時間前に飲むとよく眠れる）、風呂に入るなどしてストレスを解消したり、よい音楽を聴いたり、笑いのある楽しい生活を送るなど、さまざまなことが必要になってきます。そして、長生きするための長寿ホルモンを開発させることが、長生きするためには重要だといわれるのです。しかも、この長寿ホルモンは誰でもが持っているのですが、それを開発せずにいるだけだというのです。当然、持っているだけで開発しなければ、長寿ホルモンの意味はなく、人は長寿になることはできないというのです。

ならば、長寿ホルモンを開発させて長寿になるには、どうすればよいかというと、主に次の三つであるといいます。

① 一つ目は、空腹感を感じるような食べ方をすることだといいます。この空腹感で腹部がグーと鳴ることが必要だというのです。だから、常に食べ続けたり、食事をしたかと思ったら、すぐにスナック菓子に手を出して食べたり、また少し経つと、チョコレートを口に入れたり、また少してからビタミン補給などといってミカンを食べる。そして、昼食になると、昼食も食べる。午後も同じように続き、夕食になり、夕食を食べる、となっていくと、いつも胃の中が空腹になる時間帯がなくなるので、空腹感のグーの鳴る音を聞くことはできないのです。こうならないように、食間には何も食べないようにして、水かお茶を飲むくらいにして空腹にするのです。すると持っている長寿ホルモンが開発するというのです。

② 二つ目は、できるだけ低カロリー食にする。よく高タンパクで低カロリー食がよいといいますが、これです。つまり現在の仕事量に合わせたカロリーを考えた食事にし、やたらに高カロリー食に習慣化しないことが大事なんでしょう。つまり、カロリー過多にならないように、ご飯や麺類、パン類などの炭水化物を食べ過ぎないということです。この低カロリー食にすることによって、長寿ホルモンが開発するというのです。

③ 三つ目は、運動です。常に日ごろからウォーキングをしたり、ゲートボールやゴルフあるいはラジオ体操やストレッチなどと、毎日の運動をすることで、長寿ホルモンが開発するといいます。運動しなければせっかく持っている長寿ホルモンも開発しないので、長寿にはならないというのです。

あとは病気やケガに気をつけて、健康で楽しい夢を追い求められる生きがいのある、老後生活を送るようにしたいものです。

21 ときには人間ドックや胃、大腸の内視鏡検査の健康診断も必要です

人間は自覚症状がなくても、何も病気やガンにかかっていないとの保障はありません。それは毎年人間ドックで受診していても、ガンの手遅れで死亡する人もいます。だから毎年受診していてもガンを見つけられないことが、不運ながらもあるのですから、受診する必要はない

健康は自己管理するものと心得る

のではなく、だから受診しなければならないと考えた方がよいのではないかと思うのです。しかし、いろいろな考え方があります。人間ドックで何か見つかるのが怖いから受けたくないとか、何か病状が見つかると、そのためにいろいろと検査詰めになり、くたくたになるのは真っ平御免だからとか、かえってそのような苦痛から病気になりそうだからやりたくない、というような人もいると聞いたりすることがあります。この辺のところは、自己責任だから本人の判断に任せるよりないでしょう。

人間ドックを受診するときには、健康保険に入っている人は、事前に管轄の保健課と相談すれば、受診料の一部が補助していただける市町村もあるので確認してみることをお勧めします。

また、胃や大腸の内視鏡検査も、ときには体をいたわるつもりで、健康診断として受診してみるのもよいではないかと思います。胃も大腸も何もなく大丈夫だったなら大丈夫で、受診してさっぱりして、健康のありがたさを強く感じて、これからも健康で楽しい生活をエンジョインすることができるということになるでしょう。

とにかく、健康でないと、楽しい老後の生活はできません。老後の健康を維持するために、不健康だったら早く見つけ出して治せば、まだまだ楽しい老後の生活が続きます。検診というものが必要なのかどうかを真剣に考えてみる、よい機会になればと思います。

22 神社や仏閣を訪ね歩き頭を下げれば、必ず心身が癒されて元気になれる

これはそれぞれの方々の好みや趣味というものがあって、一概には言えないかもしれませんが、わたしのことで書かせてもらいますと、わたしは何故か五木寛之ではありませんが神社や仏閣が好きで、よく出掛けます。ついでに何故好きになったのかですが、子どものころの遊び場といえば、そのようなところしかなくて、愛着があるのでしょうか。長野にいたときは善光寺に月に1回は歩きに行っており、帰りには東山魁夷館や信濃美術館に立ち寄り、そしてソバ屋でソバを食べて帰るのが常でした。また、住居のあった真田十万石の松代町では信州の小京都と言われるように、佐久間象山の象山神社をはじめとして神社仏閣が多く、よく暇があると裏庭のようにして歩き、象山という里山にも登り、また松代城や真田の屋敷や庭先を歩き楽しんだものです。また京都にいたときは銀閣寺の直ぐ隣の下宿にいたので、毎朝銀閣寺からの鐘の音が聞こえて来て、それから哲学の道を横切り、琵琶湖疎水と桜の花を見ながら、京大まで通ったり、1年かけて京都・奈良のほとんどの神社・仏閣を御朱印をいただきながら巡ったことがあるからです。そのような長い年期を経た庭には、苔むしていたり、大木あり、季節の花々が咲き、紅葉が美しく、線香の香りが漂ってきて、水がちょろちょろと小さな音を立てて流れている、小鳥の鳴き声が聞こえてくる、仁王様の山門をくぐり抜け、参道の石畳を歩いていると、いにしえの参拝者の足音が聞こえて来るようであり、雨のあとなどは、しっとりとし

た、また木々の葉の露に光が当たって、ピカッと照らし、目映いばかりであり、石段をゆっくりと歩いて上り、一歩進んで、賽銭を入れる、両手を打ち、頭を下げて願う、また前に進みて、賽銭を入れ、両手を合わせて、南無阿弥陀仏、線香の匂いがたまらない、帰りは逆の景観を楽しみながら、山門を抜け出でて、向きを変え頭を下げる。みんな、なつかしく楽しい思い出であります。

　何か、参拝すると、いつも必ず、心が落ち着き、洗われ、頭がすっきりしてきて、心身が元気を貰えるのです、そして、癒されるのです、全身が元気に成れるのです。ありがたいことです。感謝せずには、おられなくなるのです。

　このような体験ができるのですから、神社や仏閣巡りは健康によいに決まっています。だから、わたしは好きでたまらないのです。すぐに出掛けたくなってしまうのです。今いる千葉県の印西市から、ちょっと行って来るといって出掛けるのは、浅草寺であり浅草神社、成田山、柴又帝釈天、地元では歩いて15分の平安時代からの松虫姫伝説のある、歴史と由緒ある松虫姫神社や松虫寺です。それから、高尾山の薬王院にも登りよく参拝します。

　何か自分が癒されるような場所や名所旧跡、商店街等でもよいと思います。こういう場所を捜し出しておいて、人生に疲れたり、一休みしたくなったとき、仕事や行事の一段落ついたときなどには、気軽に出掛けて行って、歩きながら心を癒して、帰りには何か美味しいものでも食べたりして帰るのも、心の洗濯になり、元気になって健康を取り戻すことができるかもしれません。

23 自然観察や湖沼、川辺、海辺散策、森林、登山散策で心身を癒し、ストレスを解消

　さて、今度は心身の癒し場所として、大自然の中に出て、いろいろな場所で、いろいろな形や方法で、見るだけではなくて、全身で体験して、その自然の素晴らしさに触れたり、発見したりして、その具体的に体験する中から、心身を癒すのです。体力も必要になるでしょうし、五感で感じたり創造力を働かせたり、また自然学習もすることになるでしょう。そして、感動したり、驚いたり、不思議さを感じたり、疑問に思ったり、深い森と落ち葉のじゅうたんに感動し、それだけではなく、汗をかいて辛い苦しい思いをしたり、飲み水のありがたさを強く感じさせられたり、自然の涼しさや美しさ、美しい不思議な色彩のタマムシやチョウ、飛び交うトンボやコガネムシ、見事な美しい小鳥のさえずり、海水の塩辛さ、水中に潜る楽しさ、海底の海藻（草）や魚介類に会えた喜び、高山の涼しさと、遠景を見下ろしたパノラマ、氷河から流れ出る冷たい水、山々の美しさと険しさ、ご来光の太陽に感謝、夕陽の何とも言えない神秘的な美しさ、などなど、その場所へ行って、その体験をしてみなければ、絶対に知ることができない、感じることができない、その自然の素晴らしさの数々に、ただただ心から心身が癒されるのです。そして、ストレスが解消されるのです。

　わたしの専門は義務教育小中学校の教員で

健康は自己管理するものと心得る

したが、教科は理科でしたので、自然観察インストラクターなどとしても子どもたちに自然教育を大切にして関わってきました。理科では子どもたちの好きな昆虫を専攻し、特にチョウ類に興味・関心を強く持って日本の北海道から北アルプスの高山帯、南西諸島までの各地から、台湾省の高山帯雪山からタイ・マレーシア・ホンコン・シンガポール、中国各地、ハワイなどまで、チョウ類の生態・分布の調査・研究をして遠征して歩いてきました。そして、書いた論文・報告文は現在のところ合計1012報、著書は『日本のチョウ成虫・幼虫図鑑』などをはじめ21冊になります。だから、自然関係の場所や体験が好きで、それらの場所に行ったり、体験したりすることが、一番感動することになり、心身が癒されるのです。そして、ストレスが解消されるのです。チョウという生き物に感動と、生態の見事さに多様な不思議さと科学性を感じるのです。

皆さんも、そのような専門分野や趣味にしている得意分野があると思います。それらの中から、よい場所や、よい体験する分野を見つけだして、そして、退職後の自由な時間がたっぷりありますので、その時間を有効活用して、心身を癒すことを考えて計画し、それを是非とも具体化して、日ごろのストレスを解消することに取り組んでみてはいかがでしょうか。

24 アニマルセラピー（犬や猫）で治療への意欲を高める

現在は老人ホームや病院のリハビリセンターなどでは、認知症などの病気を持っていたり、手術後や骨折後の患者のリハビリなどで、その心理的及び精神的、もちろん身体的な苦痛や心の痛みなどを毎日、どのようにして癒したり、励ましたり、乗り越えたりしながら、病気やケガなどが治癒するようにと、取り組んでおられます。関係施設の専門的な医師や看護師、リハビリ技師、関係職員、付き添う家族などが、言葉がけをしたり、癒しの音楽曲を流したり、ときには楽器の演奏や歌手なども慰問に訪れて歌って励まされることもあるといいます。

このような場所で、最近になって聞いたことでありますが、これらの方々の心が少しでも癒されて、少しでも早く病やケガが治癒できるように意欲的になればと考えて、心の支えとなる飼い馴らされ訓練された、犬や猫との触れ合いができる機会を持つように関わられていて、大きな励ましとなり治癒が早まるのに効果が上がっているといいます。これはまさに、植物から出る健康物質のフィトンチットが人の健康を癒すことと同じように、犬や猫との触れ合いによって、その肌触りや、ひざ上に乗って来たりして、ヒト以上に愛らしい仕草や、接触して来て、頬ずりをしてなついてくることによって、心が癒されて、病気やリハビリなどから立ち直ろうとする意欲が高まるというのです。

わたしも家内と共に愛犬としてショコラと名付けたプードル犬を、この10年くらい飼い続けていますが、まったく家族の一員です。わたしは子どものころに家で猫を飼っていたことがあり、よくそのころはネズミを狩りして来るのですが、畳の上に新聞を引いて、そのうえで食べ

るようにならしていました。「よくやったな、よく捕って来たぞ、よしよしよく頑張った」、というと、喜んで、「グウグウ」と返事を返してくるのでした。そして、日頃も、よくじゃらしたりして遊んだりしたものでした。その可愛かったことは今でも忘れられません。また、大人になって家族を持つようになったときには、先でも触れましたように次男が学校帰りに、子犬（リキ）を拾って来ました。大事に散歩もさせて、自分で責任を持って飼うから、飼ってもいいでしょ、と何回も言うので、責任を持って最後まで飼うなら、よいということで、わが家の家族の一人になりました。子どもが高校生になって帰りが遅くなるようなときには、わたしも散歩に連れて行ったりしたことがありました。子どもたちは犬小屋を作ってやったり、あちこちと散歩に連れて行ったり、水浴びをさせて遊んだり、家族として仲良く関わり育てました。そのあとは、周辺で力に刺されてフィラリアにかかり、元気がなくなり、あちこちの獣医まで何回か通院し、手当をして貰いましたが、そのうちに亡くなってしまい、葬儀屋さんにお願いしたりしたことがありました。子どもも家族も悲しみながら見送りました。

退職後になって飼いはじめたショコラは、もともとは次男が買って飼っていたものでしたが、仕事が忙しく帰りも遅くなるときもあると言って、わたしたちが千葉へ永住移転すると、わたしたちが引き受けて飼うことになったのでした。わたしたちにとっても、子どもたちにとっても、千葉へ皆が集まると、この愛犬中心の話題が多くなるのです。そして、普段は家内が面倒を見ているので、一番よくなれていて、夜も一緒に寝るのです。けれども、次男が来ると、最初の飼い主を絶対に忘れずに、わたしはもちろんのこと、いつも仲が一番よい家内よりも、必ず次男のところに行って丸くなって休むのです。寝るときも、散歩のときも、すべての順位は次男が主人なのです。10年経ってもまったく変わりません。年に数回だけしか来ないのに覚えているのです。ところが、散歩に三人で出て行くときに、わたしが遅れて一番最後になることがありますが、そのときでも出口で家族の一員である三番目のわたしでも、必ず出口を向いて座って待っていて、散歩に二人だけでは行こうとしないのです。思わず泣けてしまいます。そんな可愛い、忠実な、裏切らない、愛犬を家族の一員として過ごしていると、毎日がほっとしてきて、疲れも吹っ飛び、心身の癒しとなり、ストレスの解消にも成っていて、いつも元気をもらっているのです。

みなさんも、愛犬や愛猫だけでなくても、小鳥でも、インコや文鳥、ウサギやモルモット、リスや金魚、メダカやクワガタなどを飼ったりして、大きな癒しをもらっているのではないでしょうか。高齢期以後になってくると、このようなペットを飼育して、一緒に遊んだり、会話をしたりして、心身を癒したりするのも、何かと励みになったり、話し相手になるのではないかと思います。旅行に出掛けるときには、ペットショップや犬猫病院で面倒をみてくれるところがありますので、安心して出掛けられます。

健康は自己管理するものと心得る

25 自律神経（交感神経と副交感神経）を整えた理想的な時間の活用法を学ぶ

　人間の生活には自律神経が微妙に関係していて、見えないところで重大な働きをしていることがわかっています。この神経のバランスが乱れると、胃腸や心臓の働きがにぶくなったり、血液の流れも悪くなり血液の質が下がり、からだの調子が悪くなったり病気に成ることがあるのだといいます。また、怒ることによっても、神経が乱れるといいます。この自律神経は体の中で自動的に動いている神経のことで、内臓や血管の働きも、汗をかくことなども、すべて体が勝手に行っていることなので、すべて自律神経が関係しています。そして、この自律神経には、アクセルとなる交感神経と、ブレーキの役割をする副交感神経の二つにわかれています。

　運動したり、緊張したり、議論したり、怒ったり、泣いたりするときのように、活動したり緊張・不安な時は、交感神経が上がって優位になっているときであり、お茶やコーヒーを飲んでリラックスしたり、眠くなってきているときは、副交感神経が優位になっているときであるといいます。

　また、例えば、よい血液も、血液の流れも、腸の環境（質）で決まるともいわれています。そして、腸内の環境をよくすると、便秘も解消され老廃物が排出されるから、血液もきれいになり、からだの隅々まで必要な栄養素が届くのだといいます。だから、美容にもよいし健康にもよくなるということになるのだそうです。しかも、腸の働きには副交感神経の働きが関係していて、腸や内臓器官が活発に動くのは副交感神経が優位の時だというのです。いかに、リラックスする時間を持つことが大切かがわかります。

　しかも、この副交感神経のレベルは40歳以後から急激に下がってくることが、最近になってわかってきたと、順天堂大学の小林弘幸教授は著書の中で強調しています。だから、50歳代、60歳代の方々は特に心して知ってもらいたいといわれます。それは、自律神経を乱す機会が多いからだといいます。

　いやいや、わたしは60歳以後に定年退職してからの70歳古希までと、それ以後の後期高齢期といわれる75歳から以後80歳代、それから90歳代にかけてから100歳代にまでこそ、自律神経を乱すことなく、副交感神経を優位にさせて、健康的で穏やかな、黄金の楽しい生活を、有意義に過ごしてこそ、人生を1生懸命に働いて生きて来た意味があると思うようになりました。あっと、そんなに生きられないか。欲張ってはいけないな。

　さて、小林教授の具体的ないろいろな効果的な方法を紹介してみましょう。

　先ず1日3度の食事は、よく食べて胃腸にリズムよく刺激を与えることが大事だといいます。朝食は食べるという刺激が大切で、必ず何かを食べるという習慣を大事にすることだといいます。そして、朝食をしっかり食べたら、昼食は軽くするとか、食事は適量をリズムよくが大事だという。また、夕食は寝る3時間前までには食べないと、食べて直ぐ寝ると消化も悪かったり、太りやすくなったりする。また、食事後に交感神経が優位になるので、このときに

睡眠に入っても質が悪くなるので、食事後に3時間くらいが経過して副交感神経が高まって来るので、この時に睡眠に入ると、理想の睡眠がとれるようになるといいます。また、食事はいままでも触れてきたように、八分目とか、七分目がよいとかよくいわれますが、小林先生は六分目くらいが一番腸に負担にならないし、活動も盛んになり血流もよくなるというのです。そして、1日3食の中でどこかで食べ過ぎたと思ったら、次の日に調整するのではなくて、食事の量や質はその日の中で調整するのがよいといいます。

　それでは、健康によいという副交感神経を高めるよい方法はあるのでしょうか。あるのです。これも小林先生の本を読むと、次のように言われています。

① 鼻から息を吸って口から吐く、腹式呼吸法が大事で、先ず例えば30秒間吸ったとしたら、その倍の時間の60秒間ゆっくりと吐くことを、2、3分繰り返すとよい。また、意識して吐くため息も同じ効果があるといいます。
② 忙しいときほど、ゆっくりを意識して取り組んだり、話し合ったり、文章を書いたりすると、心は乱れないといいます。
③ 質のよい睡眠をしっかりとることが大事であるといいます。そして、最悪の状態は徹夜をすることだそうです。睡眠不足は腸にも血管にも脳にとっても、また精神状態にも悪影響しか及ぼさないようです。
④ よい仕事をするために、1週間に1度の睡眠の日を計画的に考えて、充分な睡眠をとることも大事である。
⑤ 最適なウォーキングは、自律神経を整えるために落ち着いて、リラックスして副交感神経を高めるために歩くんだの意識をもつことが大事である。
⑥ 笑顔でいるということ、口角を上げて笑顔の表情になったりするということで、作り笑いであっても、副交感神経が上がり、それだけで病気は治り、リンパ球が活性化し、免疫力が高まる。
⑦ ガムをかむという習慣が、副交感神経を高めてリラックスでき、脳を活性化させる。
⑧ 1日に1.5リットルの水を、1回に少しずつ、全身の細胞に行き渡っていると意識しながら、飲むことで副交感神経が高まる。
⑨ 怒ると自律神経が乱れたままが、3、4時間（半日）は続くといいます。だから、そのような場面になったときには、黙るということが、よい対策だといいます。そうすれば爆発する事なく済ませられ、そのあとにどうしたらよいかを考えればよいというのです。

　次に、1日のうちで勝負の時間というか、思考的や創造的作業に、最も適しているのはどような時かということです。それは小林先生が言うには、交感神経も副交感神経も共に高い状態のときであるそうです。つまり、それは午前中だというのです。確かに午前中はわたしの感じでも納得がいきます。なるほどなと思いました。この時間帯に最も頭を使う、働かせる仕事を割り振るようにするとよいといいます。午前中こそが勝負の時間だというわけです。そして、

健康は自己管理するものと心得る

人の集中力は、1時間半しか続かないことが、医学的、肉体的に証明されているといいます。だから、午前中を例えば、9時から10時、そのあとに水を少し飲み、少し呼吸法を取り入れたり、ストレッチをしたりして休み、再び10時過ぎから11時、また少し休み、11時過ぎから12時までの、3回に分けて、仕事や原稿書きなどにあてたりすると効果的だといいます。そして、個人の疲れや心の状態によって、週に1、2日、あるいはそれ以上の空きの時間をもうけて、特に団塊の世代の人たちなどや高齢者、病気持ちの人は、意識して無理をしないようにしていけばよいわけです。

最後に、わたしは最近特に忘れごとやミスすることが多くなってきました。これでは認知症になればしないかと心配することもあります。小林先生によると、人がミスするには、それなりの身体的問題があるというのです。どんなパターンでミスをするのかを知っていれば、ミスを未然に防ぐことだってできるというのです。そのミスをする5大要素は、

①自信がない。
②時間的な余裕がない。
③未知のものに遭遇下。
④自分の体調が悪い。
⑤周囲の環境が悪い。の5つだそうです。

これはすべて自律神経のバランスを大きく崩す要因だといいます。どうでしょうか。思い当たることばかりだと思います。そして、ミスを未然に防ぐには五大要素を可能な限りつぶしていくことも、効果があるといいます。

26 アルツハイマーや、寝たきりにならないための予防策、ガンになったときの対応策

先でも少し触れましたが、アルツハイマーは脳の中にアミドイロという特殊なタンパク質が蓄積して起こるといわれていますが、血流がよければアミロイドは溜まりにくいのだといわれています。それで、アルツハイマーの患者は魚を食べない人や野菜嫌いの人、ストレスの多い人、生活習慣病の人が多いといわれ、これらは血流障害を引き起こし脳神経にダメージを与えるようだというのです。だからこれらのことを解決するために、無理な生活をやめて、健康によい食事をすれば予防できることになるのでしょう。

また、最近は転倒による骨折や、脳内出血、脳梗塞、老衰などが原因で、寝たきりになったり、物忘れが激しくなったりして認知症になることがあるといわれています。この老衰はある程度は仕方ないにしても、他の病気やケガは予防によって寝たきりを回避できるはずです。転倒は運動不足にならないようにしたり、脳血管障害の病気については日ごろの高血圧や高脂肪血症、高脂肪食、野菜不足、青みの魚不足、ストレスなどが誘引になっているといわれます。また、交感神経の緊張が続くような無理な生活をしないようにしたり、和食中心のバランスのとれた食事、適度な運動をするなどの工夫によって、寝たきりにならないようにしたいもの

です。また、物忘れが激しくならないようにするには脳の海馬を鍛えるとよいといわれます。鍛えるには、先ずは熟睡する睡眠と三度の食事（チョコレートや乳製品などもよいという）、適度な運動をすること、将棋や碁、マージャンなどの仲間とできるものをすること、日記を書くこと、青春のころの歌やレコードを歌ったり聞いたりすること、学生時代の大学を訪問したり、母校の高校や大学のスポーツ大会や試合の応援に行くとかして、脳を活性化させて海馬を鍛えるとよいのだといいます。

　2017年6月の国立長寿医療研究センターのまとめによると、軽度認知障害（MCI）の高齢住民65歳以上の4200人（内740人がMCI）を4年間追跡調査した結果、14％が認知症に進んだが、46％は正常に回復した。つまり、MCIと判定されても認知症予防目的の運動をしたり、生活習慣病対策をしたりすれば、決して悲観することはなく、前向きに健康的な暮らを心掛けることで、リスクを減らせる可能性が高いといえます。

　さらに、先でも触れましたが3人に1人はガンで亡くなる時代ですが、免疫学の世界的権威安保　徹先生の「ガンを治す4か条」を紹介すると、

①ストレスの多い生活パターンを見直す。
②ガンを必要以上にこわがらない。
③免疫を抑制するような治療（放射線治療、抗ガン剤治療、手術）を受けない。
④副交感神経を積極的に刺激する。

　この4か条で、低下している免疫力を上げる（リンパ球を増やす）必要があるといわれます。また、ガンは体を温め、軽く運動して酸素をたっぷり取り入れることが大切だといわれます。さらに、ガンを治すには、自分の考えに理解を示し、自分を励ましてくれる医師の下でなるべく免疫を抑制しないような治療を受けるのがよいといわれています。

27 体の冷え対策は内と外の両面で

　先ず、外側からの冷え対策としては、入浴や足湯です。入浴は40℃のお湯に、10分くらいゆっくりとつかるのです。また湯から上がるときは少しぬるめの湯を足先にかけると熱が逃げていかないので、温かく保たれます。また、自律神経を鍛えるためには、熱めの湯とぬるめの湯を交互に体全体にかけるようにすると、鍛えられるといいます。それから、足湯はバケツなどに湯を入れて、そこに足を入れて温めると熱が体の隅々まで行き渡り、血行や内臓の調子がよくなるといいます。足裏には内臓の臓器に対するツボセがあるというのです。また、冬に寝る前に足湯をすると寝付きがよくなるといわれます。その他にも、直接的にはホッカイロなどを、患部付近の薄着の上などに直接に貼って周辺部を温めるのも、外出時や特に寒い時期には効果を発揮することは、ご承知の通りです。ただし、患部の肌に直接に貼ると火傷のもとですので要注意です。

　さらに、内側からの対策としては、先ずは体を温める料理や食材を食べることです。鍋料理

健康は自己管理するものと心得る

とか、体を温める性質のある食材であるニンニクやショウガ、ニラ、サンショウ、ネギ、トウガラシ、アオジソ、カボチャ、クルミ、シナモン、黒砂糖などをいろいろな料理に入れて食べるようにするのです。また、朝食は体内の熱生産が高まるので必ず食べるようにしたいものですし、体を冷やす野菜や果物だけでなく、体を温める前記したものなども食べるようにするとよいと思います。それから、体内で熱を出しやすくする筋肉のもととなるタンパク質は、豚や牛の赤身肉や鳥のササミ身肉などに豊富に含まれていますので食べるようにしたいものです。それから自律神経が乱れないように睡眠のリズムや食事の時間などを規則正しく守ることも大切だといわれています。最後に、ウォーキングやストレッチ、ラジオ体操、プールで歩くなどの運動をすることを習慣にすることも大事であるといいます。

極度な冷え症な人は、専門医や漢方医の診察を受けるがよいと思います。よく冷えタイプが、血行不良型か、胃腸虚弱型か、あるいは新陳代謝低下型かに分けられることがあります。血行不良型はこまめに動いたり運動をしてストレッチや体操をして血行をよくしたり、1枚重ね着をしたり、きつい下着を着けないようにしたり、素足を避けて靴下をはくなどして対応するとよいといわれます。また、胃腸虚弱型はのど八分目にして、冷たい飲み物をガブガブ飲まないようにし、少しずつ口に含んで飲むのがよいといいます。また、できるだけ脂肪分の多いステーキや焼き肉などをさけて消化のよいものを食べる。それから、腹巻きをすることも対策になるといいます。最後の新陳代謝型は何といっても湯船に体全体をつかることです。また、筋肉を鍛えるために常日頃からエスカレーターやエレベータを使わずに階段を利用したり、1駅でも多く歩くなどすることです。

また、スイカの白色部には血流をよくするシトルリンが多く含まれているので、これを細切れにして豚肉などと炒めて、ショウガやゴマ、アオジソなどと混ぜて食べると、冷え症予防になるといいます。

7

いつも夢や希望、目的、野心を持って生きる

いつも夢や希望、目的、野心を持って生きる

1 生き甲斐というものを見つけ育て高めていく

事例1 絵本作家の咲く花への愛情

　もう大ベテラン作家と言っても過言ではない87歳の女流の絵本作家である。しかし、若さを感じる身軽さで、田畑の雑草の前に座ったり、寝っ転がって、楽しく過ごし、直ぐには絵を描かないのです。先ずは会話をしたり、上から下から、横から、斜めからと、四方八方から、よーく観察しては、その雑草と、「ああそうだっけ、雑草というような植物はないんだよね、皆ちゃんとした名前が付いている、知らないのはわたしだけ」とか何とか言いながら、いつも笑顔で、その植物と対話しながら、ああ咲き出している、咲き出したタンポポの花が、花といっても、この一つ一つがみんな花なんだよな、そして、いっぱいの花が集まって、この一輪のタンポポの花になっているんだよな、たいしたもんだな、これが、そのうちに、綿毛となって、いっぱいの綿毛になり、そのひとつひとつの綿毛には、その下に種が付いていて、やがて風が吹いたときに、パラシュートとなって飛ばされて、青空に舞っていくんだ、たいしたもんだ、そして、どこかの土の上に落ちて、またそこで芽を出してさ、そこで、こんなにも太い根っこになるまで育って、その場所で、毎年、毎年、春になると、花を咲かせるんだから、たいしたもんだ、こいつを、描いてやらねばと、思ってさ、きょうは、楽しみで、朝から準備をして、ここまで、出掛けて来たって、わけなんだよ、さあこいつらを描いてやらんといかん、それにしても、こんなとこに、毛がはえているのか、すごいな、これは発見だ、こいつは、描ときゃなくちゃいかんな……」そして、その場で、持って来た、おにぎりを食べて昼食、そのときも、座ったままで、目の前の花をのぞいたり、手で触ったり、匂いをかんだり、そして、また会話を続ける。「好きでたまらないのです。愛してたまらないのです。こうしていることが、生き甲斐、そのものなんだよな。楽しいよ、うれしいよ。今日も、こうして、みんなに会えて、話ができて、描けて、そして、黙っていても、答えてくれるから……」夕方近くなると、「また来るよ。それまで、元気でな。きっと成長しているだろうけどな。楽しみにしているよ。ばいばい……」

　家庭に帰って、夕食を食べて、一息つくと、さあこれから、本番だという、描く紙を広げて、昼間にスケッチしてきたものを、見ながら、真剣になって絵を描く、その目は、真剣だ。また1冊まとめにゃならん、とか言って、楽しそうに、あの花や葉の前に座り込んだ、あの情景、あの葉の脈、虫の食べ跡、部分での微妙な色の違い、花びら、雄しべ、雌しべ、花粉、綿毛の筋、空に飛んで行くようす、よくぞまあ、こんなに繊細に、写真よりも解りやすく、描けたものだと感心してしまう。感動して、ため息が漏れる……。そして、何日かして、ようやく1冊ができあがる、これで何冊目かなあ……。

　とにかく、植物の発芽した芽や、育った蕾、花や種、実、枯れた茎の、すべてをよく知り尽くしていて、彼らと会えて、遊べて、観察できて、会話ができて、描けるのを、1冊にまとめられ、できあがるまでが、楽しくて仕方ないのである。その関わることが、彼女の生き甲斐な

のです。出版はあくまでも、その結果であって、目的ではないように、感じられるのです。こんな大ベテランの絵本作家は、今も青春真っ只中を、平常心で楽しみながら、人生を謳歌しています。それにしても、すごい、女流作家ぶらない、偉大で素朴な絵本作家がいるものだ、87歳だというが、嘘だ、青春そのものだ……。例えば、『きゃべつばたけのいちにち』という科学絵本は、キャベツ畑でのモンシロチョウを中心とした多数の昆虫や虫たちが出てくるドキュメンタリーであるが、絵とやさしい言葉で話しかけてくれて、ほのぼのと心が引かれる。読んでいて、甲斐信枝さんの生き物を描くという生き甲斐にしていることがわかる思いを感じます。

事例2 若い歌手への追っかけ老婦人

女性の平均寿命は、男性が81歳であるのに対して、それよりも6年ほど長い87歳だといいます。あと少しで90歳にも届くかもしれません。何しろ女性は元気であり、よく活動するし、喋るし、気は利くし、被災者や介護者への気配りが厚いし、縁の下の力持ちとして働くし、優しい温かい心からの援助ができたり、細かい手先の器用さで仕事をやり抜くし、家事から子育て、一家を守り、さらにパートまでして、精一杯働きずくめでやり抜く傾向にあります。そして、歳をとるほど高齢期になるほど、益々元気になって、仕事に旅行に、そして自分の趣味に熱中して、益々若くなって衰えを知りません。看病に苦労して、最後まで献身的に夫に尽くし、見送っても、そのあとはさらに元気になって、益々活動的になって、人生を謳歌する人が多いようです。このあとの楽しい自由な余生は、子どもを産み、育てる苦労を、立派にやり遂げて、夫の内助の功を果たし、そして立派に見送り、そのすべてを乗り越えた、神様からの御褒美なのかもしれません。

主人が退職後のとある配偶者が、一時は体のあちこちが痛かったり、気持ちも晴れない日が多く、好きだった友達とのバスの旅にも行きたがらなくなり、家にばかりいて、主人もいろいろと気を使って、病院に行くように勧めたり、家事を少しでもと、手伝ったりしていたが、思わしくない日が続くばかりでした。

ところが、ある日、友達が来て、若い歌手のコンサートに誘われて、行ってみることにしたのでした。さあ、これがよかったのです。何か、コンサートの終わりに若い男性歌手と握手会があって、その握手で、「また是非お出でくださいね」、と声をかけていただいたことが、彼女の心に火をつけたのでした。

それからは、人が変わったように、美容院には行くし、仕事はるんるん気分でやれるというのです。そして、それからは時々、同じ趣味を持つ友人と、あの青年歌手のコンサートに出掛けるようになって、いつも楽しかった話を帰って来て主人にするようになったというのです。主人もよかったと思い喜んで、その友人に感謝しているといいます。主人が一緒に出掛けた友人にそっとようすを聞いて見ると、どうも若い歌手の追っかけが、楽しくて待ち遠しくてたまらないようだといわれるのです。すっかりとりこになってしまっているとのことでした。そして、家庭にいるときも、歌手のことをインターネッ

いつも夢や希望、目的、野心を持って生きる

トで調べたり、今度行ったときには、このグッズを買って来たいな、と友人に話したりしながら、いつも朗らかで、今まであちこちが痛い痛いと言っていたことが、うそのようになくなって、すっかり体調ももと通りになって、病院に行くなんて、とても考えられなくなり、元気を取り戻して、以前よりも益々元気になり、毎日が楽しくてたまらないようだというのです。そうです。この歳になって、この青年歌手をわが子のように思ったのか、あるいは理想の若い男性に恋いをしているかのような気持ちになっているようなのです。いやいや、本当に恋いをしているからこそ、この元気であり、この歌手のコンサートを聞きに行くのが楽しみで、生き甲斐そのものになっているのです。叶わぬ一方的なものであったとしても、恋をしたり、その歌手を追いかけて、あらゆる会場へ出向いてコンサートや会食会、グッズのサイン会、バスでの旅などに参加することなどの、彼女の生き甲斐が、この老婦人を心の青春婦人に変身させて、病気を吹っ飛ばして、自らで若い歌手に憧れることを通して、彼女の家に閉じこもりと病気がちの生活から、一変して堂々たる人生の楽園の生活にしたのでした。

確かに音楽は、ジャズでもクラシックでも、また歌謡曲や童謡、石垣島やハワイなどの癒し音などであっても、それぞれ人によって興味・関心は異なるでしょうが、聞くだけでも、いずれもその人の心を癒し、ストレスをなくし、心豊かにさせてくれたり、夢や希望を抱かせてくれたり、心強く生きて行く力をも与えてくれるような、不思議で偉大な癒しの力を持っています。さらには、実際に歌ったり、演奏したり、指揮をしたり、作詞や作曲をしたり、また、合奏したり、合唱したり、カラオケ大会で歌い合ったりすれば、その意義はさらに拡大することは間違いないでしょう。音楽というものはいいものだと、いつも思い考え、わたしも時々コンサートなどに出掛けて頭と心を癒したり、人生の生きる希望や意欲を高めたりしています。ただし、どんなに美声であったり、技術の高い演奏であったとしても、船村徹が言われたように、あらゆる歌や曲は心を込めてうたい演奏したものでないかぎり、心に響いて癒すことはないものであることを、いろいろと聞いてみて強く感じています。

事例3 チョウの愛好家がテングアゲハの未知なる生態を解明

わたしが尊敬する五十嵐 邁(すぐる)先生は、大手大成建設会社取締役を最後に、慰留されるのを振り切って、1985年に60歳で定年退職したかと思ったら、その直後の7月～9月には、待ち望んでいた北インドのヒマラヤ、タイガーヒル頂上(標高2585m)へ、奥さんらと24年間8回目のテングアゲハの世界でも未知な生態調査に出掛けていた。慰留を振り切ったのはやることがあったからです。そして、ついに自生するモクレン科のユリノキの枝葉に産卵するのを観察して、見事に産付卵を確認し、そのあとに飼育して幼虫と蛹も得られ、世界で初めてテングアゲハの幼虫が食べる植物を発見したのでありました。このアマチュアの偉大な発見のニュースは、正式なものとしては1986年8

月には国内外に伝わり、世界中の昆虫学者が熱狂して沸いたのでありました。

なお、この頂上で五十嵐先生は13年前に、成虫を採集しているのです。そのときのようすは、そのテングアゲハが2mの高さを通り過ぎようとしたとき、腰を浮かせて立ち上がりざまにネット（捕虫網）を振った瞬間、チョウがネットに触れたバサッという音と、「捕った」と叫ぶ声が同時に聞こえ、そっと右手を差し込んでチョウに触れたときの生まれて初めての息詰まる感触がそこにあったときの興奮は、小学校の成績で優等をとったとき、難関を突破して東京高等学校に合格したとき、北アルプスで初めて高山蝶を捕ったとき、死闘の末サッカーでゴールを得たときなどのどれだって、このときの感激に比べたら微々たるものだったと、著書『蝶と鉄骨と』（2003）の中で記しています。

そして、この最後の未知だったテングアゲハの生態（成虫、産卵植物、産付卵、幼虫、蛹、羽化成虫など）を含めた、30年余りを費やした大図鑑の偉業が『世界のアゲハチョウ』（講談社、東京）の出版として1989年に成し遂げられたのでありました。

五十嵐先生は島根県生まれで、もともとチョウを趣味とする熱烈な愛好家であり、仕事の合間を縫っては国内外に未知のチョウの生態を究明するために費やし、年収の半分以上をチョウの研究につぎ込んだといわれています。著書も多数あり、五十嵐先生をモデルにした小説『黄色い皇帝』（芝木好子著）がテレビドラマ化されたこともありました。この大発見のときは昭和天皇に奏上する栄にも浴しています。昌子奥様は現在もお元気で先生の生涯にわたり内助の功となり、また研究助手としても立派に努めて楽しんで来られて、今は先生の残された研究物の整理活用をしておられます。東大工学部建築学科卒で蝶の研究で京都大学から理学博士号取得、日本蝶類学会を創設して初代会長、そのあとには信越半導体会社の社長を6年務める、2008年に83歳で逝去、兵庫県赤穂市髄鴎寺に眠られております。

五十嵐先生はチョウの研究と会社勤めを見事に両立させた偉大な人であり、人生の前半では日本のトップ企業で頂点に立ち、また退職後の後半では趣味の世界でチョウの生態研究で頂点を極めた、正に一生を2度生きた「一身二生」の見事な人生を送られた人であったのです。趣味としての生活に、なぜこれほどまでにチョウに魅力を感じて世界各地にまでチョウを追いかけて、学術的に研究したり、著書や大図鑑を出版したのか。また、京大から博士号まで取得するまでにチョウにほれ込んだのか。現役時代は睡眠時間を削ってまで、自宅に帰ってから毎日最低2時間は研究を続けていたと言われます。五十嵐先生のチョウの研究は日本だけに留まらず、広く海外の世界各国にまで目を向けて、誠実にチョウを愛する優しい気持ちと、チョウの未知な世界を究明したいという夢実現のための、広大な考えと心、緻密な計画性、そして野性的かつ人間的な魅力がほとばしっておられました。また、仲のよい友人や研究者も極めて多く、国内は蝶類研究の権威九州大学の白水隆博士や京都大学の日高敏隆博士をはじめとして、多くの研究家やアマチュア愛好家はもちろ

いつも夢や希望、目的、野心を持って生きる

んのこと、大英博物館や南アフリカなど海外の研究者や友人が多く、いつも研究するための理解者でありました。

そして、退職後も、隠居を知らずに、現役時代以上に精力的になって研究に取り組み、世界の高山帯へ遠征して世界的な大発見をしてしまうのですから、神業としか言いようがありません。先生は病床にある最後まで、「また、あのジャングルへチョウを研究に行きましょう、まだ命は落とせません、まとめる大切なことがたくさんあるから」と話していたといいます。この退職後の23年間は五十嵐先生にとって、本当に自由で貴重な自分の夢や目的、野望を果たすため以外の、何物でもなかったのです。そして、こんなにもチョウの虜になったのは、チョウの魅力と、その未知な世界を解き明かすことが、先生の生き甲斐だったのであると言い切れると、少しだけ先生夫妻と温かいお付き合いをさせていただいたことがある一人として、また同じチョウが好きな愛好家の一人だからわかるのです。生き甲斐となることを実践することこそが、退職後から高齢期では一番大切なことで、これが幸福な人生を歩ませてくれる原動力になると思います。

事例4　90歳を過ぎて詩を書きはじめて、白寿の処女詩集でベストセラー作家に

わたしたちは何歳になったとしても、遅いということは決してありません。何歳からでも出発はできる、自分がやりたいことを、自分の生き甲斐であることを、今やらなくて、いつやるというのだ、思いついた今でしょ。と、勇気を出して、90歳を過ぎてから、やり抜いている、可愛い老女がいます。人はみずみずしい感性を持っていると賛辞を贈ります。その人の名は、柴田トヨさん、今では有名な詩作家です。

明治44年に栃木県の裕福な米穀の一人娘として生まれ、10代のころに家が傾き、料理屋などへ奉公に出されたといいます。そして33歳で調理師と結婚し翌年1男を授かる、夫とはそのあとに死別、以来一人暮らし。若いころの趣味は読書、映画・歌謡曲鑑賞、熟年期は日本舞踊、好物はいなり寿司、里芋などの野菜の煮物。夢は自分の詩集が翻訳され、世界中の人に読んでもらうこと、同郷の作曲家船村徹に詩集を読んでもらうこと。と、著書の紹介欄に書いてありました。

もともと読書や映画、歌謡曲鑑賞などを趣味とし、特に地元出身の作曲家、船村徹の歌謡曲が好きで、「別れの一本杉」の作詞をした若くて26歳で亡くなった高野公男の詩に感動し、こんな詩が書けたらいいなと思っていたといわれます。そして、90歳を過ぎたころ腰を痛めて希望を失いかけていました。そのころです。詩を書くきっかけとなったのは、腰を痛めて大好きだった日本舞踊を踊れなくなって気落ちしているときに、ひとり息子の健一さんが、「おっかさん、詩を書いてみたら。詩なら家の中で座っていても作れるし、お金もかからないから」と、母を慰めるための言葉だったと言います。そして、詩を書きはじめたのが90歳を過ぎていましたが、この書くことになってからは、詩を書くことが毎日の生き甲斐になっていったのです。そして、こんなことも言っています。

わたしにとって、「生きる力」の源になるものは詩作、それからまわりの人にやさしさをいただいたときのうれしさですね。まわりの人に支えられて生きていることを実感して、やっぱり「生きなくちゃ」と心から思いますね。詩を書いていて、「今、わたしはこれをつかんだ。つかんだんだから絶対離さないで、一所懸命続けていくんだ」って思っているんです。

週6日のヘルパーさんと週1日の息子さん、そして時々の訪問治療医師に来てもらっていたといいますが、一人暮らしを20数年以上も続けており、詩はベットで横になっているときや、テレビを見ているときなどの夜に生まれるといいます。そして、白寿近くの98歳になって処女作『くじけないで』の詩集出版となりました。これがベストセラーとなり、映画化され、翻訳もされて世界各国で発売されています。

トヨさんは、毎朝のバターやジャムを塗ったパンと紅茶の朝食や、ヘルパーさんにしてもらう掃除や洗濯の手伝い、買い物のリストづくり、公共利用金などの支払を含めた家計、通院スケジュールなども頭を使いこなしているといいます。すべてを任せっきりにする事なく、独立心というのでしょうか、一人暮らしが、かえって心の支えになって長生きにもつながっているのでしょう。そして、今もおつくり（化粧）をしているといい、それは誰かにほめられたくて、だそうです。それは、息子の健一さんが小学生のときに、友達に言われたことを、今になっても覚えていて、

「お前の母ちゃん、きれいだなって、友達に言われたと、うれしそうに、言ったことがあった。それから丹念に、97歳の今も、おつくりをしている。誰かに、ほめられたくて」

この化粧という題の作品が生まれたのです。

そして、詩作の経験から、柴田トヨ先生はわたしたちに檄を飛ばしてくれています。

「人生、いつだってこれから。だれにも朝はかならずやってくる」101歳老衰で死去。

さあ、自分の生き甲斐のあるものに、とことん突き進み、楽しくやり抜いて参りましょう。継続は力なり、続けるほど生き甲斐も、やり甲斐も深まるでしょう。大いに自分の掛け替えの無い人生を楽しむことが大事であると思われてなりません。

❷ 現役時代に果たせなかった夢や希望、目的、野心を実現させる時間は充分にある

現役時代に果たそうと思っていても、仕事や家庭を持って忙しい間は、果たせなかったが、退職後ならば時間は沢山あるので、その果たせなかった夢を実現させてみればよいと思います。また、特に現役中には考えていなかったが、退職後の構想を計画していて考えた、これからの人生での目的や夢、野心というものを、充分ある自由な時間を生かして実現し、人生を楽しめばよいのではないでしょうか。わたしが信頼してやまない坂村真民先生は次のよう詩を書いています。

「人はロマンをなくしちゃならん。これをなくしたら、もうおしまいだ。老いた木は老い木になりに、美しい花を咲かせるではないか。若木

いつも夢や希望、目的、野心を持って生きる

の花よりも、老い木の花に、心ひかれる。静かで穏やかで、自分をそのままうち出しているからだ。じっと見つめていると、人間の在り方を教えてくれます。」

また、希望という題の詩もあります。

「漠然と生きているのが、一番いけない、人間何か希望を持たねばならぬ、希望は小さくてもよい、自分独自のものであれば、必ずいつか、それが光ってくる、そして、その人を助けるのだ。」

そのお手本になる偉人は大勢おられます。偉人のまねも、また偉人なりといいます。是非その偉人の意気込みを真似てみてはいかがでしょうか。例えば、人生およそ50歳といわれたころの江戸時代に、現在の千葉県九十九里町に生まれ、17歳で同県香取市佐原の伊能家に婿養子として入り、家業の酒造業などの商家を発展させ、佐原の名主・村方後見を努め、49歳で家業を長男に譲り隠居するとともに、直ぐに伊能忠敬は翌年には江戸深川に出て住み天文や暦学を天文方高橋至時に入門して、以前から深く興味を持っていた地球が球体であることを測量するという、とてつもない大きな夢を実現させるために、学問の中心（江戸）まで学ぶ修行に出かけたのでした。そして、55歳で第一次の東北・北海道南部の測量以来71歳の第十次江戸の測量までと継続し、59歳のときには幕府に登用されている。しかし、この測量により作った「日本全図」の完成という偉業を成し遂げた完成図を見る事なく、3年前に73歳で亡くなり、東上野の源空寺に埋葬された。今でいえば退職後の余生に、現役時代から学びながら自分の育ててきた夢や目標、野望というべきものを、当時としては遠く江戸の学問の中心地まで出て師匠について学び、実際に北海道から九州までの地球1周分もの距離を歩いて測量をやり遂げた後半生、今でいえば高齢期に、日本人はもちろんのこと世界が驚くような正確で芸術的な美しさを備えた実測日本地図（伊能図）を完成させたのであり、これらの残された資料は国宝に指定されています。強い志と生き甲斐となる夢や目標、野望を持っていれば、あとは行動力である。そして、ずっと体力（健康）、探究心がないと夢は果たせない。いずれも忠敬には備わっていたのです。

事例1 楽しい農業の自活生活

都会などに長い間住んでいると、旅行先で農業体験をしたり、野菜や果物の収穫作業などを体験したときなどに、退職したら農業をのんびりとしながら、無農薬野菜を栽培したりして、ゆっくりした生活をしてみたいものですね、などと二人で話したりしたこともあるのではないでしょうか。この退職後に都会から田舎に移って、農業を少しだけしながら、自活をしたいという希望者が増えているといいます。先でも少し触れましたが、そのような希望者向けに、農家地帯でも過疎化対策の面からも、農地の周辺の一角にまとめて何戸かの戸建て住宅を建て向かい入れ、希望者を募り、年間の借用料を格安の5〜10万円くらいにして、畑も無料で貸与してくれるというものです。また、若い夫婦の場合は、さらによい条件が準備されており、子どもの養育費や保育園、学校の授業料なども無料にして引き受けたいという、こんな計画

をしている市町村もあるというのです。

このようなところに、実際に実情を知るために現地案内会などに参加して理解を深められれば、より具体的に退職後の夢の実現を果たすことに、一歩ずつ近づけるでしょう。インターネットなどで調べてから、参加してみるのもよいかと思います。

さて、こうして実際に東京都内に自宅があり、周辺の他県ということで山間農業地を選定した二人がおりますが、この方は定年間際に既に下見を終えて契約し、主人が定年退職までは東京在住にして、時々の終末に田舎に借用してある戸建て住宅に通って、農業体験として野菜作りをして1、2泊し、東京に戻ることを繰り返しています。田舎の空気が美味しくて、まわりの農家の方々も親切で何でも具体的に教えていただけるし、買い物も車で10分も行くとスーパーがあるので、ここで何でも間に合うから都合がよいし、東京まで帰るにしても、県道から高速道に出て乗り継げば、2時間以内で自宅に着くので気分転換にもよいくらいですというのです。そして、今は少しの野菜くらいですが、退職後にはほとんどは戸建て住宅を本拠地にして、月に1泊くらいは東京に戻る生活にして、水田で米作りもやってみたいし、シイタケ栽培や、キウイフルーツ、プルーンなども栽培したいと意気込んでおられるといいます。また、よいものを作り、近くの道の駅にも、できるだけ安く売価を付けて、出荷したいとも話していました。

他にも、夫が農業を中心にやり、配偶者が手作りパンを焼いて、農協のスーパーに野菜や果物、パンなどを置いていただいて、少しの収入にまでなっている定年後6年目になる夫婦の例などもあります。他にもイチゴやトマト、それからゴーヤやピーマンなどに挑戦して、かなりの熱を入れて農家顔負けの収穫を上げている、75歳の老夫婦などもおられるといいますが、農業は土への取り組みと、生きものを喜びを持って育て、体を知らず知らずに使って運動をしており、しかも空気の新鮮な中での取り組みなので、健康によいのだと思います。ただし、頑張り過ぎないように、いつも笑顔を絶やさない範囲で取り組んで楽しむのが、本当の夢の実現になるのだと思います。

このような場合、どこにするかの場所の選定に当たってとは、現役中から10年計画であちこちと旅行を兼ねて下見するなどして、よく吟味してから決めることが大事だと思います。また、だんだんと高齢に向かっていくのですから、二人の健康などのことや、家族の子供夫婦や孫ともあまり離れていない方が、普段から遊びに行ったり来たりできることも考えたりすると、車で2時間程度で帰れるような場所がよいかもしれません。ただし、そういうことは、あまり考えなくてもかまわないということであれば、二人が本当に気に入った条件の整った場所でよいわけです。

事例2 海外でのロングステイ生活を楽しむ

これも現役中に今度は海外へ二人で旅行に行ったときに、たまたま現地のガイドさんの話したことがヒントになって、そんな日本人がいるのかと思い、退職後にこんな1年中温かいと

いつも夢や希望、目的、野心を持って生きる

ころで、楽しく過ごせたらいいなあと思って真剣に考えるようになる人がいるといいます。つまり、日本よりも物価が安くて、1年中温かくて、いろいろな観光場所があり、治安もよく、年金生活を日本にいるときよりも1.5～2倍楽しむことができ、病院やスーパーなどはもちろん近くにあり、同じ日本人仲間の集まる場所があって、協力的で教え合い、仲良くなれるというのです。それが、海外でのロングステイ生活なのです。

そして、自分たち二人で決めた年齢までの、例えば75歳までとか、元気ならば80歳までは海外生活をして、そのあとは日本に戻って来るようにする、とかの計画を考えればよいわけです。

では、どのような国を選ぶか、どんな環境のところがよいか、どんな条件の国を選ぶか、その他、詳細をインターネットなどで先ずは下調べをしてみます。同じ外国でも都市によっても生活費がどのくらいかかるか異なるので、よく調べてみることが大事になります。アジアならばタイやフィリピンとか、オセアニアならばオーストラリアなどで楽しんでいる人がいることを聞いています。あの大橋巨船さんはロングステイではなく観光客向けのお店を経営しながら、オーストラリアに居住していましたのでご存じの方もおられるでしょう。

詳しいことは、海外のホームステイのお手伝いをしている会社に問い合わせて、資料を送ってもらい、それを見てから、実際に出掛けていろいろとようすを相談してみて、解らないことなどを質問して聞いたりするとよいでしょう。

この海外でのロングステイ生活は、相当の覚悟と、二人での話し合いで納得することが先決です。次には、何百万円か（国によって異なるが、タイで年間2、300万くらい）のロングステイビザを取得する必要があり、事前にその国に預けておくことで契約が成立するので、そのことで絶対に後悔しないこと、夫婦二人の健康状態をしっかりと把握してから決断すること、そんなことがクリアできるならば、夫婦二人の異国での夢に見た生活を実現させて、退職後の老後の楽しい余生を送るのも素晴らしいことではないかと思います。

事例3 キャンピングカーで日本各地を回り自由な生活を楽しむ

よく高速道路沿いにあるサービスエリアなどで、隅っこの方の駐車場などに何日間も駐車しているような感じを受けるキャンピングカーや自家用車を見受けることがあります。場所によっては、このような乗用車やワゴン車が多くなって問題となったり、運転手が病死して発見されたり、ここを塒にして朝になると車や軽トラックで出勤し、また夜になると帰ってくる人もいるといいます。食事や買い物はサービスエリアでしたり、風呂や床屋は仕事帰りに寄ってきて、また塒に帰り、車の中にはキャンピング用品一式や、寝るための毛布、着替え一式、飲み水タンク、調理用一式を乗せていて、朝は顔を洗い、歯を磨き、朝食をして、トイレはサービスエリア内のものを利用し、そして、紳士になったり、作業着姿で会社や作業現場に出勤するというのです。そして、休日にはこの車内でゆっくり

朝寝坊や昼寝を楽しみ、読書をしたり、お茶やコーヒーを飲んでくつろぐのだといいます。もちろん、少し稼ぎが多かったときには、上等なアルコール類も買って来て、ギョウザや焼き鳥を買って来たり、焼き肉を焼いて作ったりして、1杯飲むのだといいます。

このうちのキャンピングカーを退職後に退職金で購入して、これを自宅代わりにする人もいるといいますし、自宅はそのままにして、普段はキャンピングカー乗りの生活暮らしで、数カ月に1度は自宅に帰ったりして郵便や家の周りなどを見てくるという生活をしている夫婦もいるといいます。しかし、年金を貰い続けるためには、所在をしっかりしておかなければ成らないので、自宅に住んでいるようにしてあるのでしょう。そして、連絡や税金は支払うようになっているものと思われます。このことだけはきちんとしておかなくては成りません。

とにかく、キャンピングカーでの気ままな二人での生活は、退職後の夢としてお持ちの人が案外おられるようで、たまーに観光地などで見かけて、話を聞く機会に恵まれることもあるほどです。まあ、日本も南北というか東西に細長く、およそ直線にしても2000キロ以上はありますから、車での移動では何といってもガソリン代が心配になりますが、これだけは仕方ないでしょう。だから、ゆっくり例えば南下していって目的地でキャンピングカーでキャンプをして寝泊まりし、食事もできるだけ楽しく安く自炊にするとかし、ときにはコンビニやレストランを利用するなど、単調にならないように考えればよいのでしょう。その場所が気に入ったら、2、3日でも1週間でも、あるいは1カ月でも、のんびりとした、その場所の良さを味わい楽しみ、体験すればよいわけです。あわててガソリンを使って移動してしまわなくてもよいのです。それから、あの場所では秋の10月には見事な紅葉祭りが行われるとか、日本何大祭りが11月にあるから、それに間に合うように行くように計画したいと、常々キャンピングカー内の居間で二人で話し合い、いろいろな観光行事など案内書なども参考にしたり、パソコンやスマホでも最新の情報を調べたりして、予定を組んでカレンダーや手帳などに記録する。そして、常に見直したり、変更したりして、天候なども参考にして考えていけばよいでしょう。

何しろ、退職後の時間はたっぷりありますから、あわてずに、常に安全運転第一、健康第一で、日本を南下したら四国、淡路島、対馬、九州からはフェリーで行けるところ、種子島や屋久島、そして沖縄の各諸島、どうしてもキャンピングカーを持って行けない島々には、きちんとしたところに車を預かってもらい、船やバスなどの手段で渡り探訪してくることも取り入れるとよいと思います。また、逆も佐渡島や小笠原島、もちろん北海道から利尻島、礼文島も行けるのかなども調べてみて、行けなければ、他の手段でも折角だから行ってみたい。

そして、自宅に帰るのは、例えば旅の途中に寄るのが一番能率的でよいが、必ずしもそういうようにうまくいかないこともあるので、今年は正月前後の1週間とお盆前後の1週間、親子行事の9月の1週間、人間ドックを受ける11月の1週間とか、のように計画しておくとよ

いつも夢や希望、目的、野心を持って生きる

いかもしれません。

　また、旅行中は健康保険証を携帯していますので、少しでも調子が良くないときには、最寄りのクリニックや病院で診察を受ければよいわけですが、この健康管理は二人の自己責任で、無理を絶対にしないという約束をしておいて旅をし、疲れたときには涼しい場所に車を止めたりして、テントを張って外で休むとか、また車の中で休養したり、ときには温泉施設に行って骨伸ばしをしてくるとか、いろいろと工夫するとよいかと思います。また、一応の常備薬も携帯箱に入れて持っていた方が、ちょっとしたケガなどの手当の場合には安心でしょう。それに、蚊取り線香や殺虫噴霧器なども持っていると都合がよいでしょう。

　また、高額なキャンピングカーを買わなくても、安い軽トラックを利用して、荷台を20万から50万円くらいかけて、必要な材料をホームセンターなどで買い揃えて、日曜大工で楽しみながら人が住めるハウスを作り、二人でよい季節の各地を巡り、日本一周をして気ままな生活の旅をしている夫婦もいます。これこそ人生の楽園生活なのかもしれません。この荷台のハウスはそっくり取り外すことができるので、荷物と同じで高さや幅の制限以内であれば、道路交通法違反にはならないといいます。中には軽トラハウスとして、老夫婦の住居としている人もおり、これこそ動くマイホームというか城なのでしょう。あるいは、軽トラックの荷台に手作り野菜や果物を乗せて、全国的な軽トラ市として各地から、いろいろなものを乗せて集まり、被災地などでイベントが開かれるボランティア活動に参加する人もいるといいます。

事例4　こんなところに日本人

　よくテレビ番組でやっているあれです。「こんなところに日本人」というのですが、いろいろと参考になる人がいるのではないでしょうか。もちろん、もっと若いときからの方が可能性は広がりますが、そうとばかりは言えません。退職後の年齢であってもできそうなことはいくらでもあります。ただし、退職後の年齢ですので、何かの有用な資格や特別の技能というか、能力や特技を持っていることが成功の条件になります。

　例えば、どういうことかといいますと、海外でも国内でも構いませんが、退職後の夫婦がいずれかの資格や特別の能力を持っていれば、それを生かして、海外や国内で有意義に活用して、国や国民、諸学校、地域、商店街などのためになる仕事ができるようにするというものです。

　海外のいろいろな国での日本人学校や日本語を教える教室で働いてみたいと思っていたり、昔からハープや琴の演奏家として地域で活動して来たので夫の退職を機会に、自分の好きな海外の音楽大学でハープや琴の演奏を教えたいとか、退職した配偶者が国内での主人のラーメン店や寿司屋を締めて、好きなハワイでラーメン店や寿司屋を二人で開きたいとか、高校の教員を退職した主人が、英語力をいかして海外で観光客相手のガイド役として仕事をしてみたいとか、農業経験者ならば、外国の農業国で生産性を上げる農業経営をしたり、零細

農家の技術援助をするとか、あるいはスポーツならば日本の空手や剣道を外国の学校や地域の中で広めて道場を開き、技術や精神を教授し、また指導者を養成したりするなど、いろいろな国でのいろいろな資格や特技を生かした、生き甲斐の持てる生き方ができるのではないかと思います。

　そして、その一人ひとりが、こんな国の、こんなところで、こんな関わり方をして仕事をしていて、退職後の余生を、生き生きと楽しく活躍している日本人と言われることになるのでしょう。実に素晴らしいことではありませんか。日本人が退職後に、自分の特技や趣味を生かしながら、世界の各地で活躍することが、高齢者が急増する時代であるので、折角の素晴らしい資格や特技をお持ちの退職後の皆さんが、世界中に羽ばたいて各国へ出掛けられ、大いに活躍して、生き甲斐のある夢や目的を実現できることは、またとない絶好の機会でしょう。

事例5　児童・科学書作家となって

　現役時代に理科の教員だったり、自然関係に堪能だったり、自然観察インストラクターをしていたり、野鳥や昆虫類、植物類や湖沼生物、里山や高山帯の自然観察、南西諸島の生物調査、北海道の自然観察や調査、絶滅危惧種の調査・研究などをしてきた人がいるかと思います。また、あるいは、それらの生態写真を撮り続けていたり、児童書や科学書に興味・関心を持って取り組んできたりした方々もおられることでしょう。

　このような方々は、退職後に、膨大に蓄積されたりして所蔵している調査・研究した資料や生態写真などをもとにして、これらを研究論文や報告文にまとめて専門誌等に投稿して報告するとか、あるいは児童書や科学書にまとめて出版するとかに挑戦してみるのもよいではないかと思います。

　わたしも、現役中は小中学校の理科教員として取り組むと共に、理科教科書や理科学習帳の編集に携わったり、休日には趣味としての昆虫調査、特にチョウ類の分布・生態研究を継続してきたり、自然観察インストラクターを努めたり、理科教育センターの生物（昆虫）専門委員などとして関わったりしてきました。それで、教員生活38年間に蓄積してきた調査・研究した資料や、多数の生態写真をもとに、退職後にはまとめようと考えてきたことがありました。また、教員生活中には内地留学制度という絶好の機会を生かして、チョウ類の研究をより深めるために、県費で京都大学理学部動物学研究室に1年間、指導者のチョウ類行動の権威である日高敏隆博士について、研究ざんまいの研修をさせていただくこともできて有意義でありました。

　そして、この退職後9年間に出版した著書は、チョウ類研究の総まとめとしての著書として、総カラーで、『日本のチョウ成虫・幼虫図鑑』(2013)（この修正2刷本はチョウ類が好きだという秋篠宮悠仁様に謹呈させていただく栄を賜る）や『日本産チョウの配偶行動』(2012)、『共生する生きものたち、クロシジミとクロオオアリの相利共生』(2009)、『百年間の上高地から槍ヶ岳の蝶』(2009)、『長野県におけるヒメ

いつも夢や希望、目的、野心を持って生きる

ヒカゲの生息環境と個体数の変動』(2010)、『上高地の自然図鑑』(2010)、『日本の里山いきもの図鑑』(2011)、『わたしの日本昆虫記チョウ編Ⅰ〜Ⅴ』(2016) など合計15冊ほどになります。また、各種関係学会や同好会、専門誌などに発表してきた論文及び報告文の38年間と退職後から現在までに、合計は1012報となりました。

これは自前の例で恐縮ですが、やっぱり長い間に蓄積してきた折角の資料や写真を、このようにしてまとめられて感無量であり、まだこれからも楽しみながら継続していきたいと思っているところであります。

皆さんの中にも、沢山の種々の資料を蓄積されてお持ちと思われますので、是非とも時間は沢山ありますので、いろいろな形でまとめておかれると有意義な老後生活になるものと思います。

事例6　画家や陶芸家として没頭する

さて、プロ顔負けの画家や陶芸家などもおられるのではないでしょうか。道元禅師は「仏道を習うというは、自己を習うなり、自己を習うというは、自己を忘るるなり」といっていますが、自分を忘れて一心に何かに集中することが、みなさんのような芸術を趣味としたりプロとする方々にはあると思います。

この70年近くの人生の中で、あちこちを旅をしたときなどに、自然環境の素晴らしい上高地などに行くと、プロの画家さんもいますが、アマチュアだという画家さんも多数おられて、山岳風景などを描いている方々に出会うことがありました。そして、後ろから黙ってのぞかせてもらって見せていただくと、その上手なこと、感動する絵を描いていることに、つい見とれて足を止めるのです。そして、だんだんと近づいていって、失礼も顧みずに、上手ですね、プロですかと聞くと、いいえー、アマチュアです、好きで描いているだけですよ、というのです。まさかアマチュアとは考えられないなあ、うまいものですねー、と言って、先を急いで山を目指すこともありました。

また、あるときに東京駅がまだ工事中であったころですが、それでも東京駅は魅力があり何人かの人が絵に描いていました。わたしが見た人は水彩画でしたが、よく描かれていましたし、帰るころには完成するようだというので、また見て帰ることにしますと言って、目的地へと向かいました。そして、帰りにその東京駅の絵を見に行くとほぼ完成しているとのことでした。それは見事でした。そうすると、その自称アマチュアの画家だという人が、もしよろしければ、どうぞお持ちくださいというのです。また、描きますからかまいませんというので、恐縮しながら少し絵の具代を差し上げていただいて持ち帰り、自宅に着くと早速額をさがして入れ、玄関に飾りました。玄関を出るときも、帰って来たときにも、この絵を見ると、あの天下の東京駅が描いた人の温かい気持ちとともに目に浮かび、とても身近に感じられるのです。

絵が描ける才能や心を持っている人は羨ましいな、と思うことがよくあります。見たり感じたものを、自然の中でも、室内でも、旅先でも、何処ででも、スケッチブックやキャンバスに自

由に自己表現することができるのですから、こんなに気持ちよく素晴らしいことはないなと、描けないわたしからみると、羨ましく思われるのです。そして、その作品も残されるし、周りの人や、ホテルや喫茶店にでも飾られていれば、多くの知らない人にも観ていただけるのですから、こんなにも素晴らしい芸術はないと思われて成らないのです。これらのことは陶芸家でも彫刻家でも、その他の芸術家の作品でも同じだと思います。

　退職後は自由な時間が充分あります。これらの芸術的な才能や趣味をお持ちの方々は、いよいよ自由な時間を最大限に生かして、素晴らしい絵画や陶芸、彫刻、その他の芸術に自己を忘れて没頭され、納得のいく芸術作品を完成させて、個展などを開いて、わたしたちに見せていただける場を設けていただければ、これらの作品を鑑賞したい退職後の皆さんはもちろんのこと、老若問わずの観客が訪れて心を癒されることでしょう。

事例7　コーヒーショップやパン屋さん、カレー店の店主として独立

　コーヒー党の人や、パン好きの人がとても多くなっています。コーヒーは1日に3、4杯までならアルカリ食なので健康によいとか、肝臓ガンになりにくいとか、いろいろと健康面で効果的な嗜好品であることが拍車をかけているのか、とてもコーヒーを飲んだり楽しむ人口が増えているといわれています。確かにコーヒーショップではもちろんのこと、喫茶店やレストラン、古民家カフェ、農園カフェなどの各種カフェ、ホテル、コンビニや食堂、自動販売機、パン屋さん、カレーの店、回転ずし店までもが、コーヒーが置いてあり、どこでも利用できるのでコーヒー好きの者にはありがたいことでしょう。この同じコーヒーでも種類や産地の多いことはご存じの通りですが、このコーヒーショップがいまにはじまったことではありませんが、とんでもない田舎や林の中、寂れた街角、それからあらゆる街や町の通りの各所や、あらゆる商店街や路地、細い道筋に入ったところにも、コーヒーショップやカフェという名前があるのを見ます。そして、どこで見ても入って飲んでみたいな、飲みながらゆっくり休んでいこうか、心を癒していこうよ、ここの店のコーヒーの味はどうだろうかな、ここでコーヒーとケーキを食べていこうよ、などと気楽に入りたくなるのが、コーヒーショップとかカフェであると思います。だから、心休まるところでないといけないのです、気兼ねせずに飲んで味わえるところでありたいのです。

　退職間近なコーヒー党の方々で、退職後にはコーヒーショップを開きたいと、考えておられる人もおられるのではないでしょうか。退職金を元手にするにしても、すべてをつぎ込むというのではなく、場所としては何処でもできるとすれば、自宅の一角を使えば一番資金がかからないでよいのですが、まあこれは配偶者と話し合ったりして決めるよりないでしょう。いずれにしても、退職後の長い自由な時間を二人で、自分たちのコーヒーショップを開店させようという夢の実現は、その実現させるまでの家庭のご苦労やアイデアを出すことの楽しみ、そして、

いつも夢や希望、目的、野心を持って生きる

乗り越えて開店日を迎えた日の喜び、それから、お客さんが少しずつ来店しはじめて、店や味のことでほめてもらえるときの嬉しさ、たとえ苦言の一つくらいがあったとしても、これらが益々、さらによい店にしていこうという発展へとつながっていき、5年、10年たてばベテランの渋さを増したコーヒーショップなり、田舎カフェや農園カフェ（野菜料理をたっぷり食べてコーヒーを飲めるカフェ）なりに、なっていくのではないでしょうか。10年経っても、まだまだ平均寿命にも達しません。これからです。本当の楽しさは、というような店を訪ねてみたいなと思います。

また、パン好きの人は、自家製の特色ある、例えば自然を素材にしたパンを焼いて楽しみ、ショップで売る楽しさも味わうのもよいかもしれませんし、食べていけるように場を設けるのもよいでしょう。いずれにしても、コーヒーショップと同じように夢を実現させるには、楽しいことでありますし、人生の楽園ではないが、そのような店に寄って食べてみたいと思う気持ちが、ある人が多いのではないでしょうか。そして、夫婦二人でコーヒーショップとパン屋さんを兼ねたお店にすれば、一石二鳥ということにもなりまのす。

また、最近はこだわりのカレーの店を開店させる人もよく見かけるようになり、ブームになってきています。もう既に、これに挑戦したいと考えて準備をしている人もおられるのではないでしょうか。

事例8　あなたは何しに外国へ

最後に、「ユーは何しに日本へ」、という番組があります。外国の若者から現役の社会人から退職後の老人までと、年齢の幅は広く、こんなにも日本のよいところや、伝統文化にほれ込んで、独自に学び、そして飽き足らずに、どうしても本場の日本へ行って、学ぶために、資金を稼ぐためにアルバイトをしたり、毎月の小遣いから少しずつ貯蓄したり、夫婦で協力して考えを一つにして資金作りをして、そして、あこがれの日本へ初めて訪れた2週間くらいを、その自分や、夫婦の夢に向かって貪欲に生活費を切り詰めて学ぶことに傾注するのです。

ある人は、茶の世界を、弓道の精神を、染め物の伝統を、武道の修得を、三味線の心を、座禅の境地を、仏像の素晴らしさを、仏道修行を、奈良・京都の仏閣を、和食の心と技術の修得を、日本文学の神髄を、日本の自然の素晴らしさを、神社の世界を、熊野古道の歴史を、浮世絵の素晴らしさを、武士道の精神を、日本の伝統食の世界を、日本酒作りの境地を、日本農家の暮らしを、あるいは日本で寿司職人やラーメン作りなどを修行して学び、アラスカやオーストラリアなどに帰ってから自分で出店したいために、それぞれ事前に師匠の所在を調べて承諾を受けてから、その場所に成田空港などから向かうのです。日本人の受け入れも姿勢や態勢も素晴らしいことを学び、自分たちの夢を適えるために、一生懸命に2週間を学ぶのです。誠に美しい姿があり、真剣なまなざしがあり、学んで体得しようとする意欲が、見ている者にひしひしと伝わってくるのです。感動

を与えてくれるのです。素晴らしい人間の学ぶ意気込み、夢を追求する姿は、年齢に関わりなく、熱く青春そのものであることを感じさせていただき、学ばせていただき、自分でも何か小さなことでもよいので近辺でできることはありはしないかと、意欲をそそられるのです。そして、2週間の資金不足と休暇不足から、帰国の日となるのですが、別れの日は、これこそ別れとはまた会える日の喜びのためにあるのだ、ということそのものであることを強く感じさせてくれる別れとなるのです。師匠に感謝してハグ仕合い、別れを忍ぶのです。そして、一旦これで資金不足と休暇不足から帰国するけれども、また必ず資金をためて休暇を取って、日本へ来たいと皆が言うのです。なぜか、それは自分や自分たちの追求する夢をマスターするため、師匠に指導を受けて本物を見つけるために、また日本の諸々を学び、マスターするためなのです。

わたしは率直に言って、こんなにも日本の素晴らしい伝統芸術や歴史、遺産、和食、修行の道などを、ある意味では日本人以上に、日本人顔負けなほどに、真剣になって、日本人が忘れかけていそうな大切なものを、異国の若い人から中年、老人までもの方々が、自費でわざわざ日本にやって来て学び、修行し、体得し、礼儀正しく謙虚な気持ちでやり抜いて帰国して、母国での自分の仕事や生活の心の寄りどころとしている。深く感動し考えさせられるものがあるのです。また、この姿から、日本人は学ぶべきことがたくさんありはしないかと、思わせられるのです。

そして、その外国人を受け入れて指導を喜んでしている日本人の、師匠の優しさと心の温かさとともに、本気で教え導いてくれる厳しさ、その人間性の素晴らしさに、どの外国人もほれ込んで信頼するのです。そして、日本人のこの姿に日本人が感動するのです。驚いたことは、例えばオーストラリアからラーメン作りの修業に来た二人組は、師匠に何と2カ月間オーストラリアに来て、旅費や日当を出すので、ラーメン店を出店する日まで指導をして欲しいと、願い出ることまで本気になって信頼し懇願することがあり、この日本人とオーストラリア人との師弟関係には感動でありました。

そこで、わたしたち退職組も、これとは逆ができるのではないかと考えられるのです。つまり、日本から世界の各国へ、その異国の文化や伝統を学ぶために、出掛けて行って、自分の学びたいこと、知りたいと思っていたこと、どうしても体験してみたかったこと、調べたくてうずうずしていたことを、自分でも、あるいは夫婦でやるのが一番よいでしょうが。そのやるための条件は、先の日本へ来る人に比較すると、とてもよいのではないでしょうか。というのは、先ずは休暇は自由自在にあります。また、資金はやりくりを考える必要はありますが、退職後ですので資金も或る程度は都合をつけられるでしょう。だとしたならば、さあ計画を綿密に考えて、夢の実現のために異国への学びの旅に出掛けましょう。2週間でなくても、受け入れ態勢がよければ1、2カ月でもかまわないではないでしょうか。あるいは、相手の都合がよければ1、2年だって可能でしょう。皆さんの夢は何ですか、音楽の世界ですか、伝統文化ですか、

いつも夢や希望、目的、野心を持って生きる

自然環境ですか、美術芸術の世界ですか、スポーツ関係ですか、それとも異国の食文化を学び持ち帰り出店することですか、少し疲れたら帰国して休み、また続きからを学びに異国へ渡ればよいのです。大いに退職後の黄金の時間を有意義に、かつ楽しく活用できることが、わたしたちの願いであるはずです。

❸ 人の欲望には際限がない、足るを知る

いつも夢をもったり、希望を失わないようにして、目的や野心を果たそうという心構えは、人が成長したり、仕事をしたり、退職後のわたしたちには自由な時間を利用して、現役時代にはできなかったことを叶えようとすることは、とても大切なことであり、生き甲斐になり、社会や人のためにもなることだと思います。

そして、人生の後半生になってきたときに、この夢のような自由な時間を、自分の思うがままに、先で述べたような生き甲斐の行動や、現役時代にできなかった夢や希望を実現させようとする行動、つまりこれらの欲望と考えれば際限がありません。もっと、もっと、欲しいとなっていくものでしょう。そして、いつまでたっても、どんなことをやり遂げても、満足することができなくなることにも成りかねません。だから、今取り組んで進めていることに、こんな自由なことができて、有り難いことだ、もうこれくらいで充分だなあ、の気持ちにならないと、あるいはそういう気持ちを持っていないと、心豊かで充実した生活は送れないかもしれません。それが、現役時代では地位であったり、大金持になったことであったり、何々賞受賞であったり、夫婦の一人がガンを患い二人で何年にもわたって乗り越えて来て今の普通の生活ができることであったり、子どもが結婚して仲良く暮らし孫ができて時々遊びに来る喜びであったり、現役中にリストラに合って苦労したが二人で乗り越えて現在のささやかな生活ができるようになったことであったり、退職後では各地の国内外への楽しい旅行であったり、先で述べたような事例であったり、楽しい人脈の輪ができたことであったり、シルバーセンターで仕事をしながら、たまにのバス旅行ができることであったり、その他にもいろいろとあることでしょう。欲望には際限がなく、いつも満足できないとしたら、気持ちは軽やかではなく、心地よく生きているとはいえないでしょう。そんなときに、わたしたちに考えさせていただける禅の教えが、「知足」ということ、足るを知るということであり、ほどほどを知って、欲望と調和し、もうこれで、今のままで、充分だと、受けとめて生きると、いつも心が豊かで、周囲に惑わされることもなく、充実した生活が送れるというものであります。

確かに、終末に向かうほど、体力的にも、気力、精神的にも、また、生活する資金的にも、それから人間としての考えたり判断したりすることも衰えて来たり、脳細胞の活性化も失われていくものであるし、心の状態だってどう変化して衰えていくのか不安になっていく、これでは欲望に際限がないなどといっていても、その時点で、足るを知らねばならなくなっていくのが常であります。

話は少し飛びますが、今これを書いていましたら、テレビで有名女流歌手ペギー葉山さんが肺炎で突然亡くなられたという訃報を報じていました。お齢は83歳だといわれますが、誰もが、わたしも同じ思いでしたが、元気で健康的な歌手で南国土佐や学生時代、ドレミの歌など、心に染み入る情感豊かに歌う歌手で、まだまだこれからもたくさん聞かせていただけると思っていました。なぜ、どこも悪いと聞いていなかったのに突然、こうなったかが信じられないと、懇親者や関係者がインタビューに答えていました。そして、「徹子の部屋」に出たとき、ペギーさんは76歳のときに、「わたしは、いつ亡くなっても、亡くなるときに、この人生に悔いは無いと言える」と、笑顔で爽やかな声で答えていました。わたしは、これを聞いて、さすがだなあ、と思い感心してしまいました。まあ、これだけの大女流歌手ですから、本当の気持ちであり、よい意味で、もう充分なのよ、と、足るを知っていたのではないかと思われて仕方ないのであります。2017年3月29日には都内で長年憧れていたという越路吹雪追悼公演に出演し、4月10日に入院して12日には死去されましたが、9月にはデビュー65周年記念公演が予定されていたといいます。大好きだった宝塚歌劇団こそ丸顔だからダメと言われて断念したとか、夫の根上淳さんの介護も立派に長年やり抜いて苦労したことを著書にまとめ、紫綬褒章、旭日小授章、女性初の日本歌手協会会長、米国の名歌手ドレス・ディを敬愛し、ライバルで友人は江利チエミだったといいます。この例にしても、欲を言えば際限は無いが、何と、天晴れであった人生か、そう感じながら、ご冥福をお祈り致しました。

わたしたちも、終末のある時期に、いつ亡くなっても、「亡くなるときに、この人生に悔いは無いと」、と言えるかどうか、「わが人生に足るを知るという心境」になれるかどうか、同じことが言えれば、幸福だろうなと思わせられるのですが、いかがお考えになられるでしょうか。

⑧ 高齢になるほどリスクが高まることがある

高齢になるほどリスクが高まることがある

1 何らかの原因で生活苦になることがある

　40年前後の長い間の現役時代も無事に定年を迎え、生涯1回限りの大金である退職金をいただいて、晴れの退職をしたとしても、そのあとの生活の仕方や考え方、心の持ち方、あるいはちょっとした油断をしたりしたことなどから、あるいは驕り生活などからか、とんでもない生活苦の地獄に落ちることだって、無きにしもあらずです。あっては困るのです。今までに何のために苦労して退職まで乗り越えられたのか、意味がなくなってしまうのです。また、退職金がほとんどなかったり、出ても極めて少ない職業事情の方々もおられることでしょう。これらの方は現役中に、別の方法で貯金をするなり個人年金に入ったりして、対応して来ていることがあるのだと思います。いずれにしても、どのような方々でも、退職後は自由な時間を少しでも自分らしさで謳歌したいものです。

　生活苦になるのは、高齢化になれば成るほど、その傾向が強くなっていくものだといわれます。つまり、金銭的にも不足してくるし、体力や健康的にも病的になったり弱ってくるのが常だからです。しかし、それだけとは限りません。考え方ややりかたでは一晩であっても、突然に生活苦はやってくる可能性はあります。早い話が今流行だという株に手を出したり、賭博や競馬、賭けマージャン、競輪に競艇、パチンコなどのギャンブル依存症にかかると、これから抜け出せなくなったり、借金が借金を呼び負債が莫大となり、アッという間に生活保護者となってしまうことにもなります。

　あるいは、おかしな飲み屋に出入りして、暴力団がらみの事故や、高速道路でスピードを楽しみすぎて突然衝突し、寝たっきりに成ることだってあるかもしれないし、突如のガン宣告を受けて長い闘病生活に陥るかもしれない、タバコの火の不始末から火災にあい全焼することもあるかもしれません。また、突如の竜巻で自宅も車も目茶目茶にされるかもしれない、自分は大丈夫だと思っていても、いつ、巧みな振り込め詐欺で退職金を奪われるかもしれない、こんなことになれば、突然に生活苦がやってくるのです。

　これらの詳細については、以後でも述べていくので、ここでは切り上げるとしても、退職後は誰でも気が緩むし、気持ちも大きくなるし、油断することも出てくるし、まあいいじゃないかの考えが強くなることもあるし、うかつさが出てくることもあります。

　だから、心して生きていかないと、とんでもない落とし穴にはまり込んでしまうことがあるので、そんなことも頭の隅にでも置いておくなり、配偶者と二人で話し合って注意し合うようにすることが大切ではないかと思います。

2 生活の自己管理能力の低下

　わたし自身も同じでありますし、退職後は歳も取っているのは事実でもありますが、また個人差も当然あるでしょうけれども、それにしても、毎日の生活をしていて感じることは、明らかに3年前、5年前とは、自分で歩き方や身の回りのこと、聞き取り方、同じものを食べて

も美味しさの感じ方、戸締まりの未確認さ、忘れ物や置き忘れ、同じ失敗を繰り返したり、と、自分を管理する能力の低下とか、不足してきていることを認めざるを得ないと、知らされるものであります。

これに病気が加齢と共に加わってくると、なおさら自己管理能力は低下していくことは、間違いないでしょう。だとしたならば、何とか少しでもストップさせることを考えて対処していかなくては、加速度的になってしまっても困るものです。

それをストップさせることはできませんが、自己管理能力の低下を先へ伸ばすことはできるのではないかと思います。そして、そのような工夫や努力、そのような貪欲な学びと実践が大事になると思います。

それから、日ごろの食事中や入院したときなどには、特に誤嚥性肺炎にならないように気をつけるということです。

80歳代は普通なのです。90歳代になれば少し長生きかな、といった程度でしょうか。何処かで1度でもあっては駄目なわけです。いやいや年齢ではないのです。50歳であっても巧みに騙されてしまうのが、この各種の詐欺なのですから、呉呉も注意しなければなりません。これについてはあとでも詳しく述べました。

その他にも、交通事故やちょっとした酒の席での喧嘩などからのトラブル、金銭や異性関係などのトラブル、夫婦間や親子間のトラブル、身内の葬儀や結婚披露宴でのトラブル、住居や土地売買のトラブル、突然の身内の急死に伴うトラブル、盗難や留守中侵入のトラブル、火元や水漏れ責任のトラブル、高齢者ねらいの種々の訪問トラブルなど、挙げれば限がありませんが、これらのトラブルに遭遇することもあるかもしれないとも考えて、それなりの慎重さと謙虚さ、対処の仕方と注意力というものを持ちながら生活することの大切さを教えてくれています。

3 種々のトラブルに遭遇することが出てくることもあるかもしれない

今の世の中は、特に最近はあらゆるトラブルに巻き込まれそうなことが、あまりにも多過ぎるともいえるのではないでしょうか。特に退職後は巻き込まれやすい可能性があるから怖いのです。

その一つは、振り込め詐欺やキャッシュカード詐欺のようなことに、巻き込まれないようにすべきです。退職後や70歳代前半くらいまでは例えよいと思っていても、人生は長いのです。

4 未熟な運転による交通事故が多発している

これは先でも触れた部分があります。毎朝夕のニュースを見ていると、交通網が図示されて交通事故やトラブル箇所が一目で解るのですが、その交通事故やトラブルの多いことには驚きます。バスや自家用車、ワゴン車、軽トラック、大型トラック、バイクなどが交通事故を起こしているのです。また、ニュースの中では信号無視やスピード違反、酔っ払い運転、高齢者のブ

高齢になるほどリスクが高まることがある

レーキとアクセルを間違えての商店や歩道、歩道者への暴走、高速道路での逆走による衝突事故などで、貴重な命が失われたことなども速報で伝えています。

中でも高齢者の運転の未熟さというか、判断ミスや明らかに病気による脳梗塞や狭心症、その他に、認知症などで、意識がなくての暴走事故と思われることが原因で、何の責任もない子どもや通行人、店内の客、同乗者などの命が犠牲になっているのです。特に75歳以上の運転者による死亡事故がこのところ増加傾向にあるという警察庁のデータが出ています。認知症対策を強化することも重要であり、75歳以上の運転免許保有者は、3年に1度は免許更新時に認知症検査を受けることと、2017年3月12日施工改正案で強化されました。そして、認知症の恐れがあると判定された場合は、医師の診断が義務づけられました。この改正法施行により、警察庁では年間約1万5000人が免許取り消しなどになると試算しているといいます。これらの問題にはいろいろなことが関係していることは言うまでもありませんが、運転をしなければならないどのような理由があろうとも、退職後の高齢になって、将来を背負って立つ子どもたちや働き盛りの人たちはもちろんのこと、他人の命を犠牲にしてしまうようなことだけは、何としても避けなければなりません。事故が多くなると共に、自主的に運転免許や車を返上する高齢者が名乗り出ていることはよいことではありますが、その数はそんなにも多くないのが現状です。

もう少し抜本的な対策を考えたり、政治の力による具体的な対策や、各地方での市町村でのきめ細かで具体的な、例えば病院通いや物資購入などのための足となるような対策を考えないと、運転するのに多少の不安があったとしても病気があり、食糧が不足すれば、歩いて行くわけにいかずに、車の運転免許があるのだから運転せざる得ないという事情も、地方の奥地や山間地などに住む人たちにはあることは事実でしょう。免許を返上すれば一時期だけ使える無料乗車券をもらえたとしても、これがなくなれば年金を削ってタクシー代を利用するしかないのですから、問題解決にはなっていないのです。運転免許返納者への特典では、例えば、所沢市ではコミュニティーバスが無料の定期券（1年間有効）か回数券（50回分）を交付。鯖江市ではコミュニティーバスの無期限無料パスを交付。大分県では旅館やホテルなどの宿泊施設が、平日宿泊料1割引を実施などと、バス通行券から宿泊券までと内容的にもさまざまです。

わたしは65歳で車と運転免許証を自主的に独自で返上しましたが、その時点では何も所謂特典というものはなかったのですが、ないことが普通です。わたしの場合は、運転免許証の更新時期が車の買い替え時期になっていたり、運動不足の解消と駅前に自宅があるという便利さが、心を動かした動機でありました。免許返上は年金生活の出費をわずかでも節約できるし、健康のために歩くことが多くなるのでよいのではないかという利点もあるものと思っています。それに、一番は車運転による事故を起こしたり、事故に合わなくなるというという利点

もあります。

なお、2017年6月30日に警察庁は、交通事故が相次いでいる高齢ドライバーを対象に、次世代型の自動ブレーキ機能などを備えた「安全運転サポート車」限定の運転免許の導入に向けた検討をはじめたことを明らかにしました。

5 転倒や衝突事故、骨折事故などの危険

高齢になるほど高まる転倒事故の発生者数は、何と年間8000人になるといわれています。これが無事にケガもせずに済む場合は、誠に幸いと言えるでしょう。何故ならば、高齢での転倒で骨折したことが原因で、寝たきりになったり、骨折治療が済んでもリハビリが思うように進められなかったり、諦めてしまったりして、これがもとで骨折箇所がそのあとも痛さが抜け切らずに、通院したり歩行が思うようにならなかったりするようなことが多いというのです。また、最悪は寝たきりになってしまったり、そのあとは体力が落ち、やがては認知症を併発したりする人もいるといいます。だから、退職後の転倒事故について、安易に考えてはいけないのです。足の骨折は体を支えることができなくて、寝たきりになったり、足が痛いとつい歩くことが苦痛になったりして、益々運動不足になり、メタボになったりして症状が悪化していく危険があるのです。わたしも退職して3年目に、運動不足となったころ、先でも触れたように1日に2、3回続けて転倒して驚いたことがありました。幸いにも骨折することはありませんでしたが、それがきっかけとなって、運動不足を何とか克服しようと考えてウォーキングなどをするようにしたことを鮮明に覚えています。

また、歩行中や自転車に乗ったりしていて、スピードを出して、すれ違う自転車と衝突することも、よく問題になり、歩道をわがもの顔で猛スピードで通り過ぎて行く自転車の多いことには、驚きと危険がいっぱい潜んでいることで、大ケガや死亡事故にまで発展する事例も報告されています。また、信号無視の自転車もあってマナーが問題となり、取り締まりも強化されたりしていますが、事故は依然として多いのが現状のようです。この自転車事故にあわないように気をつけたり、心掛けて歩行したり、自転車に乗ったりしないと、突然に大変なことになる危険性があることを心掛けて、いつも注意したりして、具体的な対応として、前方を見ながら歩行したり、自転車が来たら右に避けて通り過ぎるのを待つとか、自転車に乗っていたらしっかりと避けるなり、自転車から降りて待つなど、自分の年齢と運動神経なども考えながら対応しないと巻き込まれてしまいます。

さて、そのあと、この自転車事故が取り締まり指導が行き届いてきて、死亡やケガの件数が減少してきていることはとてもよいことだと思います。ところが、65歳以上の高齢者の死亡事故だけは増えてきているというのです。それはなぜかと言いますと、自動車の運転免許の返上によって、自転車に乗り換えた高齢者が、交差点などで信号を無視して乗り入れたり、振り向かずに車が来るのを確認しなかったり、急に車道に飛び出したりして、車と衝突事故を起こすことが多いのだといわれます。つまり、信

高齢になるほどリスクが高まることがある

号や車、通行人などを確認しなかったり、だろう運転をして、事故を起こしてしまうというのです。いろいろな問題があるにしても、事故を起こしたり、事故にあったりして、ケガや死亡につながるようなことが無いように、退職後のわたしたちは念には念を入れて、自転車の安全運転をしたいものです。

それから、転倒でも自転車事故でも、その他、何か無理な姿勢や重いものを持ち上げたりするときに、手足を骨折することが、高齢期になればなるほど多くなる可能性が高まります。無理な姿勢や、あわてた行動などをしないような、落ち着いた判断が必要でしょうが、手足のどこの骨折でも、治ったとしても、季節の変わり目に神経痛のような痛さを感じるようなことになることもよくあるといいますので、くれぐれも気をつけたいものです。

それから、これは高齢期ではなくても、いつでも気を付けなければならないことでありますが、シートベルト着用の大切さを強く認識して必ず実行するということです。自家用車のときは必ずしている人でも、特にバス観光で旅行に行くようなときには、案外観光地を巡ってバスに乗るたびにシートベルトをしなければならないので、忘れがちになることがあります。シートベルトの非着用の危険性は、車内で全身を強打する可能性がある、車外に放り出される可能性がある、前席の人が被害を受ける可能性があるなどです。また高速道路では着用しないと約9倍、一般道路を含めると約14倍、命の危険性が高まると、平成26年交通事故統計（シートベルト着用有無致死率）からも言える

ことを、千葉県バス協会では着用の安全を呼びかけています。

６ 認知症で徘徊したり長期入退院することもある

退職後は自由な時間がたくさんあって、過ごし方次第では、楽しく過ごせる人生の楽園にもなります。けれども、加齢とともに体調があちこち不調になってきたり、前述したように転倒による骨折などが尾を引いたりして寝たきりとなったり、それから認知症になることもあるし、またガンや肺炎になる人もいます。中でも認知症になると、その大変なことを本人にはわからずに、あちこちを気の向くままに徘徊して、交通事故に合ってしまったり、店の中をうろついたりしていて、商品に手を出したりして迷惑をかけたりすることもあり、家庭に連絡があって引き取りに迎えに行くことが連続するようになります。あるいは、最初は通院していますが、そのうちに入退院を繰り返すようにもなり、少し安定したりすると自宅に帰されて、また徘徊が続くようになることがあります。

この認知症にはいろいろな種類があり、一番多い全体の8〜9割を占めるのは、次の3種類で、アルツハイマー型と脳血管性、レビー小体型であるといわれています。アルツハイマー型は脳の神経細胞が減少したり、萎縮するもので、病状はゆっくりと進み、少し前の出来事を忘たり、同じことを何度も言ったり、帰り道がわからなくなるといいます。また、脳血管性は脳梗塞や脳出血などの脳血管障害により、脳

細胞に血液が充分いきわたらなくなり、脳細胞が傷つくために起こり、突然発症し段階的に進行していき、意欲や自発性が低下し、抑うつ気分、夜間せん妄、急に泣いたり怒ったりするといいます。レビー小体型はレビー小体という特殊な物質が脳内の神経細胞にたまり、正常な働きを失うもので、パーキンソン症状や具体的で詳細な幻視、自律神経症状による転倒や失神などをおこすといわれています。

これらの認知症にならないようにしたいのが人間の願いでありますが、その対策といっても難しいことが多いようで、不明なことの方が多く、簡単に投薬治療すれば治癒するというものでもないようです。日ごろの生活で、食生活に気をつけたり、適当にウォーキングなどの運動をしたり、何と言っても骨折や病気をして寝込まないように養生していくことや、いつも気分転換になるような自分の好きなことや、楽しいことを工夫して取り入れて、心を癒したり疲れを蓄積しないようにしたり、生き甲斐を見つけて取り組むような人生を送るように心掛けていくより、わたしたちにできることといったら、それ以外にないのではないでしょうか。そのためには家族の協力、特に夫婦の心掛けが大切になります。また、それができたとしても、加齢とともに誰でも認知症になる可能性があるわけですから、そのときはどうするかなどと、夫婦で元気なときから話し合ったり、認知症の話題や記事などを見つけたら参考までに読んでおくなどしておくのも、何らかの意味があるかもしれません。

なお、認知症か加齢による物忘れかの違いですが、認知症の人はご飯を食べたのに、ご飯を食べてないというが、加齢による物忘れは何を食べたかを忘れるのだそうです。また、使いなれたテレビなど家電の操作ができないのは認知症、支払いのときに計算ができず、小銭があるのにお札を支払うは認知症、ゆっくりであれば小銭でも支払いができれば加齢によるもの、日付や曜日、場所などがわからなくなるは認知症、日付や曜日、場所などを間違えることがあるは加齢による物忘れ、これらが両者のおよその判断基準と考えればよいといいます。また、認知症の人への基本姿勢としての対応は、驚かせない、急がせない、自尊心を傷つけないの3つであるといいます。

それから、最近になって認知症ではない物忘れの原因が話題になりましたが、必ずしも年齢ではなく若い人でも陥るのだといいます。それは脳過労といわれ、スマホなどの情報量の多さに整理しきれずに、忘れることが出てくるというのです。加齢によってももちろん整理しきれずに、脳過労になって忘れることが多くなることもあるといいます。このような物忘れの原因対しては、ぼんやりする時間を持つことが大切で、1日に5分でもよいので、お風呂に入ったときなどに、ぼんやりと1日を振り返るようにすれば、脳過労からの物忘れは治るのだといわれています。

しかし、最近のNHKの話題では、2025年になると国民の9分の1、65歳以上だと6分の1の合計1300万人の人が認知症になると予測されており、交通事故は1.5倍に増加し、救急医療（救急車出動）は崩壊し、介護の人材不

高齢になるほどリスクが高まることがある

足は38万人となり、介護離職が増加し、一人暮らしが現在の96万人から144万人に増加し、熱中症や薬の飲み忘れ、風呂での突然死などが増加していくことなどが考えられるといわれています。けれども、早めに受診したり、相談センターなどで相談して、早めに医師にかかって、早期に軽度認知症の段階で発見して、手立てを打てば認知症になるまで長引かせることが可能であるといわれます。そのためには、運動をしたり、野菜や魚を食べたり、休養をとったり、禁煙、節飲、頭の体操、生活習慣病対策(高血圧、糖尿病、心臓病などの治療)を取り入れたり、気を付けたりすることによって、乗り越えられるのだといわれているのです。

7 ガンや人工透析、アルコール依存症などで入退院することもある

加齢と共にさまざまな病気などにかかりやすくなるのは自然の成り行きでしょう。ガンはその最たるものです。これについては先でも触れましたが、早期発見、早期手術なり抗ガン剤投与、放射線治療などによる早期治療といった手順をたどることになるでしょう。そして、食事にも気をつけたり、肉食などのタンパク質は急減させたりして、野菜や果物のジュースなどにするとかの、ガンになったときの献立があるといいますので、指導を受けるようにすればよいわけです。このガン治療と残りの人生を考えたりしたときには、どのような治療をするのが一番自分として納得するのか、よく主治医と相談することも大事だとよくいわれます。あまり

にも高齢になっているのに、無理してまで危険度の高い手術や、負担のかかる抗ガン剤を投与した方がよいのか、それともまだ体が動くうちに行きたかった場所へ、その医療費分も利用して、配偶者と二人で旅行に行って楽しんで来た方がよいのか、迷うところです。しかし、どちらがよいのか、またどちらの方が長生きすることになるのかは、そのガンや体調にも関係してくると思いますが、最終選択は自分で決めることが一番よいし、納得して後悔しないで人生を終わることができるのかもしれません。

男性で一番に罹患数の多いガンは前立腺ガンです。このガンは高齢者になるほど多く、55歳を過ぎてから急増して75歳から79歳あたりでピークになることが、国立がんセンターがん情報サービスがん登録・統計からわかっています。原因は食生活の欧米化とか遺伝子異常などのようですが、詳しいことは不明のようです。現在では血液検査によるＰＳＡ検査という前立腺がん検査による診断で、前立腺に異状があると血中のＰＳＡ濃度が高くなることで、1週間後に結果がわかるといいます。治療法としては、手術や放射線治療、内分泌療法(ホルモン治療)の3つがあるといいます。また、女性で罹患数の一番多いのは乳ガンだといいます。日本では年間9万人近くが新しく罹患しており、女性の12人に1人は一生のうちに乳ガンを患うといわれています。中でも出産しない人、初産の年齢の高い人、授乳期間の短い人はなりやすいといわれます。他にも喫煙やアルコールの多量摂取、肥満、5から10％は遺伝性であることも原因とされています。年齢的に

は45歳から65歳が最も多く、閉経の直前直後に多いようです。

　さて、高血圧症や過度な飲酒、脂肪分の多い肉食、塩分過多など、いろいろなことが原因となって腎臓病になる人が大変に増えているといいます。簡単には尿検査で先ず尿酸値やタンパクが出ていないかを検査してもらったり、血液検査でクレアチリンや尿素窒素などが多い場合は腎臓に問題があることが疑われるといいますので、内科（腎臓内科）を受診してみたりするとよいかもしれません。これを怠ったりして、安易に考えて食事などの見直しもしないでいると、やがては腎臓による血液からの老廃物の濾過作用ができなくなって、人工透析で濾過作用をしないと生命に危険を及ぼしてしまうといわれます。人工透析になると、週に1～3回くらいは人工透析ができる病院に通い透析して帰宅し、食事を中心に、主治医の指導にしたがって、いろいろなよいことを工夫して生活をする必要があります。

　それから、アルコール依存症ですが、これも見えないところでじわじわ増えているといいます。退職後のわたしたちはある意味では、自由で何をしても規制がないので、人や社会に迷惑さえかけない生活ならば許されるでしょうが、だから朝から酒好きな人が飲んでいたとしても、また、夕方になると、あちこちと飲み歩いていても、別に自腹で飲むのですから健康さえ気をつければよいわけです。ただし、これは誰でも解っているんです。酒好きでも定年後は特に気をつけなければいけないと思っているはずですが、しかし、好きな酒の味は忘れるはずがありません。1カ月や3カ月はよいでしょうが、1年も待たないうちに、飲み癖に火がついてしまったら、すぐに習慣化して、そのうちに体調不良を起こしても、アルコールを断つことが難しくなって、ついにアルコール依存症（中毒）になっていってしまいます。これは家族も解っているのですが、注意しても聞く耳を持たなくなっていて、どうしようもなくなってしまいます。依存症を脱却するための医師との相談や病院通いを進めても、そう簡単には引き受けてくれません。けれども、酒を飲んでいないときに親子で説得したりして、通院相談を納得させて前向きに治療させようとして、脱却している人も何人もおられるのです。何と言っても、初期段階での通院相談を説得することが大切だともいいます。

8 未婚や出戻り、リストラにあうなどで実家に住み込むこともある

　最近は未婚の男女が多くなっているといわれます。特に男性の場合は未婚年齢が高くなり、結婚適齢期になっても結婚したくても、収入が少ないなどから40歳前後になる場合もあったりするといいます。そして、女性でもいつまでも結婚する気にならなくて、いつまでも家から離れようとしなくて、休日ともなれば仲のよい友達同士であちこちと旅行したり、しかも海外の各地へも出掛けるのだと、母親が困っているように話をしている映像を見たことがあります。いずれも、よい結婚適齢期の年齢になり、社

高齢になるほどリスクが高まることがある

会人になって収入があるにもかかわらず、実家から出て行かないという、過保護と言われても仕方ないような場合で、その家賃代を自宅に支払っているかといえば、入れずに自分で旅行などにすべて使い、食費代として少し入れて、母親に食事を作ってもらって食べているのだというのですから、これでは親が過保護にしているわけです。だから、婚期も遅れたり、結婚しなくなっていく原因の一つになるのではないかと思ったりします。そして、最近では収入は楽しいことに自分一人で使い、結婚という苦労はしたくないという人が、増えているということもいわれています。いずれにしても、子どもたちは高校や大学を卒業して社会人になったならば、独立・自立させて実家には絶対に引っ張り込まないことが必要だと思います。それが子どものためでもあるのです。

また、いったん結婚しても途中でうまくやっていけなくなって、離婚してしまい子どもとともに実家に戻ってくるというケースも多いといいます。両親は可愛い孫と一緒なので反面では喜んで、引き受けざるを得なくなるのだといいます。こうなってくると、両親のもらっている年金を夫婦だけでなくて、子どもや孫の増えた分も賄っていかなければならないことになり、生活苦に陥ることだってあるわけですから大変です。孫の世話をすることにして、子どもたちには働いて貰ったり、先の2人の子どもたちには、家賃や食事代をきちんと支払って貰うなどしないといけないと思いますし、子どものために、できるだけ早く実家から追い出すことだといいます。

9 非正規社員や離婚者は貧困に陥ることがある

バブルが弾けてから以後は、不景気な時代が続いたりしていて、大学を卒業しても正規社員になることもなかなか難しい場合もあります。正規で雇って貰えない場合は非正規社員としてでも、採用して貰わないと困るわけです。そして、正規社員として採用されても、1、2カ月や1～2年のうちに中途で退社する人もかなりの数に上るといいます。しかし、次に他社を見つけて採用されても非正規社員としてされる場合が多く、給料やその他の手当なども当然不安定で、ボーナスはもちろんもらえないのはあたりまえでしょう。こんなことを繰り返していると、適齢期になって結婚したくても、結婚資金がないし、もちろん貯蓄もできないので、当然結婚してくれる人も見つからなくなるでしょう。また、無理して何とか相手が納得して結婚したとしても、長くは続かず、結局は離婚することになってしまうことが多いといいます。

しかし、人間はこんな苦労や失敗ばかり続いたり繰り返していると、いつの間にか希望を失ったり、憂さ晴らしのために酒浸りの生活や、パチンコや競馬に手を出したりして、益々の生活苦に追いやられて、ついには体調を崩したり、住処も失いかけるようになり、生活保護を受けなければならないようにと、次第にどん底へと陥ってしまうことにもなりかねないのです。

わたしたちは、現役中にどこかで、かなり不安定な非正規社員や、あるいは離婚や病気などによって生活苦に陥ってしまうことがあると、貯蓄も少なくなるし、将来の年金も働いた期間

に比例した分だけしか貰えないことになるので、退職後とか高齢期には生活貧困者となってしまうこともあるかもしれません。そんなときは生活保護を受けることを躊躇しないようにすることだけは、知っておかなければならないと思います。

10 競馬やパチンコ、株投資などの失敗で負債を抱え込むこともある

　先でも少し触れましたが、賭け事は楽しいものですし、勝ったときの嬉しさはまた格別です。その反面、負けたときの気持ちは、はらわたが煮えくりかえるくらい、辛く悔しいものです。そして、勝ったときの気持ちはいつまでも覚えていて、またあの喜びを思いつつ負け過ぎるまでやり続けるのです。ところが、負けたときの悔しさは、なぜかすぐに忘れてしまうところが、この賭け事とか博打といわれる勝負事の恐ろしさだといわれます。これらには、競馬にパチンコ、花札、トランプ、競輪、競艇、カジノ、それに株や投信などの投資など、やりかた次第では、みんな1日や1晩でも、全財産を失うことになる危険が潜んでいるものも含まれています。そんなことは誰でも解っていても、現在536万人いるといわれているギャンブルの依存症ないしは習慣性の人々は、ついやり続けてしまうのが、この賭け事類の罠なんでしょうか。依存症の恐ろしさは、パチンコでも競馬でも勝ったときの快感、このときに脳内から快感物質のドーパミンというホルモンが出されます。そのときの快感が忘れられなくて、賭け事にはまってしまう

のです。よく調べて見ると、なかなか止められずに借金地獄に陥る人は、脳の前頭前野の機能が低下しているともいわれています。そして、生活保護を受けて生活していても、その日暮らしの悪習慣から抜け切れずに、生活保護費を受け取る日に、受け取ると同時に、そのままパチンコ店や競馬場などに飛び込んで行って、かなりの金を使い果たし、また酒を買って飲んだりして、計画的に生活保護費を使うことに欠ける人が多いのだといいます。

　最近になって、日本にカジノを誘致しようという運動が国会議員を中心にして、盛んになっていますが、カジノというのは競馬や競輪、競艇、パチンコのように単独での賭け事と違い、複数の仲間が関係してくるギャンブルです。そうでなくてもギャンブル好きな日本人のギャンブル依存症の対策も抜本的に対策を考えずに、なぜ政府は特に与党はカジノを日本へ持ってきたいと急ぐのか、その本当の意味がわからないのです。もちろん経済的な効果はそれなりにあったとしても、生活保護家庭や生活苦、ギャンブル依存症などで悩んでいる人や家族にとっては、目前に楽しそうなギャンブル場のカジノができれば、興味本位や一発勝負の楽しそうな場所へは入り浸ったりして、益々の生活苦に陥る人たちが出てくることが予想され困るわけで、大きな社会問題になるともいわれます。

　退職後は時間が自由にあるからといって、また退職金が入ったからといって、これらの賭け事に夢中になっていると、大変なことになってしまうことも知っていないといけないし、特に現役時代に、賭け事をして忘れられないよい思

高齢になるほどリスクが高まることがある

い出がある人は要注意というところでしょうか。退職後は、もっと他の面での楽しみ方や健全な遊び方が沢山あるはずだと思います。もっと雄大な、遠くへ出掛けてみるような旅行とか、世界遺産巡りや大型客船の旅、別の趣味を生かした贅沢な暮らし、農地を借りて農作物を自家栽培してお世話になった友人や近所の人に食べて貰うとか、音楽コンサートのようなものを手作りで開催してみるとか、健康を兼ねて、3年くらいかけて日本1周の自転車旅を実践するとか、配偶者と日本中のすべての都道府県への旅行をしてみるとか、そんなことへ資金を使ったりすれば、また新しい夢が誕生するかもしれません。

11 火災や地震、台風、津波、突風などで住居を失うこともある

最近になって地震はもちろんのこと、それに伴う津波や原子炉からの放射能漏れなどの大きな突然の記録的な被害、そして各地での群発地震による被害、また、草津白根山や御嶽山のような各地での突然の噴火による大被害、台風や突風、竜巻による被害、それから大雪や雪崩による被害などと、その他にも洪水や土砂崩れなどと、日本列島はいかにも自然災害列島と言っても過言ではないような、定則があるような感じさえ受けます。

これらの災害や被害に、いつでも、どこででも、突然に、今までに経験したこともないような災難に巻き込まれるかもしれないのです。今は、そういう時代でもあるのです。特にこの何年後という近い将来に大地震が来ることが予想されており、その際には原子炉の破壊による放射能漏れの恐怖、そして津波の心配が最大の問題であるかもしれません。そういう時代であるということの自覚をしっかり持つことと、そのできる範囲での対応準備策を、各家庭、各個人、各地域などで、国や都道府県の指導のもとで管轄市町村の指導方針に基づいて、対応策や準備、訓練などを進めて行く必要があります。わたしたち退職後の者は、このようなときのために最大限の協力や活動を率先して進めていく責任があるようにさえ感じるのです。

12 長生きすればするほど、資金が不足していくことになる

日本は世界一長寿の国になって、ある意味では喜ばしいことでありますが、少子化の時代になっており、働く若者が少なくなり、出産される子どもも少ない現状では、将来が思いやられることも多々あることは間違いありません。現在のわたしたち年金生活者もありがたく思いながら年金を使わせていただいているわけでありますが、これも年々少なくなってきており、今後の不安を感じている高齢者も多いのも事実です。そして、長生きして平均寿命が80歳代から90歳になろうとして、長生きすればするほど、年金などの資金が生活費などとして必要になり、貯蓄もアッという間になくなっていくので、そのあとを年金だけで生活していけるのかどうか問題であり、不安があるという人が圧倒的に多いのではないでしょうか。そうすると、

途中で病気になったりしたならば、突然の出費で生活できなくなっていき、最低限の生活する権利を使わせていただいて生活保護を受けたとしても、どれだけ人間らしい生活ができるのか疑問でもあります。

そんなことも考えながら、退職後の早い時期から倹約するなり、健康ならば働く場があれば、できるだけ時間給は少なくても働いていくことも、大事ではないかと思われてなりません。わたしも退職後10年目になりますが、週1日は時間給で自宅近くで働いています。これが結構生活のリズムができたりして、健康にもよいし、社会とのつながりにもなり、またこの日ばかりは気持ちを引き締められて、ありがたいと思っています。週1日ならば、旅行に出掛けたり所用が出てきても、対応できるので問題はないように感じています。

13 過労老人が増えているといわれている

過労という言葉を辞書で調べてみると、体または精神を使い過ぎて疲労がたまることなどとあり、そして、過労で倒れる人も出ていることは確かなことです。確かに、退職後であっても、退職金を出してもらえない人も多数いたであろうし、年金だって満額はもちろんのこと、現役中に会社の正社員とかになっていなかったりして、日払いの労働者だった場合などは、国民年金保険に自分で入り支払っていない限りは、しかるべき年齢になっても国民年金はもらえないわけですので、そのような人もそれなりにいることは確かです。すると、高齢期になっても働き口を見つけて、極端なことを考えると一生涯に渡り働き続けないと、生活していけなくなるわけです。

そうすると、加齢するほど体調も弱ってくるのが常ですし、それでも働かなければ成らないとしたならば、当然に体も精神的にも疲労が増したりして、その疲労がたまって過労となり、大変な生活状態が続くことも予想されるのです。これを過労老人というならば、当然に生活保護も申請したりしているものと思われます。ところが、生活保護を受けられることは知っていても、案外これを受けたくない人がいるというのです。だから、このような人をは早く見つけて、生活保護を受けるように進めたり、申請の方法を詳しく教えて援助してやれる人が必要になります。これらの役目をするのが、地域にいる民生委員さんなどですが、1件1件の訪問をして熱心に相談し、その人が心を開いて相談に応じるようにならない限りは、救ってやることは難しいでしょう。けれども、周辺の方々が気が付いたときに、民生委員さんや市町村の相談室に連絡したりして、粘り強く説得していけば、必ず理解して応じるようになるものと思います。

また、大事なことは、人はいろいろなトラブルに追い込まれたり、病気になった苦しみ、借金する苦しみ、あるいは過労老人といわれる人がいるとするならば、それらの人は、決して生きる希望を失わないようにして、無意味な人生などと思わずに、自殺などしないように生活保護の道を選んでもらいたいと願うのです。一人ひとりは、だれでもが、かけがえのない存在で

高齢になるほどリスクが高まることがある

あり、五木寛之さんが言われるように、無意味な人生など、ひとつもないからです。

14 年金をもらっていても、生活保護を受けられる

退職後は年金生活になるのが通常なのですが、年金といってもさまざまで、会社員や公務員は現役中に国民年金の資金を支払っていたならば、厚生年金とか共済年金とともに国民年金をもらえるし、自営業の方は国民年金などがもらえることになります。けれども現役中の支払い期間が短い場合は目減りした分が支給されることになります。それが最近になって10年以上支払っていれば、それなりの国民年金がもらえるようになりました。

生活資金として不足する場合は、退職後も嘱託とか、時間給などで同じ職場で働ければ働かせてもらうのが一番よいことだと思います。しかし、退職した職場で働けない場合は、他に働ける職場や、パートやアルバイトなどで働ける飲食店なども含めて探して働くことになるわけです。

しかし、家族がいたり、また病気がちだったりして生活苦が続く場合は、生活費に困ることが出てくる場合があるものと思います。そのようなときは、年金をもらっていたとしても生活保護費をもらえるに値するかに該当すれば、申請することによって生活保護を受けられることもあるのです。つまり、該当すれば、年金をもらっていても生活保護を受けられるということを、案外知らないで見落としている人がいるということです。くれぐれも必要な場合は注意していて、生活保護の申請をすることをためらわないようにすべきだと思います。

15 人はどうして老いるのか

動物園などの動物や家畜、ペットや人などは、保護されているので、骨折したり病気になっても手当を受けて治療されるので、長生きできたり、老いるまで生きられることがあります。しかし、自然界での動物は、そのような骨折や病気になると他の動物に餌として捕食されてしまい、長生きすることはできず、つまり老いるまでは生きることはできないのです。

人は、母親から生まれた幼児から学童、学生、働きはじめの青年、結婚をして、子どもができ、中年から退職まで、そして退職を迎え、高齢期を迎えて、だんだんと加齢するほど老いていきます。この、人はなぜ老いるのかは、それは人間にはだれにも共通した生まれながら持っている遺伝的プログラムが組み込まれていて、われわれはみなそれにそって発育し、大人になり、そして老いていって、いつかは死ぬということです。どんなに、健康によい運動をしたり、食事をしたり、睡眠や休養をとったりしても、あるいは名医と呼ばれる医師にかかったりしてもです。かつては人生50年といわれていたけれども、現在では、それが80年から90年時代になり、100歳以上生きられる人も6万人以上もいるようになってきています。しかし、遺伝的な生まれながらに持っているプログラムにしたがって、必ず、やがては誰でも死ぬことは間

違いがないわけであります。この遺伝子プログラムを通して、人生を見直し、動物行動学の面から『人はどうして老いるのか』(日高敏隆著、朝日新聞出版)の向き合い方を知るのも、楽しいと思わせる文庫が最近になって出版され、京都大学時代の恩師日高先生の喜久子奥様から七回忌追悼として送っていただきました。

本書では「人は何のために生きるのか」についても書いています。それは、かつては動物は種族維持のために生きていると考えられていましたが、現在では、種族維持のためではなく、それぞれの個体が自分の遺伝子をより多く残すために、つまり利己的に生きており、自分の適応度(フィットネス)増大のために生きているのであり、その結果が種族は維持され、進化もするのであると考えられています。

結婚して子どもや孫がおられる方は、子どもや孫に両親の遺伝子が引き継がれており、その孫が結婚して子どもができれば、そのひ孫まで遺伝子が残され引き継がれていくというようになっていくわけです。

さて、老いの最後にプログラムされている死は、先にも述べたように、必ず、やがて訪れます。死ねばすべては無であります。まだやり残したことがたくさんあるとか、これだけはライフワークとして後世に残したいとか、だからまだまだ死ねない、ここで死ぬのは無念至極だとか、よく言うのを聞くことがあります。しかし、そういうことを考えてもしょうがないのではないかと、日高先生は問いかけます。それは、死ねばすべては無であるからだと強調します。例えば、死後に功績が残ろうが、著作が全集に刊行されようが、死んでしまえばまったくわからないし関係ない。死んでしまえば無である。生前に期待している人は自己満足しているだけで、宗教的信念で来世を信じて満足していることと同じで、これも死ねば何もかもなくなってしまう。葬式で教授や社長時代の業績を称えられようが、通夜の席で酒を飲んで騒ごうが、死んだ本人には何もわからない。生きている人の満足のためにやっているにすぎない。いずれも死んだ本人には何もわからない。

だから、生きているときに大事なことは、死んだあとのことなどあまり考えずに、生きているうちに、ささやかでもよいから、できるだけ多くの満足感、あるいは日常のささやかな満足感を得るように、楽しく生きる努力をすることだと思う、と日高先生は教えてくれています。それは、人や世の中のためになる仕事や生きがいをもって取組む喜び、家族が仲良く暮らせる喜び、健康で過ごせるありがたさ、夢や目標を果たす喜び、旅の楽しさ、料理のおいしさ、子どもや孫の成長する楽しさ、体を動かす楽しさ、美しい花に出会う楽しさ、好きな鳥やチョウに出会う楽しさ、友達との語らいのうれしさ、歌うことや楽器を演奏する楽しみ、日本や世界を船旅で訪ねる楽しさ、自分の趣味に没頭する満足感、読書にふける楽しさ、山に登り高山植物に出会える喜び、その他、たくさんのことがあるはずです。そして、結局はそのようなプログラムを組んだ遺伝子集団が生き残って来たのだから、できるだけ満足感を得られるように楽しく生きることは、遺伝子のプログラムとも矛盾せず、したがって無理もないのですといわれる。

高齢になるほどリスクが高まることがある

持って生まれた遺伝的プログラムは、個人個人で違うものではないが、個人個人で違うのは、それぞれのプログラムの具体化の仕方である。プログラムは決まっていても、その具体化の仕方はその人次第である。という認識こそが今、大切になって来たのではないか、と日高先生は締めくくられています。さあ、貴重なたっぷり時間がある老後を満足感が得られるものを見つけて、大いに楽しみましょう。

16 振り込め詐欺対策

この詐欺のもともとの「オレオレ詐欺」は、一向に衰えを知らず、名前が電話詐欺になったり、ATM詐欺になったり、宅急便詐欺、キャッシュカード詐欺、還付金詐欺、最も新しいものでは投資詐欺とか上京型詐欺などと手口が変わっているだけで、ますます巧妙な手口で自宅に電話がかかってきて、特にお齢よりが狙われています。この電話で現金を振り込んだり、レターパックなど郵便で送ったり、受け子に手渡してしまうと、そのあとも忘れたころになると、同じ家庭に違った手口で電話がかかってくるのだといいます。つまり、電話をかけられる家庭は1回でも詐欺にあったり、または資産家であったり、現状がお齢よりだけであったり、昼間はお齢よりだけが在宅している家庭であることを知っているようだというのです。そして、そのような名簿が作成されていて、それをもとにして詐欺グループは電話をかけてくるといわれています。

詐欺グループは電話をかける係と、そのかけた電話の話の内容を信用させる電話の係、あるいは会社の上司役や年金組合本部、警察署、市役所などのような係役に配役を決めていて、次から次と電話をかけて来て、信用させて、振り込ませたり、現金を駅前まで持って来させたり、自宅まで受け取りに来る場合などもあるといいます。

また、最近は役所職員を名乗って、医療費の還付があるとか、まだ手続きされていないので電話をしたとか、銀行から電話がいくとか、銀行で手続きしてほしいなどというような、電話がかかることがあるといいます。しかし、これは振り込め詐欺と思い電話を切ることです。役所からこのような電話をかけることはないといいます。

あるいは、救世主症候群詐欺ともいわれる、高齢者の困っている人のために役立ちたいとか、何とかしてあげたいという優しい気持ちが、あだとなり、口車に乗せられて物を買わされたり、資金援助をしたりして、感謝されることに喜びを感じて、気がついてみれば、だまされてしまっている詐欺が多くなっているというのです。その最初は、メールや電話がかかってきたことや、自宅訪問販売からはじまり、その話を断らずに対応したり聞いたりしてしまうことによって、はまり込んでしまうのです。

これらの詐欺にあわないようにと、さまざまな対策を警察署や銀行、郵便局、農協、すべてのATM設置場所、各駅前、各都道府県及び市町村の広報などでも注意を呼びかけています。また、そういう注意を呼びかける講習会や音声に注意を録音して流しながら専用車で巡回

したり、駅前や金融機関周辺でママポリや地域の方々が一緒になったりして、注意を呼びかけています。基本は、知らない人の電話やメール、話や訪問などには、即座に切ったり、話さず、乗せられずに、即座に断ることが大事だと思います。

17 熱中症や風呂での事故対策

最近は地球の温暖化は常となったのか、あまり一頃のようには取り出されなくなりました。このことがあたりまえになっているのです。その影響があるのか、5、6月ころになると熱中症の疑いで気分が悪くなって運動を中止したとか、戸外でのゲートボール中に同じような症状で救急車を要請したとかの、ニュースなどがテレビや新聞で取り出されるようになってきます。それが7、8月から9月ころにはさらに多くなり、秋の10月になっても残暑が続く年には要注意でしょう。室内でも熱中症になったり、学校の体育の時間、農作業中、ウォーキング中、昼寝中、その他にもいろいろな場所や機会に熱中症になって気分が悪くなったり、口枯、渇頭が痛くなったり、頭がボーッとする、失神、脱力感、頭痛、吐き気がしたり、発汗時に水分を大量に飲むと血液が薄まり、筋肉けいれんが起き、体温上昇し、意識障害、ぐったりして来たりして、フラフラと倒れ込むような症状になったら、病院へ運ばれたり、救急車で搬送されて一命を取り留めたり、残念ながら間に合わずに命を落とす人も出てきます。中には特に高齢者で自宅の室内で熱中症になってしまう場合がよくあり、よくようすを聞いてみると扇風機やクーラーをかけずにいたことが原因であることもあるといいます。高齢者になればなるほど、暑さに対しても感覚がにぶくなるようで、電気の節約のうえで、そんなに暑くないからスイッチを切っていたと答える人が、割合に多いのだといいます。だから、室内温度計で何度になったらスイッチをいれるか、というような具体的な対応を考えておくことも必要になるものと思います。もちろん水分補給は先ず重要であることには変わりがありません。

そして、意識がはっきりしていて、おかしいなと思ったら、先ずは冷たい水や麦茶、ウーロン茶などを飲むことでしょう。そして、涼しい場所で薄着にして、汗が蒸発しやすいようにし、リラックスして休むことだと思います。先でも触れたように、医師の日野原先生は睡眠中に熱中症かもしれないと気づいて、冷蔵庫のウーロン茶を何杯も飲んで難を逃れたとか話していました。

それから水分の補給です。普通は1日に1.5～2ℓの水分が必要だといわれていますので、ウォーキングやゲートボールなどのスポーツをしたりする人はさらに必要になるものと思います。また、高温多湿な環境での激しいスポーツや長時間の汗を流す運動が直接の原因であることが多いといいます。また、汗を流すようなウォーキングやマラソン、登山のような運動の場合は、水だけではなくてスポーツドリンクのように各種の成分を含んでいるものを飲む必要があるといわれます。それから、戸外でのスポーツでは、できれば長袖シャツと帽子に、濡

高齢になるほどリスクが高まることがある

れタオルを持参したり、クーラータオルを首に巻くなどして対処するのがよいと思います。また、携帯電話を持参していて、いざというときは家庭や救急車へ連絡ができるようにしておくべきでしょう。

次に風呂での事故がとても多いことでよく知られています。特に1、2月と12月に多いことが解っています。そうです、冬場の寒い時期に集中しているのです。これは、寒い場所で脱衣して急に肌かになった体が寒くなるので、血管が収縮し血圧が上昇するのです。そして、すぐに熱い湯船に入ると急に血管が拡張して、血圧が下がる、この血圧の急な短時間の上下する変動に心臓や脳、血管がついて行けなくなり、負担となって、心筋梗塞や狭心症、脳出血や脳梗塞、クモ膜下出血などを起こして、急死したりすることがあるというのです。この死亡数は1年間に交通事故死が1万人以下の数千人（2017年で3637人）であるのに対して、風呂での事故死は何と1万9000人にもなるというから驚きです。

対策としては、先ず脱衣室と浴室を暖めておくということです。電気ストーブなどを置いておくなりするとすぐに暖められます。また、風呂場は少し早くから湯船の蓋を空けておいたり、お湯の温度は40℃前後にし、温水シャワーを出しっ放しにしておくなりすると、風呂場内が暖まります。温度差を少なくし温かくしておくことが大事です。また、長湯は禁物で10分くらいがよいといいます。それから、特に高血圧症や糖尿病などの生活習慣病の人は注意が必要であるといわれます。

18 認知症の進行を食い止めたり、ガン免疫を高めるには、好きなことや楽しいことをすることだという

高齢期になってからの健康上の不安といえば、認知症とガンではないでしょうか。その認知症の進行が遅くなったり、ガンの免疫機能を保つためには、どんなことに気をつけたりすればよいでしょうか。適度な運動とか、健康によい食事に気をつけるとか、ストレスをためないように質のよい睡眠をとるとか、風呂に入るとか、先でも取り上げてきたように、いろいろと考えられています。

このことについて、精神科医の和田秀樹国際医療福祉大学大学院教授は、好きなことに取り組むことだといいます。すると認知症の進行が遅くなったり、前頭葉を活性化したり、楽しいときにガンの免疫機能が上がるのだというのです。

誰でも無理にやらされるようなことは敬遠しがちですし、長続きもしないものですし、精神的にも気が重くなったりして、気分が良くないから、健康的にも望ましくないことは想像できます。しかし、自分の好きなことや楽しいことは、気持ち良く、るんるん気分で取り組めて、しかも長続きできるものであり、やり甲斐もあるし、副交感神経が優位になり健康的にも効果があることになるだろうといわれます。わたしたちは、高齢期になるほど、自分が楽しくてたまらないようなことや、金銭は使わなくてもできる好きなことを趣味や道楽として持ち、継続できることを考えていくことが、心身の健康のために大切だと思います。そして、必ず実行するこ

とです。

19 インターネットショッピングのトラブル対策

今では百貨店やコンビニに匹敵するほどの市場規模といわれているインターネット（ネット）ショッピングは、店で販売できる商品や贈答品のほとんどはネットで購入でき、ゲームや電子書籍、音楽、動画・画像の配信などのサービスをいつも利用でき便利なものです。しかし、ネットショッピングの盲点は、非対面であり、遠隔地取引の場合が多く、連絡が取れなかったり、商品の未着や返品に関してのトラブルが多く発生していることです。このようなトラブルを避けるために、必ずショップには連絡先（住所、電話番号、責任者氏名など）や商品の返品の可否や条件（通信販売にはクーリング・オフ制度はない）、支払い方法（前払いでの支払い振り込みサイトはできるだけ避ける）などの表示が義務づけられています。ネットショッピングは流行に敏感な市場といわれ、場合によっては粗悪品が多数流通することがありますので、あくまでも信用できるショップを選択することが大事になります。

20 コミュニティサイトのトラブル対策

かつてはインターネット異性紹介事業を利用して児童を誘引する行為があとを絶ちませんでしたが、このいわゆる出会い系サイトが法的に法律ができて規制されたために、トラブルが減少しました。ところが、コミュニティサイトでもトラブルがみられるようになってきているといいます。よくテレビで特集している報道を見ることがありますが、出会い系などのサイト業者がおとりのサクラを雇って、コミュニティサイトの交流機能や迷惑メールを使い、言葉巧みに有料のサクラサイトへ誘導する詐欺的な手口が広がっているというのです。そして、手口はますます巧妙化し、異性と交際したいという気持ちを利用するだけではなく、仕事の紹介やお金をもらえると持ちかけたり、病気や悩みの相談に乗ってほしいなどと同情を誘う手口も多くなっているといわれます。しかも、サクラは会社の社長や著名人、占い師などに成りすまして接触してくるといいます。また、誘導される有料サイトは登録無料とされている場合もありますが、途中から有料になることがほとんどであり、さらにはマルチ商法の話を持ちかけられたり、絶対にもうかるなどという情報商材を高額で購入させられることもあるといいます。慎重に検討し、請求されてもすぐに支払わないことが先ず大事です。特にお孫さんが、これらの絡繰りに引き込まれないように、よくようすを見たり、話をしたりして何でも相談できる祖父母になっていることが大事であり、トラブルに巻き込まれないように、常日頃から話をしたりしておくことが必要だと思います。

21 インターネットオークションでの注意点

自分が欲しいものを競り合って、落札するこ

高齢になるほどリスクが高まることがある

とで入手するという、どこかの知事が公務中に熱中していて問題になったあれです。国内外のオークションサイトに登録ができて、個人でも商品を出品することができて、一般には流通していないものを見つけて、市場価格よりも安く手に入るのも魅力だといいます。普通のネットオークションでは、サイトのシステムを利用して落札し、落札したあとは、出品者と落札者との間で直接取引を行うことができます。ただし、出品作品は中古のものが多いために、中には説明にない傷がついていたり、動かなかったりすることもあるといいます。しかし、サイトでは原則としてトラブルには関与しませんので、不安があるときには、あくまでも事前に質問したり、トラブルが発生した場合には相手側と上手に話し合いで解決することが大事です。なお、海外のオークションはくれぐれも、熟知したうえで慎重に進めることです。

9

社会保障制度の活用

社会保障制度の活用

1 退職金が未払いの場合はどうするか

　退職金は長い間、会社や公務員などとして一生涯にわたり働いて来ての、人生で普通はただ1回だけの楽しみな苦労した汗水の結晶といったものでしょうか。これが、貰えるものが貰えなかったのでは何のために会社のため国のために働いてきたのかと、嘆いてしまいますよね。心配する必要はないのです。法律的にも退職金がもらえる権利があることは決まっていることです。それで、どのくらい貰えるかは退職数年前から、先に退職していく先輩方にそれとなく聞くなどして、予測しておくのです。

　しかし、今の経済状況や政治の動きなどから、どのような特例や変更等があるかは不透明な部分もあると思われますので、常日頃から経済状況や政治情勢などには関心を持って見ていく必要があると思います。わたしも丁度大きな社会情勢の転換時期に当たってしまい、2、3年前に退職した人よりも退職金が減額されていました。

　とにかく、退職金を支払う規定があったり慣行がある場合は、支払う義務があるのですから、会社が苦しいから減額してくれなどと言われても従う必要はなく、きちんと請求しなければなりません。会社が一方的で話し合いに応じないような場合には、弁護士会の法律相談や、厚生労働省運営の総合労働相談センター、社会保険労務士会、厚生労働大臣が任命する紛争調整委員会などに相談することです。詳しくはホームページから調べられますので参照することをお勧めします。

2 ボランティア活動とシルバー人材センターの違い

　退職するとボランティア活動でもして、少しでも地域や人のためになることをしたいなあ、と考える人が多いと聞くことがあります。そのような活動をしていれば、自分の体も使うし頭もそれなりに使うことになるので、認知症予防にもなると安易に考えるのだといいます。

　このボランティア活動は、あくまでも自発的に行うもので定義はないようですが、人や地域社会の利益を考えて行うもので、あくまでも無償の活動のことだといいます。この活動についての詳しい情報が知りたいときには、インターネットで検索すればサポートする団体サイトが見つかりますし、各都道府県市町村区のボランティアセンターに電話で問い合わせみても情報が得られると思います。

　ボランティア活動は無償の活動ですが、その場所まで行く交通費や、活動で使用する材料費等の実費は支払ってもらえるような仕組みになっています。また介護施設などでボランティアをした場合には、そのボンティアした人の介護保険料を割り引く制度も検討されていると聞いていますが、その時期については不明なので関係する場合には問い合わせて見るとよいかと思います。また、ボランティア活動をしていてケガをしたり損害賠償責任を負ったりしたときの補償が受けられるように、ボランティア保険に入っておくことが安全です。申し込みは市町村区の社会福祉協議会に問い合わせると申請方法がわかると思います。

　また、シルバー人材センターというのは、高

齢者等の雇用の安定等に関する法律に基づいて作られた団体で、各市町村区に1個所だけと決められているようです。そして、国や都道府県市町村区などの支援で運営されているといいます。これは定年退職者や高齢者などが、希望に応じて短期間の臨時の仕事や、その他の簡単な仕事ができるように援助してくれる団体です。シルバー人材センターが個人や家庭、企業、商店などからの仕事を請け負い、その仕事を人材センターの各会員に下請けに出すのです。会員は自分ができそうな仕事を選んで申し出れば、定員に達していなければ採用されて働けることになるわけです。仕事の内容としてはさまざまなものがありますが、例えば民家や道路沿いの庭木や街路樹の枝下ろしや草取り、商店の荷物移動係、ガソリンスタンドでの給油、資料館での受付、自転車駐車場での整頓係、その他と多様です。また、高齢者の退職者向けに就職先を無料で紹介したり、仕事に必要な機能や知識を体得するための講習を行うこともあり参加もできます。

会員になるには各市町村区によっても異なりますが、1年間に1000円から4000円が必要です。そして、事務所費や人件費、連絡、総会資料費などが会費から賄われます。会員になっても必ずしも自分にあった仕事が見つかるとは限りません。仕事が見つかって働けば、会員は各月毎に仕事をした時間数が集計されて、だいたい時間給800円前後の収入がもらえ、申請した口座に振り込まれてきます。ただし、働く時間は、1日にだいたい2、3時間程度か4時間くらいで、週に1～3回くらいが通常と

いったところでしょうか。わたしも自宅近くの資料館で週に1日だけですが、10時から4時まで働かせていただいています。また、仕事中にケガをしたり事故（移動中の事故も含む）にあったときには困りますので、その補償が受けられるようにシルバー保険（詳しくはシルバー人材センター団体傷害保険）に入るので守られるようになっています。

3 就農する方法はあるか

他のところでも少し触れたりしましたが、定年退職すると、特に市街地や都会で仕事をしていたり住居を持っていた人や家族は、もっと自然のある農家の近くに行ったり移り住んでみたい。そして、少しの農地を借用して、無肥料・無農薬の新鮮な手作り野菜を育てたり、米作りもしてみたい、それにリンゴの木を1本と、プルーンの木を1本植え付けて、収穫と美味い果物を味わいたい、そんな夢があるんですという。わかるような気もします。

農業人口は年々減少して、特に山間地などでは素晴らしい田畑が放置されたままになって、草地になりつつあるのをよく見ることがあります。また、そのような問題を何とかしようとして真剣に取り組んでいる農村地域や市町村もあり、テレビや諸雑誌などでも取り上げられたりすることがあります。しかし、農業をしていなかった人が、すぐに宅地を買うように農地を購入できるかというと、それは農地法という法律があり、簡単ではありません。農業生産力の増進をしたり、図ることを目的としている

ために、農業を行う能力のない者に農地が渡らないようにしたり、農業に使うのではなく勝手に自宅の宅地にしたり、マンションを建てるための敷地として使われないため、農地を守るために規制をしているというわけなんです。

　全国農業会議所では、新しく農業をはじめたいという人のための相談会や、農業体験プログラムを用意しているといいますので、意欲のある方は利用されるとよいでしょう。また、詳しい就農の情報は、全国農業会議所の運営する全国新規就農相談センターのホームページに掲載されているので参照されるとよいと思います。

全国新規就農相談センターの電話は
03-3507-3088

ですので問い合わせて見てください。

　また、簡単で、すぐにでも狭い面積でよいので農業をしたいという方は、農地を借用してくれる市町村が各地にありますので、インターネットなどで調べてみて問い合わせてみるとよいでしょう。今は過疎化対策と地域の活性化として、永住すればもちろんのこと、年間単位で住居も格安で貸与してくれて、しかも農地も付いて自由に耕作できるようなことを売り出して募集し、応募を歓迎するようなところがありますので探してみてください。

❹ NPO法人を設立するにはどうするか

　NPO法人というのはボランティア団体というようなもので、詳しくは特定非営利活動促進法（NPO法）という法律に基づき設立された法人のことです。正式名称は特定非営利活動法人です。これに対して利益を上げる目的のものが、株式会社などの営利社団法人や、公益法人、中間法人などがあります。

　この特定非営利活動法人には具体的にはどんなものがあるかといいますと、災害救援活動とか街づくり推進活動、消費者保護活動、国際協力活動などのようなものが特定非営利活動と規定されています。これに似ているNPOは組織であればよいわけで、法律で決められた法人である必要はないわけです。そして、NPO代表者の銀行口座に預けられている活動資金は、法律上は代表者個人のものとして扱われます。しかし、NPO法人の場合は、法人の名義で銀行口座を開設でき、NPO法人の財産とその役員の財産は法律上も別個のものとして扱われることになります。代表者が死亡した場合でも、NPO法人の財産は相続の対象とはならないことになります。

　また、NPO法人は営利を目的とはしないけれども、利益は上げても構わないわけです。利益を上げても分配しないだけで、授業員に支払う給料は、活動のための人件費（経費）の支払いであるので、利益の分配には成らないわけです。

　さて、このNPO法人を立ち上げるには、他でも少し触れたように、その事務所のある都道府県の知事の認証を受ける必要があります。そして、認証を受けるに当たっては、さまざまな書類（定款、設立趣意書、議事録、事業計画書、収支予算書、その他）を提出する必要があります。そして、NPO法人の名称、事業所の所在地、

どういう考えで設立するのか、具体的にはどのような活動をするのか、誰を理事にするのかなどを決めて、NPO法人の社員を集めた設立総会で賛同を得る必要があるのです。また、認証申請するときには、社員（NPO法人のメンバーとは異なる）が最低10名必要になります。そして、認証申請が受理されてから決定されるまでには、法律上は早くても2カ月、遅ければ4カ月くらいかかることもあるといいます。そして、認証を受けたあとに、NPO法人の登記をして、初めて法人として正式に設立されたことになるわけです。

5 医療費の払い戻しはどのようになっているのか

医療費は定年退職すると自分で健康保険料を支払うことはもちろんのこと、病気やケガをして検診を受けたりすることなどでの、医療費がかかることも自己負担になります。そして、今までは保険証を提示すれば、70歳未満までは3割自己負担であったものが、現役並の所得者は75歳未満まで3割自己負担が引き伸ばされました。また、それ以外の所得者で、70歳以上75歳未満の昭和19年4月1日以前生まれの人は1割自己負担、昭和19年4月2日以降生まれの人は2割自己負担で、75歳になると1割自己負担になります。しかし、近いうちに75歳以降も2割負担になるようです。このように一部が引き伸ばされても、医療費がますます増えてきて厚生省としても悩むところなので、国の政治的判断は仕方ないのではないかと推測されます。

それでも、日本では皆保険制度になっているために、病院にかかっても、投薬治療を受けても、通院したり、手術したり、リハビリをしたりと、何を受けてもかかった医療費の3割とか1割負担で健康を維持できたりしていると考えると、とてもありがたい制度だと思われてならないのです。それに、その自己負担部分も高額になった場合には、国民健康保険あるいは健康保険の窓口に申請すれば、自己負担部分として支払った医療費が一部払い戻されることがあるのです。これを高額療養費給付制度といいます。

それで、例えば1カ月の入院や手術などを含めての総医療費が100万円かかったとしても、実際に負担する自己負担額はおよそ8万7430円でよいのですから、ありがたい制度です。これは、一例として、70歳未満で、所得が年収210〜600万円の人の場合で、この計算式は、8万100円（自己負担額）＋（医療費の総額－206万7000円）×1％で算出されるのです。これが4回目以降になると、4万4400円になるのです。また、70歳以上75歳未満の人では、外来が1万4000円、外来と入院でも5万7600円で済むわけです。もちろん高所得者はこれ以上になりますし、低所得者はこれ以下になります。これらの詳しいことは国民健康保険を支払っている人は、毎年配布される案内を見ればわかるようになっています。なお、この高額医療費制度は近いうちには、年収が370万円以下の場合ですと、先ずは自己負担額は70歳未満で3割負担、70〜74歳で2割負担、75歳以上で1割負担となり、高額療養

社会保障制度の活用

費制度の自己負担額の目安は、70歳未満で5万8000円、70歳以上で5万7600円となります。これが皆保険でない国々では、盲腸の手術をするだけでも何百万もかかるともいわれています。

それから、国民健康保険に入っていると、被保険者が亡くなったときには、申請により葬祭を行った人に葬祭費が支給されます。そのときは、保険証と印鑑、亡くなっ方と葬祭を行った方の氏名が確認できる会葬礼状などが必要になります。また、緊急やむを得ず、重病人の入院や転院などの移送に費用がかかったとき、申請して国保が必要と認めた場合は移送費が支給されたり、40歳以上75歳未満の人を対象にして特定健診や特定保健指導を実施している市町村区もあります。この中には人間ドックも含まれ、そのかかった一部を負担してもらえます。あるいは、いったん全額自己負担したときに、国民健康保険窓口へ申請し、審査で決定すれば、自己負担分を除いた額が払い戻されます。それは、旅先などで保険証を使わずに急病の診察を受けたり、張り・きゅう、マッサージなどの施術を受けたとき、海外渡航中に診療を受けたときなどです。しかし、病気とみなされない予防注射や妊娠・出産、美容整形、他の保険が使える仕事上の病気やケガ（労災保険の対象）、給付が制限されるものとしては故意の犯罪行為や故意の事故、泥酔による病気などは保険証が使えません。

この保険税（医療分と後期高齢者支援金分＋介護分の合計が年間保険税となります）は、40歳以上65歳未満の人（介護保険の第二号被保険者）は、医療保険＋後期高齢者支援金分＋介護保険分を納めます。また、65歳以上75歳未満の人（介護保険の第一号被保険者）は、医療保険分＋後期高齢者支援金分を国保の保険税として納め、介護保険料はべつに納めます。そして、原則として年金からの天引きとなります。介護保険料も司じです。

しかし、もしも、この保険税を納めないでいると、高額医療費の限度額適用認定を受けられなかったり、督促が行われて延滞金を徴収されたり、短期被保険者証が交付されたり、保険証の代わりに資格証明書の交付になっていったん全額負担になったり、国保の給付が差し止めになったりと、いろいろな措置がとられます。

❻ クーリング・オフとはどういうことか

よくお年寄りの家庭を選んで業者が来たり、主人が出勤後の日中に婦人のいる家庭を訪問して、布団や毛布、貴金属、掛け軸、絵画や花瓶などを訪問販売業者が訪れ、しかも言葉巧みで、何か礼儀正しく、そして、「先ずはこれはサービスですので」といってタオルとか石鹸のような商品を渡されます。そして、「これはすいませんねー」と言って貰ってしまうと、「今日は格安で布団や毛布の販売にお邪魔しました。品質も最高ですし、耐用年数も長く使えてお得です。セットで購入するとさらにお得ですし、2セットを夫婦で買っていただくとより値引きをします。是非2度とないチャンスの価格なので、お見逃しなくご購入ください」と、言われてつい買ってしまったりします。このような経験が

おありの方や、なくても聞いたことがある人、引っ掛かったと言って嘆いている人を知っておられるのではないでしょうか。

このようなときは、あとでも購入契約を一定期間内であれば、解約できることが法律で認められた制度があるのです。それがクーリング・オフです。契約の日から8日間（訪問販売、電話勧誘販売、訪問購入、生命・損害保険契約、特定継続的役務提供、宅地建物取引、冠婚葬祭互助会契約、ゴルフ会員権契約、不動産特定共同事業契約など）、あるいは10日間（投資顧問契約）、14日間（預託等取引契約）、20日間（連鎖販売取引、業務提供誘引販売取引）など、定められた期間内に書面を相手に送る方法で手続きをとる必要があります。このとき、購入時に騙されたとか、押し売りされた、脅されたなどの理由があればもちろんですが、理由がなくても契約を白紙に戻すことを認めている法律がクーリング・オフなのです。この場合の書面というのは手紙を出すということですが、普通の手紙ではなくて、確実に届いたことを説明できるために「内容証明郵便」で出すのが普通ですので覚えておくとよいでしょう。また、このクーリング・オフができるかの相談は、弁護士や消費生活センターなどの専門の人と相談してみるとよいでしょう。内容証明郵便については郵便局に行って相談すると具体的にどのようにするのかを教えてくれます。また、インターネットを利用した電子内容証明のサービス、「電子内容証明郵便」といいますが、パソコンで作成した文書をそのままインターネットで申し込めば電子内容証明郵便として送付してくれるサービスですので、利用されると郵便局まで行かなくても済みます。

7 遺言の種類と効果、相続税

自分が家族や子どもたちに遺言として書き残しておきたいことは、しかるべき年齢になったら少し早めから準備しておき、変更したいときは書き直せばよいわけです。病気に罹った場合などは、そのことも計算に入れて最終的に自分で判断し、自分で決めなくてはならないことになります。その遺言書の書き方には3つあります。

1つ目は、自筆で作成する自筆証書遺言です。これは自分で作成するので秘密を守ることができるという長所があります。しかし、自筆のために書くのが苦手だという人はいると思いますが、字は上手下手は関係ありません。ただし、ワープロやパソコンで作成したものは、自筆でないといけませんので認められていません。あくまでも本人が書いたものであるということが大事なのです。しかし、公証人や証人に確認させる事なく作成するために、他人に変造などをされる恐れがあることから、作成に細かい決まりがあったり、そのために作成が困難である点が短所で、自分だけでできるので、秘密を守ることができる点が長所でしょう。ただし、体が不自由で文章がうまく書けないような場合は、次の公正証書遺言の方法や危急時遺言の方がよいでしょう。なお、今の時代だからといっても、ビデオやテープでの遺言は法律で認められていません。この自筆証書遺言は、遺言する本人

社会保障制度の活用

が自筆ですべてを書くこと、日付も署名も、押印もしておく、訂正変更の場合は訂正変更の内容を付記し、付記毎に押印したり、また誤字、脱字がないこと、寄贈者の特定ができるように、名前は姓と名を記載し、不動産の番地や地番、家屋番号なども記載し、数字は変造できないように、壱とか弐などを使用するなど、できるだけ詳細・正確なところまで記載するようにします。亡くなったときは、これを家庭裁判所に持って行って検認を受けます。そして、この検認書があれば、例えばマンションを次男に譲るとあれば、このマンションの名義変更ができるので、司法書士にお願いして法務局に行ってやってもらいます。例えば、印西市ならば市役所近く、西警察署前の

くるみさわ総合行政事務所
(0476-85-6852)

などにお願いします。

2つ目は、公正証書遺言ですが、これは遺言者が公証人や証人などに依頼して作成するもので、遺言者は証人と2人で公証役場に出向いて、公証人が遺言を作成する方法です。公証人という専門家が間に入るので、内容も正確で原本は公証役場で保管され、また証人もいますので、紛失や変造の心配もなく安心できます。ただし、証人を依頼するために完全に秘密にするということはできず、それなりの費用も必要になります。これは公証人にお願いして作成してもらいますが、15万円くらいはかかるでしょう。

また3つ目は、秘密証書遺言ですが、遺言内容については秘密にするが、遺言の存在については公証人によって公証してもらうという遺言です。これは自分で自署した遺言書を、公証人の面前で封書するものです。この他にも、証人が3人必要になるもので、病気などで死の危機が迫っているような人が行う、危急時遺言などもありますが、この場合は後日裁判所による確認が行われないと遺言としての効力を生じないといいます。

さて、それでは例えば父親が死亡した場合の相続税はどのくらいかかるのかは、よく問題になったりしますし不明なことが多いものです。これについては、2015年から改正されて首都圏で一戸建住宅を相続するようなときには負担増になることが出て来ているといいます。というのは、首都圏では土地が高価なためなのですが、改定で基礎控除額（非課税枠）が減額となったためです。具体的には2014年までは基礎控除の計算式は、5000万円（定額控除）＋（1000万円×法定相続人の数）でしたが、2015年以後は、3000万円＋（600万円×法定相続人の数）となったからです。だから、父親が亡くなり宅地5000万円（同居特例で評価額は1000万円になる）と金融資産5000万円の合計600万円の相続遺産があったときの、基礎控除（非課税枠）は、これを母と子ども2人の計3人が相続する場合には、上の計算式に当てはめて、3000万円＋（600万円×3）＝3000＋1800＝4800万円となるので、この上回った1200万円分に相続税が発生することになるわけです。これは詳しい計算では60万円になるので相続税は60万円となります。まあ、その他にも母が相続財産の2分の1、子ども2人が各4分の1ずつ分割相続できま

すが、これらのことも含めて、詳しいことは税理士に相談したりして進めることが無難だと思います。

8 市民税・県民税、固定資産税・都市計画税、介護保険料の納め方

現役中は給料から差し引かれていたのであまり解らなかったというか、そこまで強く関心を持たない場合が多かったのではないでしょうか。それが、退職後になると、今度はみんな自腹から次々と徴収されて行くことになるので、待てよとなって、強い関心と共に何でこんなにも徴収されるのかと驚くことになるものです。国民健康保険税、市民税、県民税、固定資産税、都市計画税、介護保険料などが、これらに当たります。これらの徴収についての連絡は、市区町村から郵便連絡などでくることが多いわけです。だから、わからないことや疑問に感じることがあるときには、それぞれの担当窓口へ出向くなり電話で問い合わせてみれば説明してくれます。

これらは、いずれも65歳以上の年金受給者の場合で、公的年金等収入に市・県民税が課税される人で、介護保険料が公的年金から引き落とされていない人等は対象外でありますが、公的年金から引き落とされます。これを年金特別徴収制度といいます。そして、それらは年度はじめに税額決定・納税通知書というものが送られてきて、それには年税額と、4カ月に分納して納める各期別の納付額が月日と金額で表示してあります。だから、この通知書をもとに、自分の年金振込通帳で該当月に引き落とされている金額に間違いがないかを確認すればよいわけです。

なお、納期限までに税金が完納しない場合は、延滞金を加算して納付しなければならなくなります。そして、納期限までに完納しないと督促を受け、かつ、その督促状を発した日から起算して10日を経過した日までにこの税金を完納しない場合は、財産の差押処分を受けることになるのです。そして、今はこの税金を滞納する常習者がいて社会問題となっており、中には裕福な生活をしたりしていてお金はありながら税金を滞納するという悪質な人がいて、何回も自宅を訪問して催促したり、最終的には強制的に財産の差押処分に踏み切るのだといわれています。どうしても、本当に事情があって困るような場合は、事前に関係する担当窓口で相談してみるとよいでしょう。

9 生活保護制度とは

生活保護制度というのは日本国憲法第二五条の生存権保障を具体的に担う制度で、セーフティネット（生活安全網）の役割を発揮することが求められています。どのような場合に生活保護を受けられるかというと、失業や退職、疾病、死亡、離婚、災害、その他、さまざまな生活上の不幸に遭遇して経済的に困窮する事態に陥った場合に、原則として受けることができるというものです。

困窮の基準となる生活保護の判定基準が厚生労働省より発表されますが、これが月額の最

社会保障制度の活用

低生活費として定められているといいます。また、就労収入や年金給付がある場合は、最低生活費からこれらの収入を差し引いた金額が支給されるのです。この生活保護は、生活（日常生活など）、住宅（家賃など）、教育（義務教育の学用品など）、医療（医療サービス）、介護（介護サービス）、出産（出産費用）、生業（就労に必要な技術の修得などにかかる費用）、葬祭（葬祭費用）の八扶助から成っており、困窮の状況により数種類の扶助が組み合わされて支給されます。窓口は所轄する福祉事務所です。

そこで、世帯収入が最低生活費を下回っていれば、誰でも必ず生活費を受けられるかというと、そうではなく、保護を申請した福祉事務所のケースワーカーによって、保護に先だって扶養義務者調査と資産調査が行われるのです。二親等以内の親族と連絡を取って、扶養できるかどうかを文書で尋ねたり、郵便局や銀行、保険会社などに預貯金の残高を問い合わせたり、土地や自動車の保有台数なども調査します。さらには、借金や働く能力なども保護の適用に優先されます。特に預貯金の保有額が保護基準月額の半分くらいを越える場合は、申請を受理しない福祉事務所が多いようです。厚生労働省が発表する全国の世帯貧困率は年によっても違いますが、20％前後だといわれます。しかし、生活保護の世帯保護率は、数％に過ぎません。したがって、貧困世帯の15％前後の世帯くらいしか保護を受けていないことになります。

そして、さまざまな理由からの生活苦や経済苦から悩み抜いた末に、自殺を選択せざるを得なかった人があとを絶たないというのです。

できる限り多くの生活困窮者が救済できるように、セーフティネットとして機能することが何としても必要でしょう。

10 介護サービスを受けるにはどうするか

退職後はよいとしても、誰でも加齢と共に心身が衰えてくるのはあたりまえのことであり、そして病気や骨折、ガンになるなど、また認知症になったりして、やがては介護が必要になる人が出てくるのも、長寿社会になるほど加齢とともに自然なことです。そして、この介護保険料を支払っている介護保険制度の介護サービスを、どのようになったら、いつから使えるのか知りたいところです。

これは待っていても永遠に使えないのが介護保険です。本人や家族が必要だと思ったときに、40歳以上ならば遠慮する事なく「要介護認定の申請」をすればよいわけですが、ただし64歳までは疾病条件があります。先ずは家族か本人が市区町村の介護保険担当窓口へ、介護保険証とかかりつけ医の連絡先（なければ窓口で相談）を持参して行います。地域包括支援センターの職員、ケアマネージャーの代行も可能だといいます。また、行けないときは電話をすれば手続きに来てくれます。そのあとに訪問調査があり、心身の聞き取り調査をします。そのあとに、訪問調査と主治医の意見書をもとにコンピューター判断し一次判定が出ます。そして、介護認定審査会で二次判定が出ます。そのあとに、認定結果通知があります。そして、要介

護1〜5、要支援1・2、非該当（自立）のいずれかとなります。このうちの要介護1〜5の場合は、ケアマネージャーによりケアプランが作成されます。そして、介護サービスを受けることになるわけです。また、要支援1・2の場合は、地域包括支援センターにより介護予防ケアプランが作成されます。そして、介護予防サービスを受けることになるのです。これらの要支援・要介護のケアプランは自分でも作成することも可能です。さらに、非該当（自立）の場合は、介護予防（2次予防事業対象者向け）事業（地域包括支援センターが担当する）の利用を受けるようになるわけです。

介護の問題として、介護者の仕事との両立や、転勤や海外勤務などでの介護の悩みは大きいものです。家にいる配偶者に負担が大きくなったりすることもよくあり問題となったりしますが、これからの介護は、家族介護の美風を捨てて、介護のプロや近隣地域と共に支え合う共同介護への発想の転換が必要でしょう。介護保険制度も介護を社会全体で支えるために生まれました。したがって、介護保険サービスはもとより、地域の美馬森や支え合いを積極的に活用するようにしていきたいものです。例えば、介護者サポート情報としては、共に支え合う「介護家族の集い」とか「レスパイトケア（一時休息）」、「認知症高齢者の見守りサービス」、「遠距離介護支援」などがありますが、これらの情報は地域包括支援センターや民生委員、市町村区の高齢者保健福祉窓口、ケアマネージャーが持っているので、相談したり、経済費用の軽減策なども聞くことができます。

問題は介護者の半数以上が既に60歳以上であるということで、70歳以上も男性で40％以上、女性で30％以上となり、介護者自身の疾病率も上がり、老化を感じながら老々介護はまさに介護崩壊の危機寸前となりつつあるとされています。この老々介護を朗々介護にする極意は、難しいところですが、老々介護になったら次のようなことに心掛けることべきだといわれています。

①できるだけ早く相談すること。
②介護サービスをフル活用すること。
③経済的な不安から老体に鞭打ち、介護サービスの利用を絶対に抑制したりしないこと。これをやると、共倒れになり、かえって辛くなり、費用もかさみます。低所得者向けの介護費用の軽減策もいろいろとありますので、遠慮しないでとにかく相談することです。
④笑顔と安眠をバロメーターにすること。笑顔が消えたり、眠れない日が続いたら危険信号です。一刻も早く介護軽減の相談をするようにしましょう。

11 借金整理をするにはどうするか

現役時代はもちろんですが、退職後でも年金生活に変わると、最初の何年かはよいとしても、現在の老後は長く80歳はもちろんのこと、90歳まで生きていることも決して珍しいことではなくなりました。そして、100歳過ぎまで長生きしている人も6万人以上もいる長寿時代になっています。この間には、いろいろと思いも

社会保障制度の活用

寄らないことがあって、借金で苦労することもあるかもしれません。

そのような借金をして、その債務を整理する方法には、「任意整理」とか「特定調停」、「個人再生」、「自己破産」などがあります。そして、借金問題は必ず解決できますので、悩まず、先ずは専門機関に早く相談するということが何よりも大切です。

任意整理というのは、法的機関を利用せずに、私的に弁護士などに依頼して債権者と話し合い、一括または分割するなどして返済するなどの合意を取り付けて債務を整理する方法です。債務の金額は利息制限法で引き直した分で、金銭の貸し付けの契約では、同法の制限金利（年15〜20％）を越える分は利息の契約として無効であり、超過分は元本に充当されます。貸金業者の大半は高金利で貸し付けていたので、引き直しにより債務額が減縮します。無理なく3年間ぐらいで返済できるかどうかが、任意整理を選択する目安になるといいます。

特定調停は、これは簡易裁判所に借金の整理用に工夫された特定調停を申し立て、調停委員のあっせんにより債務額を確定して返済方法を決める方法です。弁護士に相談しなくても、裁判所を通じて交渉による解決が期待できます。利息制限法の引き直し計算のための取引履歴の取り寄せや引き直し計算も、裁判所が行ってくれます。

個人再生は、これは地方裁判所に申し立てて行いますが、支払い不能に陥る恐れのある人が、法律の定めた要件を満たす金額を、原則的には3年間で返済するという計画を立てて、そ れが裁判所で認可されると、計画通りに支払った場合に、税金等一定のものを除き、その残りの債務が免除される制度です。住宅ローンの特則を利用すれば、住宅を失わずに債務整理ができる可能性があるなどの利点があるといいます。

自己破産は、債務者が資力ですべての借金を完全に返済することができなくなった場合は、地方裁判所に自己破産の申し立てができます。同時に免責許可の申し立てをし、免責許可の決定を得ると、税金等一定のものを除き、債務を支払わなくてよくなります。原則として、生活に欠くことのことのできないものを除く財産はお金に換えて配当などする必要がありますが、普通に生活するだけの財産は手元に残せるように運用されています。ギャンブルで多額の借金をした場合など、一定の免責不許可事由がありますが、そのような事由があっても、裁判官の裁量で免責許可決定を得る可能性があるといいます。手続き中、一定の職種については資格が制限されますが、免責許可決定が確定すればその制限もなくなるといいます。

これらの借金問題を相談するならば、弁護士会や司法書士会、日本司法支援センター、裁判所、消費生活センターなどで、できるだけ早く相談するとよいでしょう。

12 一人暮らしになったらどうするか

あちこちで触れてきたように、高齢化の波が高度化しています。そして、長生きする時代になることはよいのですが、高齢期の独居化が高

率化で進んでいます。2013年ころは65歳以上のおよそ男性10人に1人、女性5人に1人が、一人暮らしだったのですが、これが2018年には、65歳以上の男女合わせて約40%弱、つまり3人に1人は一人暮らしになるだろうといわれています。たしかに、回りを見回しても一人老人のマンションや戸建てに入っている人が、よく目につきます。そして、とても見る範囲では元気なのが心強く感じるのです。しかし、よく見ていると女性は元気な人が多いのですが、男性は明らかに元気がない人が多いようです。もちろん、平均寿命が女性の方が6歳ほど長生きするというので当然と言えば当然でしょうか。けれども、いろいろと話を聞いたりしていると、長年連れ添った伴侶を亡くすことほど、大きな心身のストレスはないといいます。その喪失感がうつ病や認知症などの引き金になることもあるといいます。一人暮らしになると、すべてを一人でやらなければならなくなったり、話をする相手がいなかったり、買い物から料理、洗濯から掃除、そして戸締まりの不備からの詐欺や犯罪、あるいは電話詐欺などにあったりするようなことも起きています。一人暮らしを謳歌するためには、どのような工夫をしたらよいか、いろいろと考えたりして取り組んでおられることでしょう。その一人暮らしの心掛けとして次のようなことも参考にして取り入れてみてはいかがでしょう。

①できるだけ外出する：買い物や散歩、趣味を生かしたことに取り組む。1日に1～2回は外出するようにする。

②元気コール：子ども夫婦や友人からの電話やメールで定期的に安否確認や交流の誘いをする。

③いろいろな情報を貯蓄する：地域活動や介護関係のボランティアに参加したりして、情報を共有していると、いざというときに相談したりできる。

④近所・地域を大事にする：いつも身近な方々とはあいさつしたり、会話をしたり、活動に参加したりしていると、いざというときの防犯や防災、救急などのときに援助してもらえる。

⑤制度の活用をする：本人からの相談によって、地域包括支援センターでの高齢者見守り、介護予防、自立支援などを受けるようにする。

⑥防犯点検：映像付きのインターホンの活用。交番への情報提供。玄関先に明かりをつける。戸締まりを確認するなど念入りにする。

⑦孤独死防止：緊急通報装置や安否確認サービスを利用する。

13 家庭の地震対策に備える

地震対策の最優先は命を守ることです。そのためには、地震が起きたときの行動ですが、これは、先ずはより安全なところである机の下などに頭から潜るとか、非常口を確保しておくとか、家族に電話をするとか、自分の身の安全を最優先した行動が大切でしょう。そのためには、家具が崩れ落ちたりしないように、家具の固定をしておくということがとても大切です。また、収納しているものが飛び出さないように

社会保障制度の活用

棚板に滑り止めシートを敷き、机の脚にも粘着マットを敷き滑りにくくします。移動しやすいように出入口付近に家具を置かないことも大事です。避難場所の確認と連絡方法の確認も大切です。電話やメール、ＮＴＴの災害時に開設するサービス「171」をダイヤルし、ガイダンスに従って操作するとか、携帯電話、ＰＨＳ各社が開設する災害用伝言板などを利用するとよいでしょう。

それから、気象庁では、最大震度5弱以上の強い揺れが予想される地域に対して、その到達前に「緊急地震速報」（警報）を発表します。これは携帯電話やテレビ、ラジオで伝えられますが、実際に揺れが来るまでに数秒から10数秒の余裕しかないので、すぐに身の安全を図ることが最優先です。台所でコンロなどを使用中でも、無理に火を消そうとする必要はないといわれています。油や湯をかぶる危険を避けることです。車の運転中にラジオなどで速報を聞いたならば、ハザードランプをつけてゆっくり減速し左側に停車し、大事なことは、絶対に急ブレーキを踏まないことだといいます。また、津波警報や注意報が出されたら、対象地域の人は、何をおいてもすぐに高台や鉄筋コンクリート建造物の3階以上などの、できるだけ高い場所に非難することです。地下街で地震に遭遇したら、先ずは落ち着いて、状況を判断し、できるだけ早く階段で地上へ非難することです。

マンションでの地震対策は、震災時は電力がストップしてしまうことがよくありますので、オートロックや防犯カメラ、エレベータなどが機能しなくなります。このときの対策を管理組合で非常用電源を使うとか、今1度見直して確認しておく必要があります。室内でもエントランスでもガラスや照明器具が割れたり落下していることがありますので、各部屋にはかかとの付いたスリッパとか運動靴を置くなどして、緊急時にガラス片などから足をケガから守るようにすることが大事になります。

14 夫の死後は遺族年金で生きぬく

人の平均寿命は先でも出てきたように、男性で81歳、女性で87歳くらいです。女性の方が6年ほど長生きできることになります。そこで、人生の後半期になってから、順番として先に夫が亡くなった場合には、残された妻の公的年金はどうなるのかを少し考えてみましょう。それには現役時代での仕事をしていたか、専業主婦か、個人での自営業かで異なってきます。

①現役時代に夫も妻も老齢厚生年金に加入して働いていた場合は、夫が65歳前に亡くなったら自分の厚生年金と夫の遺族厚生年金のうちで金額が多い方を受け取れます。また65歳以後に亡くなった場合は、妻の老齢厚生年金よりも夫の遺族厚生年金の方が多ければ、妻の老齢厚生年金に加えて、その差額を受け取れます。それから、国民年金にも遺族基礎年金はありますが、支給されるのは18歳未満の子どもがいる妻とその子どものみです。

②それかう夫が会社員で、妻が専業主婦だった場合は、妻の老齢基礎年金に加え遺族年

金が受け取れることになります。ただし受領できる額は、原則的には夫の厚生年金の4分の3になります。ただし、夫が25年以上年金に加入しているか、死亡時までに加入義務のあった期間の3分の2以上あることが必要です。

③夫が自営業だった場合は、18歳未満の子どもがいる場合は遺族基礎年金が受け取れますが、会社勤めだった場合よりも手薄になることは間違いありません。だから、以前から資金確保のために国民年金基金加入したり、個人年金に加入するなりしておく必要があるかもしれません。

予断ですが、2017年に厚生労働省の国立社会保障・人口問題研究所は、2065年までの日本の将来推計人口を公表しました。総人口は2053年に1億人を割り込み、2063年には9000万人を下回り、2065年には8808万人まで減少する。では、65歳以上の高齢者が人口を占める割合の高齢化率は、2015年の26.6％、2065年では38.4％になり4割に迫るといいます。ちなみに、平均寿命は2015年の男性80.75歳、女性86.98歳が、2065年には男性84.95歳、女性91.35歳まで延びるというのであります。男性で4歳、女性も4歳ほど寿命は延びますが、頭打ちになってきているようです。今生きて働いている退職後の女性は、いよいよ平均寿命が90歳代の大台に達するということでありますから、100歳まで生きられる人も現在の6万人以上よりも多くなるものと思われます。

10

各種の相談や問い合わせ先機関

各種の相談や問い合わせ先機関

1 法律関係全般
　①日本弁護士連合会　　　　　　03-3580-9841
　②日本司法書士連合会　　　　　03-3359-4171
　③法テラス・サポートダイヤル　0570-078374（ナビダイヤル）
　④東京法務局　　　　　　　　　03-5213-1234
　⑤日本税理士連合会　　　　　　03-5435-0931
　⑥日本公証人連合会　　　　　　03-3502-8050
　⑦民事法務協会　　　　　　　　03-5540-7050
　⑧日本弁理士会　　　　　　　　03-3581-1211
　⑨厚生労働省　　　　　　　　　03-5253-1111
　⑩最高裁判所　　　　　　　　　03-3264-8111

2 消費生活全般
　①日本消費者協会（消費者相談室）
　　　　　　　　　　　　　　　　03-5282-5319
　②消費者ホットライン　　　　　0570-064-370（ナビダイヤル）
　③全国消費生活相談員協会　　　03-3448-1409
　　　　　　　　　　　　　　　　06-6203-7650
　④日本消費生活アドバイザー・コンサルタント・相談員協会
　　　　　　　　　　　　　　　　03-6434-1125
　⑤経済産業省（消費者相談室）　03-3501-4657

3 金融関係全般
　①ねんきん定期便・ねんきんネット専用ダイヤル
　　　　　　　　　　　　　　　　0570-058-555（ナビダイヤル）
　　　　　　　　　　　　　　　　（ねんきん特別便についても可能）

　②日本年金機構（ねんきんダイヤル）
　　　　　　　　　　　　　　　　0570-05-1165（ナビダイヤル）
　③各国税局（電話相談センター）　　所轄の税務署へ連絡
　④金融庁（金融サービス利用者相談室）　0570-016811（ナビダイヤル）
　⑤日本税務研究センター（税務相談室）　03-3492-6016

⑥全国銀行協会（全国銀行協会相談室）　0570-017109(ナビダイヤル)
⑦全国労働金庫協会（ろうきん相談所）　0120-177288
⑧生命保険協会（生命保険相談室）　　　03-5220-8520
⑨災害地域生保契約照会センター　　　　0120-001731
⑩日本共済協会（共済相談所）　　　　　03-5368-5757
⑪証券・金融商品あっせん相談センター　0120-64-5005
⑫農林水産省（商品先物相談窓口）　　　03-3501-6730
⑬経済産業省（商品先物相談窓口）　　　03-3501-1776
⑭日本商品先物取引協会（相談センター）03-3664-6243
⑮全国社会保険労務士会連合会　　　　　03-6225-4864

4 多重債務全般

①全国クレジット・サラ金問題対策協議会
　　　　　　　　　　　　　　　　　　　078-371-3103
②日本クレジットカウンセリング協会　　03-3226-0121
③全国銀行協会（カウンセリングサービス）
　　　　　　　　　　　　　　　　　　　050-3540-7553
④国税庁　　　　　　　　　　　　　　　03-3581-4161
⑤労働者健康福祉機構　　　　　　　　　044-556-9835

5 自動車全般

①日本中古自動車販売協会連合会　　　　03-5333-5881
②自動車公正取引協議会　　　　　　　　03-5511-2115
③国土交通省　　　　　　　　　　　　　03-5253-8111

6 通信販売・訪問販売全般

①日本通信販売協会（通販110番）　　　03-5651-1122
②日本訪問販売協会（訪問販売110番）　03-3357-6019
③日本コールセンター協会（電話相談室）03-5289-0404

各種の相談や問い合わせ先機関

7 住生活全般
①高齢者住宅財団　　　　　　　　　　　0120-602-708
②住宅リフォーム・紛争処理支援センター　0570-016-100（ナビダイヤル）
③マンション管理センター　　　　　　　03-3222-1516

8 健康全般
①厚生労働省（小児救援電話相談）　　　♯8000（全国同一短縮番号）
②環境再生保全機構（ぜんそく・COPD電話相談室）
　　　　　　　　　　　　　　　　　　　0120-598014
③医薬品医療機器総合機構（医薬品、医療機器相談室）
　　　　　　　　　　　　　　　　　　　03-3506-9457
④日本中毒情報センター（中毒110番）　072-727-2499
⑤アレルギー相談センター　　　　　　　03-3222-3508
⑥日本対がん協会（がん相談ホットライン）03-3562-7830
⑦支え合い医療人権センター　　　　　　06-6314-1652
⑧日本臓器移植ネットワーク　　　　　　0120-78-1069
⑨日本骨髄バンク（骨髄バンクドナー登録）
　　　　　　　　　　　　　　　　　　　03-5280-1789
⑩日本自閉症協会（相談窓口）　　　　　03-3545-3382
⑪全国精神保健福祉会連合会　　　　　　03-6907-9212
⑫労働者健康安全機構（勤労者心の電話相談）
　　　　　　　　　　　　　　　　　　　03-3742-7556
⑬全国精神障害者団体連合会　　　　　　03-5438-5591

9 仕事関係全般
①過労死110番全国ネットワーク　　　　03-3813-6999
②全国社会保険労務士会連合会（仕事応援ダイヤル）
　　　　　　　　　　　　　　　　　　　0120-07-4864
③首都圏青年ユニオン（労働、生活相談）03-5395-5359

10 福祉関係全般

①日本社会福祉士会権利擁護センターぱあとなあ　　03-3355-6546
②浴風会（介護支え合い電話相談）　0120-070-608
③日本公証人連合会　　03-3502-8050
④認知症の人と家族の会　　0120-294-456

11 情報通信全般

①総務省（電気通信消費者相談センター）　03-5253-5900
②総務省（地デジコールセンター・デジサポ窓口）
　　0570-70-0101（ナビダイヤル）
③日本データ通信協会（迷惑メール相談センター）
　　03-5974-0068
④日本郵便お客様サービス相談センター　0120-23-28-86

12 交通事故トラブル全般

①日弁連交通事故相談センター　　03-3580-1892
②交通事故紛争処理センター　　03-3346-1756
③自賠責保険・共済紛争処理機構　　03-5296-5031

13 教育関係全般

①日本政策金融公庫（国の教育ローン）　03-5321-8656
②日本学生支援機構（奨学金変換相談センター）
　　0570-03-7240（ナビダイヤル）

14 ペット関係全般

①全国ペット協会　　03-6206-9684
②日本動物愛護協会（動物相談）　　03-3409-1822
③日本動物福祉協会　　03-5740-8856

各種の相談や問い合わせ先機関

15 育児及び子ども、人権全般
　①法務省（人権相談、みんなの人権110番）　　0570-003-110（ナビダイヤル）
　②文部科学省（24時間いじめ相談ダイヤル）　　0570-0-78310（ナビダイヤル）

16 旅行関係全般
　①日本旅行業協会消費者相談室　　03-3592-1266
　②海外渡航者向け海外感染症電話相談（成田空港検疫所）
　　　　　　　　　　　　　　　　　　　0476-34-2310
　③全国旅行業協会本部事務局　　03-5401-3600
　④日本旅行業協会　　03-3592-1271

17 著作権関係全般
　①著作権情報センター（著作権テレホンガイド）　03-5353-6922
　②日本自費出版ネットワーク　　03-5623-5411
　③特許庁　　03-3581-1101

18 広告・表示関係全般
　①全国公正取引協議会連合会　　03-3568-2020
　②放送倫理・番組向上機構（視聴者専用電話）　03-5212-7333

19 食生活関係全般
　①内閣府食品安全委員会事務局（食の安全ダイヤル）
　　　　　　　　　　　　　　　　　　　03-6234-1177
　②農林水産省（消費者の部屋）　　03-3591-6529

20 医療関係全般
　①医療問題弁護団　　03-5698-8544
　②医療事故情報センター　　052-951-1731
　③東京社会保険協会　　03-3204-8877
　④全国社会福祉協議会　　03-3581-7851
　⑤札幌医療事故問題研究会　　011-209-3331

⑥医療事故研究会　　　　　　　　　03-5775-1851

21 証券関係全般

①東京証券取引所　　　　　　　　　03-3666-0141
②証券図書館　　　　　　　　　　　03-3669-4004
③日本証券業協会（証券・金融商品あっせん相談センター）
　　　　　　　　　　　　　　　　　0120-64-5005

あとがき

　それぞれの人が、現役中に自分の仕事をさまざまな中から選択して持ち、働き続けてから38年から45年間くらいでしょうか、人によっても勤続年数は異なりますが、とにかく家族や社会、会社あるいは国民のために働き続けてきました。この長い間にわたり働き続けて来られたということは、それだけでも、本当はそれこそ大変なことだったわけであります。その間には、辺りを見回してもお解りのように、働き続けることができずに途中で挫折したり、病気で倒れたり、会社が倒産したり、さまざまな理由で働く意欲はあったにもかかわらず、不運にも定年退職を迎えることができずに、途中で退職せざる得ないことになった方々もおありかと思います。それは不運なことでありますけれども、また誠に残念なことであるのですが、それは正に事実であったとしかいいようがありません。

　けれども、これからの退職後や人生後半の仕事を離れた後の、自由な生活こそは、皆が一人残らずに、豊かで有意義な掛け替えのない生活を送ってもらいたいと思いますし、幸せな生活を送れるものと確信しております。そして、前半に苦労して来た人は、必ず苦労してきた分に合う分の豊かな生活を、貴重な経験を生かした創意・工夫によって、積み上げて行くことができるものと強く感じています。

　後半の生活で、先ず大切なことは、気持ちをいかにリラックスして持ちながら、いつも明るく常に前向きな姿勢で、喜んで自分のやるべきことがあるかないか、ということではないかと思います。何でもよいのですが、自分が打ち込むべきこと、つまり、夢というか、野望というか、目標とすべきものとか、趣味としているものとか、どんなにささいなことでも、生き甲斐を持って取り組めるものがあるということが、最も大切なことではないかと思います。そのことが、この10年間の経験で一番強く感じていることです。

　これさえあれば、健康も維持できていくであろうし、老後に必要な資金であっても、大金持ちのできるような豪華な客船クルーズでの世界旅行ばかりは、できないかもしれませんが、心に張りを持ち続けられて、健康的な日々を送れることが、後半の生活での何よりも大切で、何にも変えられない大事なことで、これ以上の幸福なことはないと言えるのではないかと思います。わたしは、退職後の10年間の経験の中で、そのような幸せだなあ、わたしには真似できないなあ、という先輩方を何人も見たり、お付き合いをさせていただいてきて、その工夫された輝くような後ろ姿から、多くのことを学ばせて

いただいています。

　現在は古稀を迎えたばかりでありますが、人生の後期高齢期を、わたしはこれから迎えるようになっていきます。それまで生きているかどうかの保証はありません。保証はあってもなくても関係なく、これまでの10年間に自分の体験や学び、友人との交流から学んで来た、高齢期の過ごし方を続けて行きたいと思っているところです。それは、本文にまとめてきたようなことでありますが、その日ごろの過ごし方を継続しながら、少しでも楽しみを発見したら体験してみたり、また美味しいものがあると聞けば、たまには食べに行ったりして、またどうしても見てみたいと思う仏像や美術品があると知れば、鑑賞に出掛けて行って見たり、旅をしたいところが見つかれば少し無理をしても、行きたいものだと思っています。そして、できるだけ多くの満足感を得られるように、楽しく生きる努力をしていきたいと思っています。そのためには、疲れたら無理をせずに、しばし休んで心身を癒してから、そして、いつも学ぶということを忘れることなく、楽しい有意義な高齢期の生活を継続して行こうと思っています。

　人生の後半から終末に近づくほどに、例えば快晴の1日間が人生の縮図だとしたならば、最初の日の出の美しさは、劇的な美しさが抜群で印象的ですが、日中は一番長い時間にも関わらず、そんなに深い印象には残っていないことが多いものでもあります。そして、後半の夕方になると夕日が輝きはじめ、どんどんと夕陽の色が濃くなっていき、あの終末の紅葉色の美しさのような、見事な美しく輝かしい夕陽となって、やがては大海や山の彼方に沈みつつ、姿を無言のうちに消し去ってゆくのです。

　わたしたちもやがては、高齢期から終末にかけての、人生で一番自由で贅沢な、美しく輝く夕陽のような紅葉色の時間を、生き甲斐のある豊かな生活を楽しんで、やがて、プログラムされている死を受け入れ迎えます。そのときに、江戸時代の歌人である良寛さんが言われたように、「死ぬべきときは死ぬがよろしい」の境地になるのは難しいことだと想像されますが、これに近づく心境になれるように、今から学びを深くして、これから少しずつ心して生きていきたいものです。また、限られた一人一人のかけがえのない人生を有意義に、かつ楽しみながら全うしたいものです。

　本書をお読みいただき感謝であります。

　生き甲斐のある楽しく意義ある老後をお過ごしください。

2017年10月11日

高尾山山頂にて　　著者

謝 辞

本書に出てくる先生方、各著書等を参考にさせていただきました。
また、校正では冨永彩花さん、小林真理子さんにお世話になりました。深謝申し上げます。
さらには、日頃からお世話になっている次の方々に厚く感謝と御礼を申し上げます。

(敬称略、順不同)

40年間の教師生活でお世話になった多くの長野県下小中学校・印西市やまゆり保育園の先生方、保護者、児童・生徒・園児、地域の皆様、長野市理科教育センター、関係市町村教育委員会、信濃教育会、長野市教育会・校長会、長野県自然観察インストラクター、台湾省友好親善交流雪山学術調査隊、松本市教育会・教頭会、松本市中国廊坊市友好親善交流会、京都大学理学部動物行動学教室、明星大学心理教育学科、信州大学理学部科学教育教室、名城大学農芸化学教室、慶応義塾大学文学部(哲学、倫理学)、早稲田大学エクセンテンションセンター、寶澤了司、平山俊策、金子将信、村山隆雄、濱本 斉、磯部 洋、小森善雄はじめ林アパート同級生一同、山口勝治、小林望光、折竹 博、大目富美雄、百瀬勝喜代、塩原敏男、丸山重徳、岩崎 弘、筒井吉隆、五味章、本田計一、中村寛志、宗林正人、森本尚武、大野正男、矢島 稔、孫 維良、大野和美、羽鳥信義、西山保典、枝 重夫、高橋真弓、宗林正人、宮田 渡、葛谷 健、難波通孝、村上貴文、三輪成雄、草刈広一、横地 隆、長岡久人、小田康弘、中村康弘、日高喜久子、高倉美代子、五十嵐昌子、今福夫妻、新田夫妻、宮城秋乃、夏秋 優、矢後勝也、広畑政巳、淀江賢一郎、中村寛志、仲本夫妻、宗田夫妻、綿貫沢、鈴木正一、山本哲次郎、浜野和雄、押田正雄、宮澤至勢、藤倉政夫、有賀 正、寺島靖国、仙場夫妻、岸本年郎、木倉成実、小林夫妻、家内と子どもたち夫妻と孫、愛犬リキ、ショコラ、昆虫文献六本脚、南陽堂書店、大日本図書、文一総合出版、ほおずき書籍、メイツ出版、とうほう、信濃毎日新聞社、銀河書房、文芸社、悠光堂、志学書店日本医科大店、少林寺拳法部OB会、宗 道臣(金剛禅総本山少林寺四国香川県多度津町本部道場)、高校・大学校友東京支部、日野原重明会、詩吟の会木村岳風、慶応三田会、長野県人会、エストリオ自治会、印西市本埜自然観察会、NPO法人谷田武西の原っぱと森の会の自然観察会、ウエットランド自然観察会、早稲田大学オープンカレッジ、新TSUISOの会、グループ多摩虫の会、日本チョウ類保全協会、ふじのくに地球環境史ミュージアム(チョウ類・昆虫類の標本、著書・文献類の寄贈先)、静岡県自然史博物館ネットワークサポート会員、千葉県生命のにぎわい調査団、印西市印旛医器械歴史資料館、日本蝶類学会、日本鱗翔学会、日本チョウ類保全協会、信州昆虫学会、信州理科教育研究会、印西健康ちょきん運動、趣味の蝶類の調査・研究でご指導・ご協力いただいた恩師・研究者・同好家、日本医科大学千葉北総病院、印西総合病院、千葉西総合病院、聖隷佐倉市民病院、清宮クリニック、いしば内科クリニック、東京中医学研究所、伊勢神宮天照皇大神、浄土真宗西本願寺、東京別院築地本願寺、釈迦、親鸞聖人、蓮如聖人、阿弥陀如来、大日如来(射手座、猪)、薬師如来立像(重文、大津聖衆来迎寺蔵、飛鳥時代、琵琶湖から出現)、善光寺、象山神社、浅草寺、高尾山、筑波山、成田山、富士山、松虫寺、松虫姫神社、浅草神社三柱の石碑建立。

最後に、わたしを産み育てていただき、何もしてあげられなかったお侘びを両親(民雄、みなと)の霊前に感謝とお礼を申し上げ冥福を祈る。

著者紹介

蛭川 憲男 (ひるかわ のりお)
1947 年 12 月長野県松本市生まれ。長野市松代町に居住。最終は慶応義塾大学文学部 (哲学、倫理学) に学士入学し修学後中退。長野県小中学校で教鞭を執る。小学校長を最後に定年退職。長野市理科教育センター専門委員、小学校理科教科書・指導書・学習帳常置・本部編集委員、夏休み帳・冬休み帳編集委員、京都大学理学部日高敏隆博士動物行動学研究室へ県費内地留学し蝶類の研究を深める。慶応義塾大学 (哲学、倫理学)、明星大学 (心理教育学教職課程)、信州大学 (科学教育教室)、京都大学 (動物行動学教室へ内地留学)、名城大学 (農芸化学教室)、早稲田大学オープンカレッジ等で学ぶ。日本蝶類学会理事、日本鱗翅学会評議員、信濃教育会創立 100 周年記念台湾省雪山 (3884 m) 登山友好親善学術調査に蝶類調査隊員として参加。松本市・中国廊坊市小学校友好親善交流会'に参加し、敦煌や兵馬俑など各地を視察・自然調査、早稲田大学エクセンテンションセンター科学講座講師。NHK 教育テレビ「生き物の不思議」、みのもんたの「奇想天外」等の番組に出演。ソニーハイビジョン CD 撮影等に現場指導協力。印西市に永住後、やまゆり保育園講師、図書館運営審議委員、環境推進会議委員等を経て、現在は印西市立印旛医療機器歴史資料館嘱託職員。早稲田大学オープンカレッジ会員、日本チョウ類保全協会、グループ多摩虫の会、新 TSUISO の会、静岡県ふじのくに地球環境史ミュージアム・NPO 自然博通信自然史しずおかサポート会員、千葉県生命のにぎわい調査団等の会員。現在までに書いた論文・報告文は 1012 報、著書は 21 冊。著書に「子育てはよい体験の積み重ね実践につきる」(文芸社、2016)、「地域素材の教材化・生物編」(とうほう、1987)、「小学校理科教科書・指導書・学習帳」(共著編、信濃教育会、1987 他)、「夏・冬休み帳」(共著編、信濃教育会、2004 他)、「中学生のための理科の自由研究」(共著編、信濃毎日新聞社、1983)、「長野県木曾谷開田高原の蝶」(開田村教育委員会、1978)、「日本の里山いきの図鑑」(メイツ出版、2009)、「木曾谷の蝶」(銀河書房、1983)、「日本の昆虫②クロシジミ」(文一総合出版、1985)、「日本のチョウ成虫・幼虫図鑑」(メイツ出版、2013)、「チョウとアリのいそっぷ」(大日本図書、1980)、「上高地の自然図鑑」(メイツ出版、2010)、「わたしの日本昆虫記チョウ編Ⅰ〜Ⅴ」(自刊、2016)、「水場に集まる生きものたち」、「共生する生きものたち (チョウとアリの相利共生)」(ほおずき書籍、2008)、「100 年間の上高地から槍ヶ岳の蝶」(ほおずき書籍、2008)、「きれいだねアゲハチョウ」(大日本図書、2000)、「日本産蝶類の衰亡と保護」(共筆、日本鱗翅学会・日本自然保護協会、1996)、「子育て本」(自刊、2009) 等がある。趣味は自然観察、登山、昆虫調査、読書、音楽鑑賞、散歩、海辺、神社仏閣巡り、旅行、詩吟初段、剣道・柔道、少林寺拳法初段、計算尺 2 級等。環境管理士 1 級、自然観察インストラクター、農業改良普及員。1980 年に高崎賞 (東京動物園協会)、2005 年に田淵行男賞写真作品展日本カメラ賞、2017 年にチョウ類などの昆虫研究標本コレクション・著書・文献・資料等を静岡県立ふじのくに地球環境史ミュージアムへ寄贈。著者は 2017 年 12 月に古稀を迎えた。そして、翌春に本書「退職前後から高齢期までの生活に役立つ大切なこと」の出版 (悠光堂、2018) となった。

感想等の連絡先は 　 (返信なし)
〒 270-1609 千葉県印西市若萩 1-3-722

蛭川 憲男 宛

著者プロフィール

蛭川 憲男（ひるかわ のりお）

1947年長野県松本市生まれ、長野市松代町に居住、小中学校で教鞭を執る。小学校長を最後に定年退職すると同時に、慶応義塾大学文学部（哲学、倫理学）へ学士入学し修学後中退。長野市松代町から千葉県印西市に永住移転。専門は理科教育、自然教育、自然観察インストラクター、趣味は蝶類調査、自然観察、登山、ジャズほか各種音楽鑑賞、読書、ウォーキング、神社仏閣巡り、旅行等。現在は印旛医科器械歴史資料館嘱託勤務、早稲田大学オープンカレッジ会員、千葉県生命のにぎわい調査団、NPO自然博通信自然史しずおかサポート会員、TSUISOの会、グループ多摩虫等の会員。著書に「子育てはよい体験の積み重ね実践につきる」（文芸社）、「小学校理科教科書・指導書・学習帳」（共著編、信濃教育会）、「100年間の上高地から槍ヶ岳の蝶」（ほおずき書籍）、「日本のチョウ成虫・幼虫図鑑」（メイツ出版）、「わたしの日本昆虫記チョウ編Ⅰ～Ⅴ」（自刊）、「日本の昆虫②クロシジミ」（文一総合出版）、「上高地の自然図鑑」（メイツ出版）、「きれいだね アゲハチョウ」（大日本図書）等がある。2005年に高崎賞（東京動物園協会）。

退職前後から高齢期までの生活に役立つ大切なこと

2018年3月1日　　初版第一刷発行

著　者	蛭川 憲男
発行人	佐藤 裕介
編集人	冨永 彩花
発行所	株式会社 悠光堂
	〒104-0045 東京都中央区築地6-4-5
	シティスクエア築地1103
	電話：03-6264-0523　FAX：03-6264-0524
	http://youkoodoo.co.jp/
制作・デザイン	J.P.C
印刷・製本	株式会社 シナノパブリッシングプレス

無断複製複写を禁じます。定価はカバーに表示してあります。
乱丁本・落丁本は発売元にてお取替えいたします。

ISBN978-4-909348-03-6　C0095　©2018 Norio Hirukawa, Printed in Japan